今日から役に立つ！

使える「語彙力」2726

西東社編集部 編

西東社

はじめに

「語彙（ごい）」の「彙（い）」には、「一つのところに集める」という意味があります。「語彙」は、一つの国語や方言、作品などを表す単語の総体のことです。つまり、たった一つの言葉を知っていたからといって、「その語彙」を知っているとはいいません。さまざまな言葉を知り、それを使いこなせることで「語彙が豊富」といえるのではないでしょうか。ちなみに英語では、「語彙」を「ボキャブラリー（vocabulary）」といいます。

語彙力があると、その人は「教養や知性のある人」「思慮深い人」などと見られ、周囲のあなたに対する扱いや対応が変わってくるはずです。そして、自分自身の誇りや自信にもつながることでしょう。

本書では、さまざまな場面で役立つ言葉を２７２６語拾い出し、その使い方や誤り、由来などを解説しています。このほかにも、日本には美しい言葉が千言万語（せんげんばんご）あります。日本の言葉に興味をもち、日常会話にこうした言葉を取り入れられるよう、ものは試し、本書を利用し、語彙の引き出しを増やしてみませんか。言葉に彩りが加わり、会話に人間関係に新しい息吹が吹き込まれるかもしれません。

西東社編集部

今日から役に立つ！

使える「語彙力」2726

もくじ

第1章 敬語をマスターしよう 11〜44

第2章 お付き合いの敬語を美しく　45〜62

ちょっと一息　相手に誤解を与える言葉、相手を不安にさせる言葉……62

第3章　ビジネスで「できる!」人の印象を　63〜102

第4章　失礼にならないビジネスレターの書き方　103〜120

第13章 大和言葉で品格アップ! 333〜383

＊言葉の由来については、異説のあるものもありますが、最も一般的と思われるものを掲載しています。
＊本書は、特に明記しない限り、2018年7月10日現在の情報に基づいています。

第1章 敬語をマスターしよう

敬語は文字どおり「人を敬う言葉」です。大きく分けると尊敬語、謙譲語、丁寧語があります。

その使い分けができるようになりましょう。

敬語の基本

敬語は、自分と相手との関係を表す大切な表現手段です。しかし、その使い方を間違えてしまうと、相手に不快な思いを抱かせたり、礼を失することになります。お互いの良好な関係を築くためにも、敬語の基本をマスターしましょう。

敬語の基本は3種類から5種類に

敬語は「敬い」や「へりくだり」の気持ちを表現する手段。これまでは**尊敬語**、**謙譲語**、**丁寧語**の三つに分けられていたが、2007年に文化庁がまとめた「敬語の指針」から、**尊敬語**、**謙譲語Ⅰ**、**謙譲語Ⅱ**、**丁寧語**、**美化語**の五つに分けられるようになった。

【尊敬語】

相手や第三者を敬って使う言葉。その人の動作や行為、状態を立てて表現する。

①慣用表現

「○○さんが来る」→「○○さんがいらっしゃる」

「お客様が食べる」→「お客様が召し上がる」

②お(ご)~になる(なさる)

「お答えになる」「お越しになる」「ご欠席なさる」

③れる、られる

「話される」「退出される」「帰られる」

【謙譲語Ⅰ】

自分側の行為や物事を低めることで、行為の及ぶ先を高めて敬意を表す謙譲語。


「拝見する」「伺う」

「いただく」「頂戴(ちょうだい)する」「申し上げる」

「お伝えする」「ご連絡する」など。


書類を拝見します。

明日、ご連絡します。

【謙譲語Ⅱ】

自分側の行為や物事を、聞き手や読み手に対してへりくだって述べ、敬意を表す謙譲語。


「おる」「まいる(参る)」

「申す」「いたす(致す)」など。


明日、まいります。

母が申しておりました。

【丁寧語】

話し手の丁寧な気持ちを表現する。物事を丁寧に言い表す。立場を高めたり低めたりする働きはない。語尾に「です」「ます」「でございます」をつける。


これが報告書です。

これから外出します。

粗茶でございます。

【美化語】

話し手の表現の上品さや美しさのレベルを上げるために用いられる敬語。言葉のはじめに「お」「ご」をつけ、物事を美化する。ただし、何にでも「お」や「ご」をつければよいというものではない。


お手紙です。

お布団を敷いておきます。

お土産です。

NG敬語 二重敬語

敬語の基本は「一つの言葉に一つの敬語」。
二重三重に敬語を重ねないこと。

×ご覧になられますか。
○ご覧になりますか。←

解説

「ご〜になる」で尊敬語なので、さらに「られる」をつけるのは間違い。「ご出席なされる」も「ご出席される」が正しい。

×お越しになられました。
○お越しになりました。←

解説

「ご〜になる」で尊敬語なので、さらに「られる」をつけるのは間違い。「お話しになられました」も「お話しにする。

×おっしゃられました。
○おっしゃいました。←

解説

「おっしゃる」だけで尊敬語になっているので、「られる」は不要。「言われました」でもOK。

×鈴木部長様 ← **○部長の鈴木様　○鈴木部長**

解説

「部長」などの役職は敬称であるため、「様」はつけない。「部長の鈴木様」と言うか、「鈴木部長」とする。

×ご注文をお承りします。← **○ご注文を承ります。**

解説

「承る」は「受ける」の謙譲語。その謙譲語に「お～する」をつけると二重敬語になる。「ご注文」で相手を敬い、「承る」でへりくだる。

×ご拝読します。△拝読致します。← **○拝読します。**

解説

「拝読する」は「読む」の謙譲語。その謙譲語に「ご～する」をつけると二重敬語になる。「致す」は謙譲語で二重敬語になるが許容範囲。

×鈴木先生様（文書の宛名などで）← **○鈴木先生**

解説

「先生」はすでに敬称なので、さらに「様」や「殿」をつける必要はない。「会員各位」にも「様」はつけない。

×先生がお帰りになられました。
○先生が帰られました。

×明日、伺わせていただきます。
○明日、伺います。

×どこにいらっしゃられますか。
○どこにいらっしゃいますか。

×お会いになられます。
○お会いになります。

×ご希望になられますか。
○ご希望ですか。

×お書きになられてください。
○お書きください。

×おいでになられました。
○おいでになりました。

×お戻りになられました。
○お戻りになりました。

許容される二重敬語もある

△お召し上がりになりますか。

解説 **「召し上がる」は「食べる」の尊敬語**で、それに「お」をつけると二重敬語になるが、現在は慣用句扱いになって、かなり許容されている。ただし、「お召し上がりになられますか」は、さらに「られる」という尊敬語がつき、三重敬語になるので避けたい。

△ご案内申し上げます。

△ご案内致します。

解説 謙譲語の「ご」と、謙譲語の「申し上げる」が重なる二重敬語だが、「致す」や「申し上げる」による二重敬語は一般に許容されている。正しくは「ご案内します」。

POINT

「お(ご)」＋「れる」「られる」は間違い

×お出かけになられました。

○お出かけになりました。

×陛下がご訪問になられます。

○陛下がご訪問になります。

解説 基本は**「お(ご)」＋「～になる」**で、その動作をする相手に尊敬の意を表す。「お(ご)」＋「～になる」で、すでに尊敬表現になっているので、さらに尊敬の助動詞「れる」「られる」をつけると二重敬語になり、間違い。あるいは、「お(ご)」をつけず、「出かけられる」としてもよいが、「お出かけになる」よりは敬意は低くなる。

NG敬語　過剰敬語

何にでも「お（ご）」をつければよいというわけではない。

×お試験に合格なさいました。

←

○試験に合格なさいました。

解説

「ご入学なさった」「ご入学祝い」などは許容範囲だが、「お試験」は過剰敬語。「試験」を敬う必要はない。

×お下げしてもおよろしいですか。

←

○お下げしてもよろしいですか。

解説

「よろしい」は、すでに丁寧な言葉なので、「お」をつける必要はない。「仲のおよろしいこと」などは、皮肉る感じが伝わる。

×お気持ちをお聞かせください。

←

○気持ちをお聞かせください。

解説

「お気持ち」「お聞かせ」と「お」が続くと、くどい印象になる。最初に「お気持ち」と言えば、次はつけない。その逆でもよい。

NG敬語 逆転敬語

相手の行為を謙譲語で表すと失礼に。誰を高めて、誰を低めるかを考えよう。

×部長にお伝えします。
○部長に申し伝えます。

解説
「部長にお伝えする」は、外部の人に対して、自社の部長を高めていることになる。自分の上司でもへりくだること。

×（後輩から）伺っております。
○聞いております。

解説
「伺う」は、「聞く」の謙譲語。この場合は自分を低めて、後輩を高めることになるので、外部の人に対しては普通に「聞く」でよい。

×娘も召し上がります。
○娘もいただきます。

解説
身内に尊敬語の「召し上がる」は、相手に対して失礼。「食べる」の謙譲語の「いただく」を使う。

×その件は（わが社の）社長もご存じです。

↓

○その件は社長も存じ上げています。

解説

自社の人間のことは、目上であっても謙譲語で。「ご存じ」は「知る」の尊敬語だから、謙譲語の「存じ上げる」を使う。

×母が戻られました。

↓

○母が戻りました。

解説

「戻られる」は尊敬語。身内の母に尊敬語はおかしい。身内以外の人には丁寧語の「戻ります」か、謙譲語の「戻ってまいる」にする。

×担当者から伺っております。

↓

○担当者から聞いております。

解説

「伺う」は、「聞く」の謙譲語で、自社の担当者から自分が伺うとすると、自社の担当者を立てたことになるので間違い。

×どうぞ、いただいてください。

↓

○どうぞ、召し上がってください。

解説

「いただく」は「食べる」の謙譲語。相手に「食べてください」と言うときは、尊敬語の「召し上がる」にする。

×ご拝読ください。
○お読みになってください。
解説
「拝読」は「読む」の謙譲語だから、それに「お（ご）」をつけるのは間違い。「読む」に「お」をつけるのが正しい。

×先生にお目にかかりましたか。
○先生に会われましたか。
解説
「お目にかかる」は、「会う」の謙譲語だから、相手の行為には使えない。尊敬語の「会われる」「お会いになる」を使う。

×先方に申し上げてください。
○先方におっしゃってください。
解説
「申し上げる」は「言う」の謙譲語だから、相手の行為には使えない。尊敬語の「おっしゃる」を使う。

×御社の社長が申されました。
○御社の社長がおっしゃいました。
解説
「申される」は「言う」の尊敬語として使われることがあるが、謙譲語「申す」と「される」が混同し、本来は間違い。

NG敬語「ございます」

「ございます」をつければ丁寧になるという考えは誤り。

×承知してございます。
○承知しております。

×承ってございます。
○承りました。

×揃えてございます。
○揃えております。

POINT

「ございます」は「ある」の丁寧語
「いる」の丁寧語ではない

解説

「ございます」を使えば、最大限に丁寧になると考え、政治家などが国会答弁などで多用しているが、非常に不自然な言葉遣い。
「ございます」は、**存在を表す動詞「ある」の丁寧語**であり、また、**補助動詞「ある」の丁寧語**。「いる」の丁寧語ではない。たとえば、「承知しています」を丁寧にするために、「承知してございます」と言う場合、「承知してある」を丁寧にしたことになり、不自然。正しくは、**「承知しています」「承知しております」**。

NG敬語「お〜できる」

尊敬語にするには「お（ご）〜になる」が正しい。

×（試着で）お試しできます。

○お試しになれます。

×お持ち帰りできます。

○お持ち帰りになれます。

×ご利用できません。

○ご利用になれません。

POINT

相手の行為に対して用いるときは「お（ご）〜になれます」に

解説

「お（ご）」をつけると尊敬語になるからといっても、そのあとに続ける「〜できる」は、自分から相手に対して「できる」ことを意味する謙譲表現になるため、相手の行為に用いることはできない。正しくは、**「お（ご）〜になれる」**を使う。

×彼にはお会いできましたか。

○彼にはお会いになれましたか。

ただし、**「お席をご用意できます」**は、用意するほうの行為であるため、正しい使い方。

NG敬語「お〜される」

尊敬語「される」に、さらに「お（ご）」はつけない。

×先般お話しされた件ですが……
○先般お話しなさった件ですが……

×電車をご利用されますか。
○電車を利用なさいますか。

×鈴木さんがご退席されます。
○鈴木さんが退席されます。

POINT

「される」は「する」の尊敬語「お（ご）」をつけると二重敬語に

解説

「される」は「する」の尊敬語で、たとえば、「研究する」を「研究される」に、「紹介する」を「紹介される」に、などとして尊敬語に変える。これに「お（ご）」をつけると、二重敬語になってしまうので、誤り。

ただし、**「なさる」は「される」よりも敬意が高くなり、**「お（ご）」をつけても間違いにはならない。「ご利用なさいますか」はＯＫ。

NG敬語 自分を高める

相手を見下した感じで、相手に失礼な言い方。

×（相手の問いについて）私のお考えは……

○私の考えは……

解説

「○○さんのお考えをお聞かせください」と言われて、つい「私のお考えは」と言ってしまいがち。これは恥ずかしい間違いだ。

×おわかりいただけましたか。

○ご理解いただけましたでしょうか。

解説

「おわかりですか」と問うと、相手の理解力を判断するような無礼な印象を与える。「ご理解」という言葉に言い換える。

×その方（かた）は私もご存じの方です。

○その方は私も存じ上げています。

解説

「ご存じ」は「知っている」の尊敬語。それを自分に使うのは間違い。謙譲語の「存じ上げる」にすること。

接客業の敬語遣い

客が変だなと思っても正せない、接客業の妙な敬語がいっぱい。

×一万円からお預かりします。

←

○一万円お預かりします。

解説

「～から」は意味のない言葉。単に婉曲的にしようとして使っている場合が多い。「から」は使わないのが正しい。

×1000円ちょうどをお預かりします。

←

○1000円お預かりします。

解説

レジなどで会計するとき、よく耳にする言葉。「ちょうど」は返すお金が存在しないときに使うため、お釣りがあるときは使わない。

×化粧室はあちらになります。

←

○化粧室はあちらでございます。

解説

「～になる」は変化するものに対して使う言葉のため、変化しないものに対して使うのは間違い。「あちらでございます」が正しい。

×おタバコのほうは吸われますか。
→
○**おタバコはお吸いになりますか。**

解説

「～のほう」は、おもに大体の方向や方角を示すとき、漠然（ばくぜん）とした表現をするときに使う。決まったものに対しては使わない。

×こちらでよろしかったでしょうか。
→
○**こちらでよろしいでしょうか。**

解説

相手に内容を確認する際の言葉。確認は今、起こっていることなので、過去形にするのは適切ではない。現在形にすべき。

△鈴木様でございますね。
→
○**鈴木様でいらっしゃいますね。**

解説

「ございます」は、丁寧語にも謙譲語にも捉えられるので、明確に敬意を表すためには「いらっしゃる」を使うほうがよい。

×こちら、デザートになります。
→
○**デザートをお持ちしました。**

解説

「～になる」は、何かに変化することを意味する言葉。何かが変化してデザートになったわけではないので、不適切な使い方。

× ご注文の品はお揃いになりましたか。
↓
○ ご注文の品は以上でよろしいでしょうか。

解説

客が注文したものに対して尊敬語を使っているので間違い。客が揃ったときには「お客様はお揃いになりましたか」と使う。

× 赤と白、どちらに致しますか。
↓
○ 赤と白、どちらになさいますか。

解説

赤ワインか白ワインかを問うとき。「致す」は「する」の謙譲語。客の行為に敬意を表すには「なす」の尊敬語「なさる」にする。

× ご用意いただく形になります。
↓
○ ご用意をお願いしております。

解説

「〜という形」「〜の形」は、婉曲（えんきょく）に表現しようとしたものだが、形のないものに使うのはおかしい。シンプルにすること。

× 座ってお待ちください。
↓
○ お掛けになってお待ちいただけますか。

解説

「座る」は「お掛けになる」という尊敬語にし、「ください」は、より敬意を示すために「いただけますか」にするとよい。

「させていただく」を使いすぎると卑屈に聞こえる

解説

「させていただく」は、相手に何かの行為を承認してもらったり、許可してもらったりして、それをするときに用いる**謙譲語**。つまり、謙虚さをアピールするには便利のよい言葉で、何にでもつけてしまいがち。しかし、使いすぎると、卑屈に聞こえたり、口先だけの感じになってしまうので適切に使いたい。

使うときの注意として、**「さ入れ言葉」**にならないようにすること。「さ入れ言葉」とは、たとえば、「読ませていただく」「置かせていただく」であるべきところを、「読ま**さ**せていただく」「置か**さ**せていただく」とするように、**不要な「さ」を入れる**こと。

×荷物を預からさせていただきます。

○荷物を預からせていただきます。

POINT

「いただく」は謙譲語「くださる」は尊敬語

解説

「いただく」は謙譲語、「くださる」は尊敬語。たとえば、

○お電話いただきまして恐縮です。

○お電話くださいまして恐縮です。

などと使う。

ただし、「お(ご)〜していただく」という使い方は間違い。

×お返ししていただきました。

○お返しいただきました。

同様に「お(ご)〜してくださる」も間違い。

×お世話してくださり……

○お世話くださり……

電話応対の敬語遣い

電話の会話で使うべき敬語は、相手が見えないだけに難しい。

×ご用件は何でしょうか。
←
○よろしければご用件を承ります。

解説

「ご用件は何でしょうか」では「何の用?」と聞いているのと同じで失礼になる。「承ります」と謙譲語を使いたい。

×鈴木はお休みをいただいております。
←
○鈴木は休みを取っております。

解説

「いただく」は会社に敬意を表している表現になり、電話の相手には不適切。「休みを取る」「休暇で不在にしている」という表現にする。

×お電話番号を頂戴（ちょうだい）してもよろしいですか。
←
○お電話番号をお聞かせいただけますか。

解説

「頂戴する」は「もらう」の謙譲語。電話番号はもらうものではないので、「聞く」の尊敬語に。「伺ってもよろしいですか」でもよい。

×鈴木様でございますね。
→
○鈴木様でいらっしゃいますね。

解説
「ございます」は自分が名乗るときに使う丁寧語だから、相手の名前を復唱するときは「いらっしゃいます」という尊敬語にする。

×今は受け付けはできかねます。
→
○今は受け付けは致しかねます。

解説
「かねる」は「できない」「難しい」の意。謙譲語の「致す」と組み合わせて「致しかねます」として使う。

×何時頃が都合がよいですか。
→
○何時頃がご都合がよろしいでしょうか。

解説
先方の都合を聞くので、「ご都合」と「ご」をつけ、「よいですか」も丁寧に「よろしいでしょうか」と言う。

×鈴木さんに伝えてもらえますか。
→
○鈴木さんに伝言をお願いしたいのですが。

解説
「お伝えくださいますか」「伝えていただけますか」「お伝えいただけますか」などと丁寧に言う。

人称代名詞の正しい使い方

どちらの案がよいか聞かれて

×僕的にはA案がお薦めです。

→○私としてはA案がよいと思います。

解説

「僕」もよくないが、「僕的」「私的」という言い方も、自分の意見として明確にせず、曖昧(あいまい)に逃げようとする印象でよくない。

勉強会への参加を呼びかけて

×誰でも参加できます。

→○どなたでも参加できます。

解説

「誰」でも間違いではないが、「どなた」としたほうが丁寧でよい印象を与える。「どなた様」とするとさらに丁寧になる。

自分の妻のことを言うとき

×うちの奥さんは旅行に出かけています。

→○妻は旅行に出かけています。

解説

「奥さん」「奥様」は他人の配偶者に対して使う言葉。「家内」「女房」は、若干見下した感じがあるので、「妻」が無難。

あの人は誰かと聞かれ

×あの人は私の恩師です。
←
○あの方は私の恩師です。

取引先の都合を上司に聞かれ

×あっちの都合を聞いてみます。
←
○あちらのご都合を伺ってみます。

玄関のドアをノックされて

×誰ですか。
←
○どちら様ですか。

仕事に協力してくれる人を探している

×誰か紹介してください。
←
○どなたかご紹介いただけませんか。

POINT

一人称、二人称、三人称、不定称の使い方

一人称

解説 「僕」は内輪で使う言葉。公の場では、男性も女性も「わたし」「わたくし」を使う。体育会系の人が使いがちな「自分」も間違い。

二人称

解説 目上の人に対して「あなた」は失礼。「課長」「部長」などの役職や名前で呼ぶのが適切。「先輩」を敬称として使うこともできる。

三人称

解説 遠くにいる目上の人をいうとき、「あの人」は、「あの方(かた)」としたほうが丁寧。

不定称

解説 「誰」と言うよりは、「どなた」「どちら様」と言ったほうが敬意を表せる。

基本動詞の敬語

敬語は動作や行為を表す動詞に用いられることが多い。おもな動詞を紹介する。

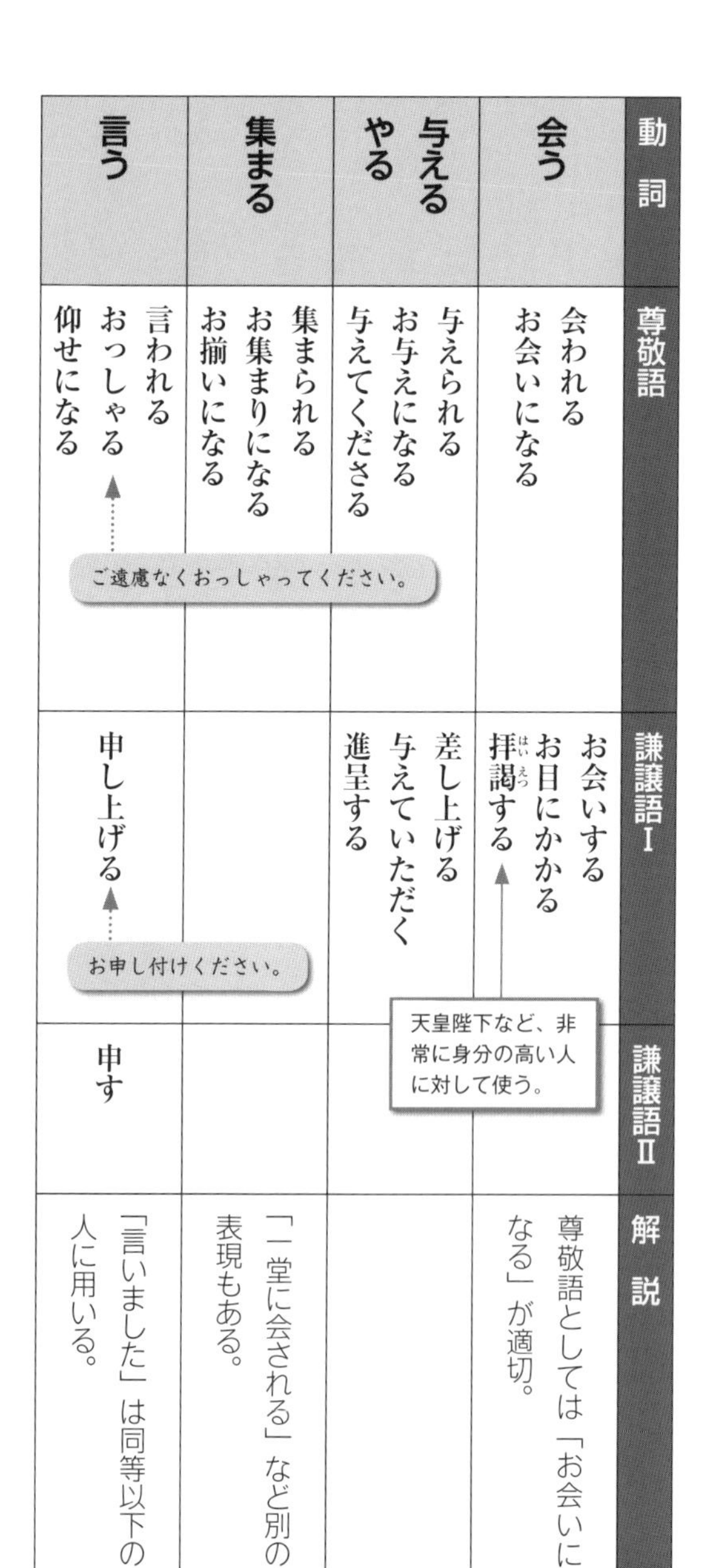

動詞	尊敬語	謙譲語Ⅰ	謙譲語Ⅱ	解説
会う	会われる お会いになる	お会いする お目にかかる 拝謁（はいえつ）する （天皇陛下など、非常に身分の高い人に対して使う。）		尊敬語としては「お会いになる」が適切。
与える やる	与えられる お与えになる 与えてくださる	差し上げる 与えていただく 進呈する		
集まる	集まられる お集まりになる お揃いになる			「一堂に会される」など別の表現もある。
言う	言われる おっしゃる 仰せになる （ご遠慮なくおっしゃってください。）	申し上げる （お申し付けください。）	申す	「言いました」は同等以下の人に用いる。

動詞	尊敬語	謙譲語Ⅰ	謙譲語Ⅱ	解説
行く	行かれる お出かけになる いらっしゃる おいでになる お越しになる	伺う お伺いする 上がる 参上する	参る	尊敬語としては「いらっしゃる」が一般的。
いる	おられる いらっしゃる おいでになる		おる	尊敬語では「いらっしゃる」が一般的。「おいでになる」はさらにかしこまった表現。
受け取る	お受け取りになる 受け取られる ご査収	拝受する		謙譲語では「受け取っていただけましたか」などと使うこともある。
売る	売られる お売りになる 売却される 売却なさる	お売りする		尊敬語では一般的には「お売りになる」を使う。

社長が興味をもっておられます。
こちらの席にいらしてください。
鈴木様はすでに会議室においでになっています。

2時まではデスクにおります。

このマンションをお売りになりませんか。

動詞	尊敬語	謙譲語Ⅰ	謙譲語Ⅱ	解説
送る	送られる お送りになる	お送りする ご送付する		尊敬語では「お送りになる」が一般的。
教える	お教えになる お教えくださる ご教示くださる	お教えする お教えいただく		尊敬語の「ご教示ください」は、手紙やメールなどでよく使う。
思う 考える	思われる お思いになる お考えになる	存じ上げる	存じる	「思います」は軽い感じがするので、丁寧語は「存じます」としたほうがよい。
買う	買われる／お買いになる お求めになる お買い求めになる お買い上げになる	買わせていただく お買い上げいただく お買い求めいただく		尊敬語では「お買いになる」が一般的。

荷物などを送る際は、「発送致します」「郵送致します」のほうが伝わりやすい。

動詞	尊敬語	謙譲語Ⅰ	謙譲語Ⅱ	解説
返す	お返しになる 返却なさる ご返却になる （返却期限が過ぎております。ご返却ください。 ご返却ありがとうございます。 その他、「ご返納」「ご返送」「ご返金」などがある。）	お返しする ご返却する		尊敬語では「お返しになる」が一般的。お金を返すときは「返済なさる」、謙譲語は「ご返済する」を使うことも。
帰る	帰られる お帰りになる ご帰宅になる	おいとまする 失礼する		目上の人のお宅などを辞去するときは、「おいとまする」「失礼する」が適切。
書く	書かれる お書きになる	お書きする		目上の人に対しては「書きましたか」ではなく、「お書きになりましたか」と使う。
貸す	貸される お貸しになる	お貸しする ご用立てする		金銭の場合は、「用立てる」と間接的な言い方をする。
借りる	借りられる お借りになる	お借りする 拝借する		「拝借します」は「お借りします」より敬意が高くなる。

動詞	尊敬語	謙譲語Ⅰ	謙譲語Ⅱ	解説
聞く	聞かれる お聞きになる ご静聴	お聞きする 伺う／お伺いする 拝聴する	私がお話をお聞きします。 私がお話を伺います。 お話を拝聴します。	尊敬語で「お聞き及びのこと と思いますが」などと使うこともある。
決める	決められる／お決めになる 決心なさる／決断なさる 決定なさる	決めさせていただく		内容によって「決心」「決断」「決定」などを使い分ける。
着る	召す／召される お召しになる ご着用になる	着させていただく		一般的に「お召しになる」が使われる。
来る	来られる／見える いらっしゃる おいでになる／お越しになる お見えになる／ご足労	お出でいただく お越しいただく	参る	来る場所によって、「来場」「来店」「来館」などを使い分ける。

動詞	尊敬語	謙譲語Ⅰ	謙譲語Ⅱ	解説
答える	答えられる お答えになる お返事なさる	お答えする お返事する		「お返事」「ご返事」のどちらでもよいが、「お返事」のほうが一般的。
叱る	お叱りになる	お叱りを受ける お叱りを頂戴する		「叱られる」は「お叱りを受ける」を使う。
死ぬ	お亡くなりになる 逝去			「逝去」は「ご逝去なさる」と使う。
知らせる	お知らせになる 通知なさる	お知らせする		尊敬語では「ご一報ください」という言い方もある。
調べる	調べられる お調べになる	お調べする		尊敬語では「お調べになる」が一般的。

非常に身分の高い人が亡くなったときは「崩御（ほうぎょ）」「崩（ほう）ずる」を使う。偉人など大人物が亡くなると「巨星墜（きょせいお）つ」ということがある。

動詞	尊敬語	謙譲語Ⅰ	謙譲語Ⅱ	解説
知る	お知りになる ご存じ	存じ上げる	存じる	「ご存知」と書かれることもあるが、「存ずる」の連用形であるので、「ご存じ」が正しい。「知」は当て字。
する	される なさる	させていただく	致す	尊敬語の「される」より「なさる」のほうが敬意は高くなる。
確かめる	確かめられる 確認なさる お確かめになる お改めになる	お確かめする ご確認する		尊敬語では「お確かめになる」が一般的。「お改めください」は少々堅い印象に。
尋ねる	お尋ねになる お聞きになる	お尋ねする お聞きする 伺う／お伺いする		謙譲語では「お尋ねする」「お聞きする」が一般的。

「お知りになる」は「お尻になる」と音が同じなので避けたい。「知られる」は広く知れ渡っていることを指すため、「ご存じ」が適切。

動詞	尊敬語	謙譲語Ⅰ	謙譲語Ⅱ	解説
発つ	発たれる／出発なさる お発ちになる ご出発になる			尊敬語では「お発ちになる」が一般的。「ご出立」はやや古い言い方。
食べる	お食べになる／上がる お上がりになる 召し上がる	いただく 頂戴（ちょうだい）する		尊敬語では「召し上がる」が美しく、適切。料理を勧めるときは、「お上がりください」が適切。
伝える	伝えられる お伝えになる 伝言なさる	お伝えする ご伝言する		尊敬語では「お伝えになる」が一般的。
慰める	慰められる お慰めになる	お慰めする		謙譲語では「お慰めする言葉が見つかりません」などと使う。
寝る	寝られる お休みになる	休ませていただく		尊敬語では「お休みになる」が一般的。

自分の食べる行為については、「食べます」を使用する。「コンビニでパンを買っていただきました」というと、誰かに買ってもらったと誤解される。

動詞	尊敬語	謙譲語Ⅰ	謙譲語Ⅱ	解説
飲む	飲まれる お飲みになる 召し上がる	頂戴(ちょうだい)する いただく		尊敬語では「お飲みになる」より「召し上がる」のほうが敬意が高い。
任せる	任せられる お任せになる	お任せする		尊敬語では「ご一任なさる」、謙譲語には「ご一任する」という言い方もある。
待つ	待たれる お待ちになる	お待ちする		尊敬語では「お待ちになる」が一般的。
見せる	見せられる お見せになる	お見せする お目にかける ご覧に入れる		尊敬語では「ご提示ください」という言い方もある。
見る	見られる ご覧になる	見せていただく 拝見する		上司などに敬意を表すときは「ご覧になる」が適切。

少々お待ちになってください。
「お待ちしてください」と言わないように。「お待ちください」は、「お待ちくださる」をお願いの形にしたもの。

私の晴れ姿をお見せできず残念です。
これより私たちの演技をご覧に入れます。
新製品を来週にはお目にかける予定です。
「ご覧に入れる」は演技やショー、競技などに使うことが多い。
「お目にかける」は「一目だけ見せる」意味で使われる。

動詞	尊敬語	謙譲語Ⅰ	謙譲語Ⅱ	解説
もらう	もらわれる おもらいになる	いただく 頂戴する 賜（たまわ）る		謙譲語では「結構なものをいただきまして」「頂戴しまして」などと使う。
譲る	譲られる お譲りになる	お譲りする		尊敬語では「お譲りになる」が一般的。ものによっては「譲渡なさる」という言い方もある。
許す	許される お許しになる／ご許可 ご勘弁	許していただく お許しいただく		尊敬語では「お許しになる」が一般的。謙譲語には「ご容赦」「ご勘弁」などがある。
読む	読まれる お読みになる ご一読	お読みする 拝読する		尊敬語の「お読みになる」は「お読みください」とも言い換えられる。資料などは「ご覧ください」でもよい。
わかる	おわかりになる 理解なさる ご理解くださる	おわかりいただく ご理解いただく		謙譲語では、「お察しします」「承知致しました」など別の語で表現することもある。

「拝読致します」は、「拝読」＋「致します」で二重敬語になっているので避ける。

TEST-1

次の敬語の間違いを正そう

Q1: そんなにお酒をお召し上がりになられないほうがいいですよ。

Q2: 先月、父が逝去(せいきょ)しました。

Q3: 鈴木様、おられましたら受付までお越しください。

Q4: その件は、窓口で伺ってください。

Q5: お客様がおいでになられました。

Q1：そんなにお酒を**召し上がらない**ほうがいいですよ。

解説「召し上がる」は「食べる」「飲む」の尊敬語なので、さらに「なられる」という尊敬語をつけて二重敬語にしない。

Q2：先月、父が**亡くなりました**。

解説「逝去」は尊敬語。身内の者に使うときは「亡くなる」が適切。

Q3：鈴木様、**いらっしゃいましたら**受付までお越しください。

解説「おる」は「いる」の謙譲語。相手側に使うのは間違い。

Q4：その件は、窓口で**お尋ねになってください**。

解説「伺う」は「聞く」「尋ねる」の謙譲語。相手側に使うのは間違い。

Q5：お客様が**おいでになりました**。

解説「おいでになられる」は、尊敬語「おいでになる」に尊敬の助動詞「れる」がついて、二重敬語になる。「おいでになる」だけでOK。

第2章 お付き合いの敬語を美しく

相手の人を敬う心のこもった敬語を使うことが大切です。その気持ちがあれば、自ずとその場にふさわしい敬語が導き出されるかもしれません。

恐れ入りますが（恐縮ですが）……

解説 相手に対して「申し訳ない」という意味合いを含みつつ。

用例 頼み事をする▼恐れ入りますが、明日、お電話をいただけますでしょうか。

断る▼恐縮ではございますが、今回は辞退させていただきます。

お手数をおかけしますが（お手数ですが）……

解説 「手数」は、物事を行うときに必要な労力や工程の数を意味する。そうした手数をおかけして申し訳ないという気持ちを示す。「てかず」と言うときもある。

用例 頼み事をする▼お手数をおかけしますが、明日までにお返事ください。

ご面倒をおかけしますが……

解説 「お手数をおかけしますが」と同じ。「ご厄介をおかけしますが」でもよい。文末を「できますでしょうか」などとすれば、より語調が柔らかくなる。

頼み事をする▼ ご面倒をおかけしますが、再送付をお願い致します。

お忙しいところを申し訳ございませんが……

解説 相手の事情を考慮して、一言添えることでこちらの気持ちを伝える。

用例 頼み事をする▼ お忙しいところを申し訳ございませんが、折り返しお電話いただけないでしょうか。

よろしければ……

解説 人に何かを依頼するときに、お伺いを立てる意味で使う。その行為をするかどうかの判断は相手に委ねることができる。

頼み事をする▼ よろしければ今回のお仕事にご協力いただけないでしょうか。

差し支えなければ……

解説 「都合の悪い事情や支障がなければ」を意味する。「不都合なら拒否していただいて結構です」という意味合いを含む。

頼み事をする▼ 差し支えなければアドレスを教えていただけますか。

誠に申し訳ありませんが……

解説 相手に対して失礼があったり、迷惑をかけるかもしれないという気持ちを表現する。「申し訳ございませんが」でもよい。

頼み事をする▼ 誠に申し訳ありませんが、ご対応の程お願い致します。

失礼とは存じますが……

解説 おもに目上の人に対して尋ねたり意見を言うときなどに使うとよい。「失礼ながら申し上げますが」なども使える。

尋ねる▼ 失礼とは存じますが、もう一度ご説明いただけますでしょうか。

その他のクッション言葉

頼み事をするとき

お時間がありましたら……
お世話になります
ご多忙中とは存じますが……
お手間を取らせますが……
勝手申し上げますが……
ぜひとも……

断るときに

あいにくですが……
残念ですが……
せっかくですが……

発言する、異論を唱えるときに

僭越(せんえつ)ながら……
おこがましいことですが……

お言葉を返すようですが……
差し出口を申しますと……
身の程をわきまえず……

話題を変えるときに

つかぬことを申しますが……
早速ですが……

よくないことを伝えるとき

心苦しいことながら……

感謝の意を表すとき

お陰(かげ)さまで……
お気遣いありがとうございます
お許しください
お言葉に甘えて……

シーン別敬語　あいさつ

目上の人やお世話になっている人へのあいさつは丁寧に。

×初めまして、鈴木といいます。
↓
○初めてお目にかかります。鈴木と申します。

解説　よく使われるのは「初めまして」だが、目上の人たちには例文のほうが望ましい。

×わざわざ来てもらってすみません。
↓
○ご足労いただき、申し訳ございません。

解説　「ご足労」はわざわざ足を運ぶことを意味する。恐縮して言うときに使う。

×では、帰ります。
←
〇そろそろ失礼致します。

解説 「帰ります」では素っ気ない。「失礼します」「おいとまします」などで柔らかく。

×ご苦労様でした。
←
〇お疲れ様でした。

解説 「ご苦労様」は目上の人が目下の人を労う言葉。目上の人には「お疲れ様」にする。

×引っ越してきました。よろしく。
←
〇隣に引っ越してまいりました鈴木です。どうぞよろしくお願い致します。

解説 名前のほかに、家族構成なども簡単に付け加えたい。

シーン別敬語　誘う・断る

誘うときも、断るときも、疑問形にすると柔らかい印象になる。

×今度は私も誘ってください。
↓
○また機会がありましたら、私もぜひ誘っていただけますか。

解説　疑問形にすると柔らかい感じになる。「お声をかけてください」でもＯＫ。

×来週、コンサートに一緒に行きませんか。
↓
○来週、コンサートがあります。ご一緒にいかがですか。

解説　「ご一緒する」は自分の行為に用いる謙譲語。「ご一緒しませんか」はＮＧ。

×無理ですね。できません。

○誠に残念ですが、今回はご容赦いただけないでしょうか。

←

解説 できるだけ相手の気持ちを害さないよう、クッション言葉を使って柔らかく。

×ちょっと行けません。

○あいにく、先約がございまして……

←

解説 誘われて断るときは、理由をはっきり相手に伝えることが大切。

×それはお引き受けできません。

○こちらの条件ですと、少々難しいと存じます。

←

解説 その場ではっきり断ると角が立つ場合は、柔らかく断りたい。

シーン別敬語 謝る・頼む

許してもらう、協力してもらうために、より丁寧さが要求されるシーン。

×遅くなってすみません。
↓
○遅くなりまして、申し訳ございません。

解説 「ごめんなさい」は不適切。「すみません」も、より丁寧に、改まった言い方にする。

×私のミスです。申し訳ありません。
↓
○私の不注意でご迷惑をおかけしまして、大変申し訳ございません。

解説 「ミス」というと軽く感じる。「不注意」「注意不足」「不行き届き」などにする。

×送ってもらってもいいですか。

○ご面倒をおかけしますが、お送りいただけませんでしょうか。

← 解説 「お送りいただければありがたいのですが」など、丁寧な表現にする。

×お願い、協力してください。

○切にお力添えをお願い申し上げます。

← 解説 「切に」は強くお願いしたいときに使う。目上の人には「お力添え」がよい。

×もう少し待ってください。

○今しばらくお時間をいただけませんでしょうか。

← 解説 「もう少し」は「今しばらく」にすると丁寧になる。

シーン別敬語　家を訪問する

相手の家を訪れるときは、同居する家族などへの配慮も忘れずに。

×こんにちは。失礼します。
↓
○本日はお招きいただき、ありがとうございます。失礼致します。

解説　まずは招待してもらったことに対する感謝の意を表すこと。

×立派なお家（うち）ですね。
↓
○立派なお住まいですね。

解説　「お宅」「お住まい」としたほうが丁寧で、敬意が高くなる。

×あの、これ、つまらない物ですが……
↓
○気持ちばかりの物ですが……

解説 「つまらない物」は、「気持ちばかり」に変えたほうが相手にも自分にも気持ちよい。

×気にしないでください。
↓
○恐れ入ります。どうぞお構いなく。

解説 飲み物などを勧められたら一言。「どうかお気遣いなく」でもＯＫ。

×トイレを使ってもいいですか。
↓
○お手洗いをお借りしてよろしいでしょうか。

解説 「トイレ」は、「お手洗い」「洗面所」などのほうがよい。

シーン別敬語 お見舞い

相手の気持ちになって、思いやる言葉をかけよう。同室者へのマナーも大切。

×どんな感じですか。
←
○お加減はいかがですか。

解説 直接的に病気のことを尋ねないように。「お具合はいかがですか」など。

×大変そうですね。
←
○お元気そうで安心しました。

解説 病人が不安になるような言葉は避け、相手の身になった言葉をかける。

×課長がいなくても大丈夫ですよ。
○課長のお帰りを楽しみに、みんな頑張っています。

←解説 上司がいなくても大丈夫と言うと、かえって落ち込ませることになるので注意。

×（退室するときに）じゃあ、頑張ってくださいね。
○十分療養なさってください。

←解説 「ゆっくり」「のんびり」は長期入院を意味するようで、できれば避けたい。

×では、失礼します。
○どうぞお大事になさってください。

←解説 病室を辞去するときは、相手を思いやった言葉をかける。長居は禁物。

シーン別敬語 お悔やみ

訃報を聞いたとき、通夜や告別式でお悔やみを言うときは、短く簡潔に言うことが大切。

×このたびはびっくりしました。

↓

○このたびはご愁傷様(しゅうしょうさま)でございます。

解説 まずはこの言葉で遺族へあいさつする。余計な言葉はかけないほうが賢明。

×気を落とさないで、頑張ってください。

↓

○何とお慰めしたらよいのか、言葉が見つかりません。

解説 「気落ちしないで」「頑張って」は酷な言葉。あえて言葉にするならこのように。

×大変でしたね。大丈夫ですか。

○胸中、お察し致します。←

解説 当たり前のことを言っても仕方ない。一言、この言葉で慰めとする。

×ご焼香させてください。

○ご焼香を上げさせていただきたく、伺いました。←

解説 ご自宅の仏壇などにご焼香するときの言葉。厳粛な態度で。

×お香典をお受け取りください。

○御霊前にお供えいただけますでしょうか。←

解説 香典を渡すとき、このように言う。先方に正面を向けて差し出す。

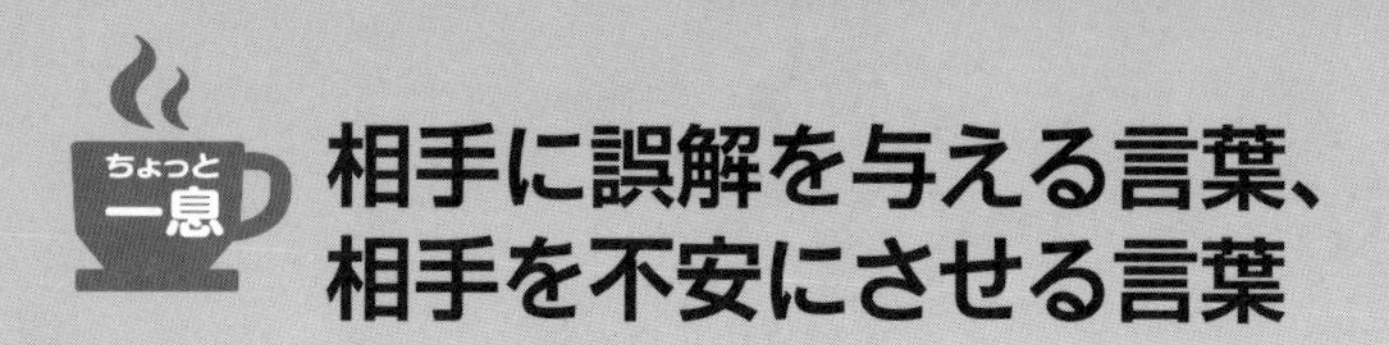

相手に誤解を与える言葉、相手を不安にさせる言葉

「つまらない物ですが」を別の言葉に

知人やお世話になった人に贈答品を贈るときの一言。「つまらない物ですが」に対して、「つまらない物なら、もらいたくない」という言葉が聞こえてきそうだ。

「つまらない物ですが」は、贈る側が謙遜して言う言葉として以前はポピュラーだった。つまり、「立派なあなたを前にしてはつまらない物」という気持ちが込められている。

実際に額面どおりに「つまらない物」と受け取る人は多くはないだろうが、最近はこの言葉は避けられるようになっている。やはりもう少し適切な言葉に置き換えたいものだ。たとえば、

●心ばかりの物ですが……

●心ばかりですが……

●お気に召していただけるとうれしいのですが……

　などだ。せっかくの心のこもった贈り物、このような言葉に置き換えて贈りたい。

お悔やみで避ける忌(い)み言葉

　お悔やみや弔電(ちょうでん)などで使わないほうがよいとされる忌み言葉がある。

●不幸が繰り返すことを連想させる……重ねる、重ね重ね、再び、再三、くれぐれも、返す返すも、たびたび、など

●悪いことを連想させる……とことん、とんでもないこと、など

●言葉の音の響きがよくない……四(死)、九(苦)、など

●直接的に死を表す言葉……死ぬ、死亡、など(逝去(せいきょ)、他界、永眠、旅立つ、などを使用する)

第3章 ビジネスで「できる!」人の印象を

ビジネスの場では、日常会話の延長のようなくだけた言葉遣いは避けたいもの。上司や周囲に人柄や才能を納得してもらえる言葉遣いをしましょう。

若者言葉を「大人」の言葉に代えよう

ビジネスの場でもつい出てしまう日常の言葉を改めよう。

×なるほど。

→ ○おっしゃるとおりです。

解説

「なるほど」は相手に同意する言葉だが、目上の人に使うと失礼になることがあるので注意。「なるほどですね」も誤り。

×確かに。かなりいいですね。

→ ○確かにおっしゃるとおりです。

解説

「確かに」と短く言うと失礼になる。「かなり」は「少なからず」「殊の外」と言い換えると「大人」の言葉になる。

×超ウケるんですけど。

→ ○非常に興味深いですね。

解説

「ウケる」は、上から目線の評価にも聞こえるし、茶化しているようにも聞こえる。「興味深い」「面白い」などに変えよう。「超」もＮＧ。

×ぶっちゃけ……
←
○率直に申しますと……

解説
思っていることを素直に言う意味で使うが、「ぶっちゃけ」はNG。堅苦しく言えば「有り体に申しますと」となる。

×大丈夫だったっぽいですね。
←
○大丈夫のようです。

解説
若者言葉の「～ぽい」は「みたいだ」「らしい」という意味で使われるが、非常に幼稚な使い方であり、間違い。

×私的にはいいと思います。
←
○私としてはよいと思います。

解説
主語をぼかすことで自己主張を和らげようとする意図が感じられるが、いわゆる若者言葉。「部長的にはどう思われますか」もNG。

×つい、やっちゃいました。
←
○うかつにもこのような顛末で。

解説
「つい」は、「うかつにも」「図らずも」などに言い換えられる。「やっちゃう」は、「失態を演じてしまいました」などに置き換えよう。

×うーん、ビミョーですね。
↓
○うまく言い表せませんが……

解説

「ビミョー」は、どちらかというと否定的ニュアンスが強い。「いいとはいえないと思います」と続けるとよい。

×それってヤバイですね。
↓
○ただ事ではないようですね。

解説

「ヤバイ」は、「不都合」「危険」を表すだけでなく、「スゴイ！」を表すこともある。なぜ「ヤバイ」のかを言葉にすべきだ。

×マジっすか。
↓
○予想外のことで驚きました。

解説

「マジ」は「真面目」の略語だが、「真剣」「本当？」などの意味で使われることが多い。語尾を「〜っすか」とするのも禁句。

×大丈夫です。
↓
○問題ありません。
○承知しました。

解説

「大丈夫です」は否定にも肯定にもとれる曖昧な表現。「異論はない」ときは「問題ありません」に、「了解」のときは「承知しました」にする。

×今日はダメな感じです。
→
○今日は伺うことができません。

解説

「〜な感じ」と曖昧な表現で逃げようとする気持ちはわかるが、NG。「せっかくですが」などのクッション言葉もつけよう。

×あり得なくないですか。
→
○信じられないようなお話ですね。

解説

「あり得なくない」という言葉はあり得ない。相手の言うことを完全否定せず、柔らかい表現にする。オーバーな感情表現も抑えること。

△（企画書を褒められて）ホントですか。
→
○恐れ入ります。

解説

「〜ですか？」には疑念を抱く意味が込められるため、相手は不快に感じる。軽い気持ちで「ホントですか」を多用すべきではない。

×めっちゃうれしいです。
→
○本当にうれしいです。

解説

「超」と同じように使われる。「本当にうれしいです」のあとに「ありがとうございます」と感謝の言葉もつけたい。

表現を変えるだけで「できる」人に

普段使いの言葉を、ちょっと丁寧に、改まった言葉に変えてみよう。

さっき→先ほど／先刻(せんこく)

「少し前」の意味で使う。

用例 先ほどお聞きしたことですが……

この間→先般(せんぱん)／先日(せんじつ)／過日(かじつ)

現在からあまり遠くない過去のときに使う。「過日」は書き言葉として使われることが多い。

用例 先般はどうもありがとうございました。

後(あと)で→後(のち)ほど

「しばらく経ってから」の意味。どれくらいあとかの定義はないが、翌日以降になる場合には使用しないほうがよい。

用例 後ほどお電話致します。

今度→次回／後日

次はいつかわからない、近い将来を意味する。はっきりと日を指定できないときに使用する。

用例 次回の報告書で提示させていただきます。

用例 後日、改めてお返事させていただきます。

夜(よる)→夜分(やぶん)

「夜分」は「夜」「夜中」を意味する。

用例 夜分遅くに失礼致します。

用例 夜分にお訪ねして申し訳ありません。

すぐに→早速（さっそく）／早急（さっきゅう）に

自分が素早く対応するときのほか、相手が素早く対応するときにも使う。「至急」は緊急性が高いときに使う言葉。

用例 早速対応させていただきます。

用例 早急にお願い致します。

もうすぐ→間もなく

「遠からず」「間を置かず」を意味する言葉。「もうすぐ」は「今から間もなく」を意味するが、「間もなく」は過去の出来事についても使用することがある。

用例 間もなくまいります。

用例 退社して間もなく留学しました。

●その他の言い換え言葉

前に→**以前**／**先日**
今日（きょう）→**本日**（ほんじつ）
昨日（きのう）→**昨日**（さくじつ）
一昨日（おととい）→**一昨日**（いっさくじつ）
明日（あした）→**明日**（あす）**（みょうにち）**
明後日（あさって）→**明後日**（みょうごにち）
今年→**本年**
去年→**昨年**
一昨年（おととし）→**一昨年**（いっさくねん）

少し→些少（さしょう）

金額や数量、程度が少ないときに「些少」を使う。

用例 些少ではありますが、お礼の気持ちです。

用例 些少ながらお手伝いさせてください。

少し→いささか／多少なりとも

「いささか」には「少し」「いくらか」の意味がある。下に打ち消しの語があれば「少しも」「全然」の意味に。「多少なりとも」は、「せめては」という気持ちがこもった言葉。

用例 いささか驚きました。

用例 気持ちはいささかも変わりません。

用例 多少なりともご用意させていただきます。

大きい→多大な／あまたの

数量や規模が大きいことを意味する。「あまたの（数多の）」は、はなはだしく多い感じを表現。

用例 多大な損害を被（こうむ）りました。

用例 多大なるご支援をありがとうございます。

用例 あまたのシーンを目撃してきました。

かなり→少なからず／殊(こと)の外(ほか)

「少なからず」は「少なくない」「多い」ときに使う。「殊の外」は、程度が際立っているときなどに使うとよい。

用例 少なからず真実を話しています。

用例 今年は殊の外暑い夏になりそうです。

本当に→誠に／実に／まさしく

「誠に」「実に」は、「間違いなく」という意味合いがこもっている言葉。「まさしく」も「正しく」で、同じ意味。言葉を強めるときなどにも用いられる。

用例 誠に申し訳ありません。

用例 実にうれしいことでした。

用例 まさしく、あれは背信行為です。

つまり→さしずめ／要するに

取りあえず結論を出すときに「さしずめ（差し詰め）」「要するに」などを使う。「さしずめ」は、「当面」「さしあたって」の意味にも使う。

用例 さしずめ彼はリーダーのようなものです。

用例 要するにこういうことでしょうか。

結局→詰まるところ

「要するに」と同じで、いろいろと考えた末にたどり着いたことを述べるときに使う。

用例 詰まるところはこういうことですか。

だいたい→概(おおむ)ね

「だいたいこんなものね」のように軽い感じで使われるが、「概ねこうなります」とすると格調高くなり、信憑(しんぴょう)性も高くなる。

用例 概ね、お話ししたとおりになります。

必ずしも→あながち／一概(いちがい)に

打ち消しの語を伴って、一方的に決めつけられないときなどに使う。「一概に言えない」は、「すべてをそうであると言うことはできない」という意味になる。

用例 あながちそうとも言えません。

用例 結婚して幸せだと一概には言えません。

詳しく→詳細に／つぶさに／余すところなく

細かく、詳しく説明するときなどに使う。「つぶさに」「余すところなく」は、「漏れがない」ことを強調するときに。

用例 詳細に説明してください。

用例 これまでの経過をつぶさに説明しました。

用例 余すところなく探しました。

また→再び／改めて

「また来ます」を、「改めて参ります」と言えば、相手に敬意を表すことができる。「改めて」には「別の機会に再度」という意味合いがある。

用例 同じ失敗を再び行わないように。

用例 改めておいでください。

たまたま→図らずも／期せずして

「思いもかけず」「意外にも」といった意味で使われる。「図らずも」は計画性がない意味合い、「期せずして」は偶然性の意味合いが強い。

用例 図らずも彼女と同じ意見です。

用例 期せずして彼と同席になりました。

どんなにか→さぞかし／さだめし

「さぞかし」は「さぞ」を強調した言葉。他人の思いや状態を推測したり想像したりするときに使う。「さだめし」も同様。

用例 さぞかしお辛いでしょう。

用例 さだめし苦しかったことでしょう。

どうにか→曲がりなりにも

どうにかこうにか。不十分ではあるが、最低の条件を満たしている状態のときに使う。

用例 曲がりなりにも社長ですよ。

まあまあ→可もなく不可もなし

「体調はどうですか」と聞かれて「まあまあですね」と答えるところを、「可もなく不可もなく」と答える。

用例 業績は可もなく不可もなくといったところ。

何となく→思いがけず／巧まずして

予期していなかったときに使う。「図らずも」も同じ意味で使われる。

用例 巧まずして好評を得ることができました。

前もって→予め

事前に何かをするときに使う。

用例 予め用意しておきました。

明らかにする→つまびらかにする

「つまびらかにする（詳らかにする）」は、詳細を明らかにしたり、明らかにして述べること。かしこまった感じになる。

用例 真相をつまびらかにしましょう。

つい→図らずも／偶発的に／我知らず／我にもなく

うっかり何かをしてしまうときに使う。「偶発的に」は偶然発生するときに使う。「我知らず」は無意識のうちに何かをしてしまう様。「我にもなく」は夢中で何かをしてしまった感じを表す。

用例 図らずもこんなことになってしまいました。

用例 偶発的な出来事です。

用例 我知らず欠伸をしてしまいました。

用例 我にもなく感動してしまいました。

思いやる→慮る

周囲の状況や将来について深く考えるときに「慮る」を使いたい。

用例 相手の気持ちをよく慮ること。

書く→記入する／記載する／記述する

所定の場所に文字や数字を書き入れるときに「記入する」を使う。「記載する」は書かれたものが書類や書物などで残るときに使う。「記述する」は、文章で書き記すときに使う。

用例 この申込書に記入してください。

用例 辞書に記載されています。

用例 反対意見も記述しておいてください。

考える→一考する／思案する／考慮する／勘案する／考察する

一度考えてみるときは「一考」、考えを巡らしたり、もの思いに耽る（ふけ）るときは「思案」、いろいろなことを考え合わせるときは「考慮」「勘案」、よく調べて考えるときは「考察」を使う。

用例 これは一考に値するテーマですね。
用例 ここが思案のしどころです。
用例 よく考慮して判断します。
用例 社会問題を考察すると……

よく考える→熟考する／熟慮する

念を入れてよく考えるときに使いたい。

用例 熟考して結論を出してください。
用例 熟慮を重ねた結果……

考え直す→再検討する／再考する

もう一度考えるときに使いたい。

用例 この計画を再検討してください。
用例 再考が必要です。

たくらむ→策を練る／策を弄（ろう）する／画策（かくさく）する／目論（もくろ）む

十分に考え、計画を練ること。「策」は謀（はかりごと）や計画。「弄する」は、もてあそぶ、思うままに操るなどを意味する。「策を弄する」「画策する」「目論む」はどちらかというと悪いニュアンスで使われることのほうが多い。

用例 この事態を打開するために策を練ろう。
用例 策を弄しすぎた結果ですね。
用例 密かに画策していたようです。
用例 何か悪いことを目論んでいませんか。

考える→鑑（かんが）みる

過去の事例やルールなどに照らし合わせて考えること。

用例 過去の事例を鑑みて、決定しましょう。

問い合わせる→照会する

問い合わせて確かめるときに使う。

用例 身元を勤務先に照会しました。

思う→推察する／類推する／追想する

他人の心中や事情をあれこれ思いやるときに「推察」を、過去の事例などから、ほかのことを想像するときは「類推」を、過去を思い出すときは「追想」をと、使い分ける。

用例 大学時代を追想するに……

訴える→告発する／告訴する

悪事や不正を世間に知らせるときは「告発」を、正式に捜査機関に訴えるときは「告訴」を使う。裁判所に訴えを起こすときは「訴状を提出する」などという。

用例 会社の不正を内部告発しました。

調べる→探究する／探索する／審査する／点検する／調査する／検索する

調べる対象や方法によって使う言葉を選ぶ。

用例 生命の神秘を探究する仕事です。

用例 未知の原野を探索します。

しくじる→失敗する／失態を演じる／不覚を取る／不始末を起こす

油断をして思わぬ失敗をするときに「不覚を取る」を、無様(ぶざま)な失敗をしたときに「失態を演じる」を、他人に迷惑を及ぼすような行為のときに「不始末」を使うとよい。

用例 不覚を取って負けてしまいました。

用例 少々酒を過ごして失態を演じてしまいました。

用例 不始末を起こしてしまいました。

忘れる→失念する

うっかり忘れてしまうときに「失念」を使うと賢く聞こえる。

用例 お電話するのを失念してしまいました。

言いふらす→他言する／口外する

秘密などを誰かに話す場合は「他言」「口外」を。

用例 他言無用です。

用例 このことは口外しないでください。

話題をさらう→脚光を浴びる／席巻（せっけん）する

世間の注目を集めるときに「脚光を浴びる」を、ある業界や分野でその勢力を拡大するときに「席巻する」を使うとよい。

用例 その発明で脚光を浴びました。

用例 時代を席巻するような新商品ですね。

成功する→成功を収める／功を奏する／快挙を遂げる／成し遂げる

単に「成功する」というよりも、このように変えたほうがその成果に重みを感じる。「功を奏する」は「功を奏す」「奏効する」ともいう。

用例 単独走破という快挙を成し遂げました。

用例 改革が功を奏した一年でした。

聞く→質問する／問い合わせる／傾聴する／静聴する

「傾聴する」は、熱心に聞くときに使う。「静聴する」は、静かに聞くこと。

用例 傾聴に値する話でした。

用例 ご静聴、ありがとうございました。

カットする→割愛（かつあい）する

「割愛する」には、省くところを惜しいと思いつつ省くという意味合いがある。重要ではないものを省くときは「省略する」が適切。

用例 大切な部分ではありますが、時間の関係上、割愛させていただきます。

ほのめかす→示唆（しさ）する

それとなく物事を示して教えること。

用例 首相は解散の可能性を示唆しました。

こだわる→拘泥（こうでい）する／執着する／固執（こしつ）する

必要以上にこだわる場合は「拘泥」を、心がそのことから離れられないときは「執着」を、あくまで自分の考えを譲らないときは「固執」を。

用例 勝ち負けに拘泥しすぎていませんか。

打ち合わせや会議で使いたい言葉

場が引き締まり、実のある議論となるためのスマートな言葉。

軋轢（あつれき）

不和。仲が悪くなること。

用例 両者の間に軋轢が生じているようです。

意

「意」とは気持ちや考え、意見のこと。「意」には、さまざまな使い方がある。

用例 意を呈する・意を示す・意を強くする・意のままに・意を表明する・意に反して・意にかなう・意を得る・意に従う・意に逆らう

意に介する

気にかける、気にするという意味。「意に介さない」という否定形で多く使われる。

用例 あの言葉は意に介さないほうがよいでしょう。

意に沿う

希望や要求に応じること。

用例 社長の意に沿うようにやり直す必要がありそうです。

意に留める

心に留め置く、留意すること。

用例 意に留めておいてください。

意を汲む（く）

気持ちを好意的に推し量ること。

用例 君の意を汲んで、善処することに決定しました。

意を決する

覚悟を決めること。

用例 意を決して取り組みました。

穴を埋める

お金の損失や人員の欠員などを補うときに使う慣用句。

用例 大きな損失が出てしまいました。この穴を埋めるためのアイデアを出していただきたい。

異議

反対や不服とする意見のこと。さまざまな使い方がある。

用例 異議を述べる・異議を唱える・異議なく承知した・異議を認めない・異議がある・異議あり・異議はあるだろうが・異議なく同意する・異議を挟む・異議を一蹴する・異議はありませんか

異議を一蹴する

「一蹴」は、蹴飛ばすこと。つまり、反対意見などをすげなくはねつけることを意味する。

用例 私の異議は一蹴されました。

意趣返し

「意趣」とは、恨む気持ちのこと。無理を通そうとすること。「意趣返し」は、仕返し、復讐を意味する。

用例 A派がB派に意趣返しをしたということでしょう。

追い追い

順を追って。段々に。次第に。引き続き。

用例 この問題は追い追い解決していきます。

云々

言葉のあとをぼかしたり省略したり、詳細をぼかしたり、伏せたりするときに用いる。「云々かんぬん」も同じ。あるいは、あれこれ批評すること。

用例 結果をあれこれ云々する必要はありません。

織り込み済み

計画や予算などにおいて、ある事柄や条件などをすでに検討していること。

用例 その件はすでに織り込み済みです。

可及的速やかに

「可及的」とは、できる限り、なるべく。つまり、できるだけ早く。「大至急」よりまだ余裕がある感じのときに使う。

用例 可及的速やかに対応したいと思います。

風見鶏（かざみどり）

風向計の風見鶏から転じて、周囲の状況によって都合よく立ち回る人をいう。

用例 **彼は風見鶏だから、信用できないですね。**

可視化（かしか）

目に見えない事柄や現象を映像やグラフ、表などでわかりやすく見せること。

用例 **この論点を可視化してみました。**

看過（かんか）できない

「看過」は、見過ごす、見逃すこと。「看過できない」「看過することができない」と使う。

用例 **これは看過することのできない問題です。**

過渡期

ある状態から次のある状態へ移行する途中の時期。

用例 **今はまだ過渡期ですから、様子見ですね。**

箝口令（かんこうれい）

ある事柄に関する発言を禁じること。口外を禁じること。「**箝口令を敷く**」と使う。

用例 **あの案件について、箝口令が敷かれたので言えません。**

間接部門

直接部門（会社の業績に直接結びつく製造や開発、営業、販売などの部門）を支援する部門。おもに人事や総務、経理部門。

用例 **間接部門にも合理化が必要ですね。**

期（き）する

期待する、誓う、約束する、などの意。

用例 **公平を期する・成功を期する・発展を期する・万全を期する・密（ひそ）かに期する**

心に期する

あることを実現しようと心に誓うこと、決意すること、約束すること。

用例 **彼には何か心に期するところがあったようです。**

帰（き）するところ

「帰する」は、あるところに落ち着くこと。結局行き着くところは。最終的には。

用例 **帰するところ、私たちが取った行動は正解でした。**

忌憚のない意見

「忌憚」とは、忌みはばかること、嫌って嫌がること、遠慮すること。「忌憚のない」と使うことがほとんど。つまり、遠慮しないで言う意見という意。

用例 忌憚のない意見を聞かせてください。

用例 忌憚なく申し上げます。

杞憂

無用な心配をすること。取り越し苦労のこと。「杞憂に過ぎない」「杞憂に終わった」などと使う。

用例 大変でしたが、すべて杞憂に終わってよかったです。

喫緊の課題

「喫緊」は、差し迫って重要なこと。「喫緊の課題」として使われることが多い。「緊急」は、すでに重大なことが起こってい て、それにすぐに対応しなければいけないときに使う言葉。

用例 少子化対策は喫緊の課題です。

窮余の一策

苦しまぎれに思いついた策略や計画。「窮余」は「苦しまぎれ」を意味する。**「苦肉の策」「非常手段」**ともいう。

用例 窮余の一策として提案しましたが……

享受する

あるものを受け、自分のものとすること。特に、恩恵やメリットを受けるときに使う。

用例 社員は会社からさまざまな恩恵を享受しています。

去就

去るか、そのままか、どう身を処するかの態度。進退のこと。

用例 部長の去就が取り沙汰されているようです。

金科玉条

最も大切な決まりや法律、ルールのこと。

用例 創業者の言葉を金科玉条として頑張っています。

譴責処分

「譴責」とは、不正や過失などを厳しく責めること。譴責処分は、法令上では戒告に当たり、企業においては懲戒処分のうち最も軽いもので、警告で済ませられる。

用例 譴責処分を受けました。

具現化

目標や理想、計画を具体的に実現すること。

用例 **今年の目標がやっと具現化してきましたね。**

薫陶（くんとう）を受ける

「薫陶」は、その人の徳や品位によってよい方向に導くこと。「**薫陶の賜物（たまもの）**」などと使う。

用例 **恩師から薫陶を受けたことで、進路が決定しました。**

形骸化（けいがいか）

実質的な意味を失って、形式だけが残っている状態。「**空洞化**」「**有名無実**」などとも言い換えられる。

用例 **このルールはすでに形骸化しているようです。**

軽挙妄動（けいきょもうどう）

「軽挙」は分別がなく、軽々しい行動、「妄動」はむやみに行動すること。つまり、軽はずみに行動することを意味する。

用例 **くれぐれも軽挙妄動は慎んでください。**

経験則（けいけんそく）

実際に経験することから見出される法則のこと。

用例 **私の今までの経験則から言わせていただくと……**

懸念（けねん）する

「懸念」は、気にかかって不安に思うこと。一方、「危惧（きぐ）」は、危ぶみ、恐れること。「懸念」のほうが「危惧」よりも漠然とした不安に使われる。

用例 **人材不足が懸念されます。**

懸案（けんあん）

解決しなくてはいけない問題が、解決されずにあること。まだ解決されていない事柄。「**懸案事項**」などと使う。

用例 **工場は移転問題が長年の懸案となっています。**

顕在化（けんざいか）

はっきりと現れてくること。「顕在」の対義語は「**潜在**」。

用例 **問題が顕在化してきました。**

顕著（けんちょ）

誰の目にも明らかなほどにはっきり現れること。

用例 **彼の功績は業績に顕著に現れていますね。**

言外に

直接言葉に出して表現されない部分。「**言外にほのめかす**」「**言外に含める**」などと使う。

用例 別の方策があることを言外に匂わせておきました。

言質

「言質」とは、あとで証拠となるような約束の言葉。「**言質を取る**」と使う。

用例 取引先から言質を取ってきてください。

膠着状態

「膠着」は、しっかりくっついて離れないこと。つまり、ほとんど動きがなくなっている状態。

用例 取引は膠着状態に陥っているようです。

更迭

ある地位の人からその地位を剥奪して、別の人をその地位にあてがうこと。「**罷免**」は、公務員や国務大臣に使われる言葉で、強制的に辞めさせることを意味する。「**解任**」は、その任務や職務を解くこと。

用例 大臣が更迭されました。

誇示する

誇らしげに、得意げに見せる、見せびらかすこと。

用例 一度の成功を誇示するようでお恥ずかしい。

骨子

全体のなかの重要な部分。要点。

用例 企画書の骨子を説明してください。

固辞する

強く勧められても、固く辞退すること。

用例 何度も立候補を要請されましたが、固辞いたします。

裁量

その人の判断で処理すること。「君の裁量に任せる」ということは、自由に決めてよいということ。

用例 この企画は、彼女の裁量に委ねられています。

暫定的

確定するまでの臨時の措置(仮の決定)の状態。最終的には決着がついていない状態。

用例 暫定的とはいえ、この提案が認められてホッとしました。

搾取（さくしゅ）する

「**中間搾取**」といわれるように、本来、その人や部署などに帰すべき利益を不正に取得すること。つまり、横取り。

用例 **売り上げから搾取されていたようです。**

暫時（ざんじ）

しばらくの間。混同しがちなのが「漸次（ぜんじ）」で、こちらは、段々と、次第にを意味する。

用例 **暫時、お待ちください。**

時間の問題

結果はだいたいわかっていて、あとはそのときを待っているだけの状態のこと。

用例 **解決するのはもはや時間の問題です。**

傘下（さんか）

勢力のある人物や組織に属して、その支配や影響を受けること。

用例 **A社の傘下に入ります。**

恣意的（しいてき）

気ままで自分勝手な様子。思いつきで判断する様子。

用例 **恣意的な報道で、事実がねじ曲げられて伝わりました。**

私見（しけん）

自分一人の意見や見解。自分の意見をへりくだって言うときに使うことが多い。

用例 **私見を申し上げます。**

資（し）する

あることをするのに助けとなる、役立つ。何かの目的のために金品や情報などを与えて援助するときに使う。

用例 **御社の発展のために資することをいといません。**

自転車操業

自転車は走ることをやめると倒れてしまうことから、借金と返済を繰り返しながら、かろうじて操業を続けている状態をいう。

用例 **うちは自転車操業から抜け出せません。**

斜陽産業

「斜陽」は、かつて勢いのあったものが時代とともに衰えること。太宰治（だざいおさむ）の小説の題名から流行語に。「斜陽産業」は時代とともに衰えていく産業のこと。

用例 **石炭業は斜陽産業ですね。**

従前（じゅうぜん）

今より前。以前。「従来」は、「以前から今まで」を指す。役所では「従来」や「以前」の代わりに「従前」を使うことが多い。

用例 **従前どおり、見本市を開催します。**

周知（しゅうち）する

広く知らせること。連絡事項などでは、「周知させる」として使われる。

用例 **今回の決定事項を、社員全員に周知徹底させてください。**

出処進退（しゅっしょしんたい）

「出処」は物事の出どころ、出生地などの意。「出処進退」は、今の地位に留まっていることと、辞めて退くこと。つまり、続けるのか辞めるのかの判断。

用例 **いずれ出処進退を明らかにします。**

逡巡（しゅんじゅん）する

物事を決断できないで、ぐずぐずする、尻込みすること。「逡」は「ためらう」の意。「逡巡」が時間的に長く迷うのに対して、「躊躇（ちゅうちょ）」は今行動しようとしたときに迷うという違いがある。

用例 **会社を辞めるべきか、続けるべきか逡巡しますね。**

諄々（じゅんじゅん）と諭（さと）す

「諄々」は、相手によくわかるように言い聞かせること。「諭す」は、目下の者に、理解できるように言い聞かせること。

用例 **今回の失敗では、上司から諄々と諭されました。**

上意下達（じょういかたつ）

上位の命令や意向を、下位の者に伝えること。トップダウンを意味する。つまり、「上意（上の者の意志）」を「上位」と間違えやすいので注意。逆の場合は下意上達（かいじょうたつ）。

用例 **弊社は典型的な上意下達の組織でした。**

照準を合わせる

「照準」は、狙いを定めること。「照準を定める」とも使う。

用例 **総会に照準を合わせて、準備します。**

処世術（しょせいじゅつ）

巧みな世渡りの方法。

用例 **処世術を身に付けることは必要です。**

情弱（じょうじゃく）（情報弱者）

「情報弱者」とは、情報化社会についていけない人、あるいは情報の収集能力が低い人を指す。インターネット等に疎い人を指すことが多い。逆は**「情強（情報強者）」**。

用例 **彼は時代に乗り遅れていて、情弱な人です。**

消息筋（しょうそくすじ）

ある方面の消息（動静）に通じている人のこと。事情によりその人の名前を出せないときに使う。「関係者」「事情通」のこと。

用例 **消息筋が語ったところによると……**

進捗（しんちょく）

「捗」には捗る（はかどる）という意味がある。「進捗」は、進み捗るという意味。**「進捗状況」「進捗具合」**などと使われる。

用例 **現在の進捗状況を教えてください。**

精査

詳しく調べること。「調査」は単に調べることを意味するが、「精査」は「詳しく」が強調された言葉なので、使い分ける。

用例 **内容を精査してからお答えします。**

是正（ぜせい）

悪い点や不都合な点を改めること。「訂正」は、文字や数、表現の誤りを正すことだが、「是正」は行動や考えの悪い点を改良し、正すことを意味する。

用例 **長時間労働を是正します。**

是々非々（ぜぜひひ）

立場に囚われず、良いことは良いとして賛成し、悪いことは悪いとして反対すること。政治家が選挙などでよく使う言葉。

用例 **立場の関係なく、是々非々で話し合いましょう。**

折衷案（せっちゅうあん）

複数の案のよいところを合わせて、一つの案にすること。

用例 **A案とB案の折衷案で作製してください。**

難色を示す（なんしょくをしめす）

提案内容などに対して、不賛成の態度を取ったり、そうした雰囲気を出すことをいう。

用例 **当社の提案に取引先が難色を示しました。**

善処する

事態に応じて適切な処置を取ることを意味するが、「前向きに取り組む」「心がける」などと同義語で、「一旦保留する」という意味合いもあり、意図を読み取りにくい曖昧な言葉。

用例 **その件に関しましては善処します。**

適材適所

その人の適性や能力にふさわしい地位や仕事に就かせること。

用例 **彼の抜擢は適材適所です。**

訴求

おもにマーケティングで使われる言葉で、訴えて求める、つまり、働きかけて購買意欲を与えることを意味する。**「訴求効果」「訴求力」**などと使われる。

用例 **この商品には高い訴求効果があるようです。**

属人的

「属人」は、人に依存することを意味する。「属人的」「属人性」「属人化」などと使われ、仕事が特定の人物や担当者などの「人」に依存するというネガティブな印象を伴う。

用例 **属人的な手法をやめて、マニュアル化する必要があります。**

齟齬

物事や話の食い違い。その食い違いによって物事がうまく進まないこと。**「齟齬がある」「齟齬が生じる」**などと使う。

用例 **齟齬をきたさないようによく話し合いましょう。**

たたき台

刀をつくる鍛冶場の「敲き台」からきた言葉で、新しい物をつくるための土台の意味がある。**「素案」「原案」「ドラフト」**などともいう。

用例 **明日までにたたき台をつくっておいてください。**

当該

そのことに関係ある物事のこと。**「当該商品」「当該期間」**などと使う。「該当」は「該当する」として使う。

用例 **当該製品の説明書です。**

不可避

避けようがないこと。

用例 **この事態が消費者に悪影響を及ぼすことは不可避です。**

鼎談（ていだん）

「対談」は二人で向かい合って話し合うことだが、「鼎談」は三人で向かい合って話し合うこと。「座談」「座談会」は何人かで向かい合って話し合うこと。

用例 **先方から鼎談をしたいという申し入れがありました。**

腹落ち（はらおち）

「**腹に落ちる**」という慣用句を略した言葉で、ビジネスでよく使われる。納得するという意。

用例 **スタッフ全員に意図を腹落ちさせる必要があります。**

どぶ板営業（どぶいたえいぎょう）

候補者や運動員が民家を一軒一軒回る（一軒一軒のどぶ板をまたいで訪問する）選挙手法を「どぶ板選挙」というが、転じて、担当地区の企業を一軒一軒つぶしていく営業手法を「どぶ板営業」という。

用例 **どぶ板営業は辛いですね。**

汎用性（はんようせい）

「汎用」とは、広くいろいろな方面、局面で用いること。「汎用エンジン」「汎用化」などの使い方がある。

用例 **当商品は汎用性が高いと評判です。**

布石を打つ（ふせきをうつ）

「布石」は、将来のために配置しておく備えのこと。元々は囲碁用語で、序盤に要所要所へ石を配置することをいう。

用例 **業績回復のための布石を打ちましょう。**

日和見（ひよりみ）

形勢をうかがって、有利なほうにつこうとすること。また、そのような人。

用例 **Cさんの日和見な態度には我慢できません。**

俯瞰する（ふかんする）

高いところから見下ろし、眺めること。つまり、客観的に広い視野をもって物事を見ることを意味する。

用例 **一度プロジェクトを俯瞰的に見たほうがよいでしょう。**

腹案（ふくあん）

前もって考えていたこと。心のなかで思っていたこと。

用例 **それについては腹案があります。**

物議を醸す

「物議」は人々の間に起こる批評や議論を指す。「噂の種」のこと。「物議を醸す」として使うことが多く、「疑問の声が出ている」「問題視されている」などの意味を含む。

用例 昨日の発言が社内で物議を醸しているようです。

不問に付す

過ちをとがめないこと。

用例 今回のミスは不問に付すことにします。

不文律

明文化されていないが、互いに心のなかで了承し合っている決まり事。「暗黙の了解」も同様の意味だが、この場合は世間一般の常識に使うことが多く、「不文律」は必ずしも世間一般の常識と一致しないこともある。

用例 新入社員にわが社の不文律を教えておきます。

不要不急

重要でもなく、急ぎでもないこと。天候などの場面でよく使われる。

用例 明日は台風直撃だから、不要不急の外出は控えること。

便宜を図る

「便宜」は、ある目的や必要なものにとって好都合なこと。特別な計らい。一時しのぎの意味では「便宜的な処置」「便宜上」などと使う。

用例 取引先が便宜を図ってくれて助かりました。

付和雷同

自分の主義主張をもたず、深く考えずに周囲の多数派の意見に同調すること。

用例 上司の付和雷同な態度には怒りを覚えました。

分水嶺

雨水が二つ以上の水系へ分かれて流れる境界（分水界）が転じて、物事の方向性が決まる分かれ目を意味する。

用例 今が成功するか失敗するかの分水嶺ですね。

反故にする

約束や決まり事を取り消す、無効にすること。あるいは、無用なものとして捨てること。

用例 約束を反故にされました。

意気込みを表す言葉

上司や同僚に意気込みを伝えるだけでなく、自分をも奮(ふる)い立たせる言葉。

後(あと)には引けない

やめられない。後戻りできない。譲歩できない。

用例 もう後には引けません。やるしかない！

機運が熟す

「機運」は時の巡り合わせ。何かをするのによい機会。**「気運」**は、物事の情勢がある方向に向かおうとする状況のこと。

用例 今、ようやく機運が熟したと感じます。

一意専心(いちいせんしん)

余計なことを考えず、そのことだけに集中すること。**「専心一意」**ともいう。

用例 一意専心の気持ちでこの業務に当たります。

肝(きも)に銘じる

強く心に留め、決して忘れないようにすること。しっかりと心に刻むこと。

用例 この失敗を肝に銘じて、今後に生かしていきます。

矜持(きょうじ)

自信と誇り。プライドをもって堂々と振る舞うこと。「矜」には「あわれむ」「誇る」という意味がある。

用例 私なりの矜持があります。

牽引車(けんいんしゃ)となる

「牽引車」とは車両を牽引する車のこと。転じて、集団の先頭に立つ人、リーダーを意味する。

用例 チームの牽引車となって頑張ります。

鋭意（えいい）

気持ちを集中して、一生懸命励むこと。副詞的に用いる。

用例 **鋭意努力します。**

気概（きがい）

さまざまな困難にくじけない強い意志のこと。

用例 **どんな困難にも負けない気概を示したいと思います。**

采配（さいはい）を振る

陣頭に立って指図したり、指揮をしたりすること。「采配」とは、部隊の指揮官であることを示す目印。本来は采配を「振る」が正しいが、「振るう」と使う人も多く、認められつつある。

用例 **このチームで采配を振ることができて幸せです。**

清水（きよみず）の舞台から飛び降りる

思い切って大きな決断をすること。京都の清水寺にある高い崖に張り出した舞台から飛び降りると願いが成就し、けがもしない、あるいは死んで成仏（じょうぶつ）できるといわれたことから。

用例 **清水の舞台から飛び降りる覚悟で臨みます。**

建設的

現状をさらによくしていこうとする積極的な態度。「建設的な意見」「建設的な話し合い」などと使う。

用例 **もっと建設的に話し合いましょう。**

試行錯誤（しこうさくご）

いろいろな方法を試み、失敗を繰り返しながらも解決策を追求していくこと。

用例 **試行錯誤を重ねつつ、結果を出すよう心がけます。**

自負（じふ）

自分の才能や知識、業績などに自信と誇りをもつこと。「誰にも負けない」という気持ちを表す。「矜持」「プライド」とも言い換えられる。「自負する」「自負がある」「自負をもつ」などと使う。

用例 **この仕事に関しては誰にも負けないと自負しています。**

精進（しょうじん）

「精進する」は、一つのことに集中して励むこと。一生懸命に努力すること。

用例 **これからも精進を重ねてまいります。**

遮二無二（しゃにむに）

余計なことを考えず、がむしゃらに何かをするときに、副詞的に使う。「遮二」は「二を断ち切る」、「無二」は「二がない」を意味する。

用例 **遮二無二突き進むしかありません。**

正念場（しょうねんば）

重要な局面。その人の真価が問われる局面。歌舞伎などで、主人公が役の本当の性格（性根（しょうね））を出す重要な場面「性根場（しょうねば）」からきた言葉。

用例 **今が私の正念場と心得て頑張ります。**

初志貫徹（しょしかんてつ）

初めに心に誓った志を最後まで貫き通すこと。

用例 **初志貫徹で、このプロジェクトをやり遂げます。**

真摯（しんし）

偽りなく真面目なこと。「真摯に」「真摯な」という形容動詞で使うことが多い。

用例 **ご意見を真摯に承り、今後の業務に努めます。**

陣頭指揮を執る（じんとうしきをとる）

先頭に立って指揮すること。「陣頭」は軍隊の先頭を意味する。

用例 **私に陣頭指揮を執らせてください。**

寸暇を惜しむ（すんかをおしむ）

わずかの時間も惜しんで物事に没頭する様子。「寸暇を惜しまず」という使い方は誤り。

用例 **寸暇を惜しんでこの事業に励みます。**

成功裏に（せいこうりに）

成功といえる状態のうちに。元々は「成功裡」だった。「裡」は「ものの内側」「〜の内」を意味するが、常用漢字から除外されたため、「裏」が使われるようになった。**「成功裏に終わる」**などと使うことが多い。

用例 **成功裏に終えられるよう励みます。**

血湧き肉躍る（ちわきにくおどる）

感情が高ぶって、全身にやる気がみなぎっている様子。

用例 **このスタッフの一員に選ばれて、血湧き肉躍るほど興奮しています。**

誠心誠意

嘘も偽りもなく、真心をもって事に当たること。

用例 誠心誠意、全力で努力してまいります。

全力投球

野球においてピッチャーが全力で投球することから、全力を賭けて物事に取り組むことを意味する。

用例 何事にも全力投球するのが私のポリシーです。

万難を排して

「万難」は多くの困難のこと。つまり、「どんなことがあっても」「何が何でも」の意味で使う。

用例 その勉強会に万難を排して参加します。

全身全霊

体力と精神力のすべて。

用例 全身全霊をもってこのプロジェクトに賭けます。

不退転

信念をもって、何事があっても屈しないこと。決意を変えないこと。「退転」は、変化して前より悪くなることを意味する。元は仏教用語。「不退転の決意」「不退転の覚悟」などと使う。

用例 不退転の覚悟で会社再建に臨みます。

有言実行

発言したことに責任をもって実行すること。「不言実行」は、何も言わず、黙って実行すること。

用例 有言実行あるのみです。

奮い立つ

何かをしようとする気力があふれ、気持ちが高ぶること。「発奮する」「勇み立つ」も同義。

用例 明日の会議での発表を前に奮い立つ気分です。

粉骨砕身

骨を粉にし、身を砕くほど努力する。つまり、骨身を惜しまず一生懸命に努力すること。意気込みの大きさを伝える。

用例 リーダーとして粉骨砕身する決意です。

邁進

恐れることなく、ひたすら前に突き進むこと。

用例 ご期待に添えるよう、邁進していきます。

人や内容を評価する言葉

よい評価を与えるとき、ダメ出しをするとき、言葉もいろいろ。

一長一短（いっちょういったん）

長所もあり、短所もあること。

用例 この企画には一長一短がありますね。

打てば響く

何かしら働きかけると、すぐに反応すること。それだけ優れていること。太鼓や鐘を叩けば、すぐに音が返ってくることからきた慣用句。

用例 彼は打てば響くから、任せ甲斐があります。

お株（かぶ）を奪（うば）う

他人の得意なことをやってしまうこと。「株」は、ある組織などのなかで一部の人が取得する特権を意味する。

用例 先輩としてのお株を奪われてしまいました。

風穴（かざあな）を開（あ）ける

槍や鉄砲の弾丸などで胴体を貫くことから転じて、先行きが見えない組織や事態に新しい風を吹き込むことを意味する。

用例 彼はこの閉塞感（へいそくかん）のある組織に風穴を開けてくれました。

冑（かぶと）（兜）を脱ぐ

相手の力（能力）を認めて、降参すること。「脱帽する」も同義。

用例 彼女の提案は素晴らしく、みんな冑を脱ぎました。

及第点（きゅうだいてん）

合格するのに必要な点数や基準。

用例 この提案には及第点を与えられるでしょう。

虚勢を張る

自分の弱点を隠して、威勢のいい振りをすること。空威張り。

用例 虚勢を張らず、自然体で行ってください。

金字塔

金字塔はピラミッドのこと。「金」の字がピラミッドに似ていることから。ピラミッドが、歴史に残る偉大な建造物であることから、「優れた業績」を意味するようになった。

用例 彼はわが社の業績において金字塔を打ち立てました。

ご明察

相手の推察を評価して言う言葉。「明察」は、物事の本質を明確に推察すること。「ご（御）」をつけて相手を褒めるときに使う。

用例 さすが、まさにご明察のとおりです。

三文の値打ちもない

「三文」とは江戸時代の通貨の一文銭3枚のことで、安価、あるいはくだらない物事を意味する言葉。「三文小説」「三文役者」「三文判」「三文の徳」などと使う。「三文の値打ちもない」は、「価値がない」「売り物にならない」などの意。

用例 この商品は三文の値打ちもありません。

言行一致

口で言うことと行動に矛盾がないこと。

用例 彼は常に言行一致で信頼できる部下です。

殊勝な心がけ

「殊勝な」は、格別な、感心する、けなげな、などの意味がある。「心がけ」をつけて、感心する心がけの意味に。

用例 毎日一番に出社するとは殊勝な心がけですね。

人後に落ちない

ほかの人に引けを取らない（劣らない）こと。「人後」とは人の後ろを意味する。

用例 英語力に関しては人後に落ちない自信があります。

創意工夫

新しい方法や手段を考え出すこと。またはその方法や手段。

用例 この企画書には創意工夫のあとが見られます。

先見の明

何かが起こる前に、そのことを予見すること。その知識や能力のこと。「明」は能力や才能を意味する。

用例 この変化を予測するとは、先見の明がありましたね。

遜色ない

何かと比べて劣って見えることがない。引けを取らない。「遜色」は見劣りすること。

用例 彼女の技量は、先輩に比べても遜色ないと思います。

熱血漢

何事にも情熱と男気をもって当たる男性のこと。

用例 君は熱血漢だから、勇み足だけは注意してください。

沈着冷静

「沈着」は物事に動じない態度。つまり、落ち着いて冷静な様子をいう。「冷静沈着」ともいう。

用例 若いのに常に沈着冷静で、なかなか大したものですね。

手垢のついた

すでに多くの人に、あるいは多くの場面で使用されたり、表現されたりして、陳腐化している様子。「目新しさがない」「今さら感のある」と同義。

用例 これは手垢のついた、つまらない企画です。

天賦の才

「天賦」とは天から与えられた、あるいは生まれながらに備えもっていること。つまり、そうした才能のこと。

用例 彼には人をまとめる天賦の才があります。

度肝を抜く

大いにビックリさせること。受動態で「度肝を抜かれる」とも。

用例 彼女の剛胆さに度肝を抜かれました。

白眉

多くの人のなかで最も優れている人、あるいは優れているものを指す言葉。『三国志』の登場人物である蜀の馬良が、5人の兄弟のなかで最も優秀で、その眉に白い毛が混じっていたことから生まれた言葉。他のものと比べて言うときに使う。

用例 今回提出された企画書のなかで、彼のものが白眉でした。

反骨精神（はんこつせいしん）

間違っていることや慣習に立ち向かっていこうとする気持ち（気概）のこと。「**鉄の意志**」「**不屈の精神**」などにも置き換えられる。

用例 目標達成のために立ち向かっていく反骨精神があります。

一皮むける（ひとかわむける）

試練や困難を経験して、より優れたもの、状態を手に入れる様子。ひときわ成長すること。

用例 この大変な状況を経験して、一皮むけたようです。

下手の横好き（へたのよこずき）

ある物事に対して、下手ではあるが、そのことが好きで熱心であること。

用例 下手の横好きの域を脱していないと思います。

凡庸（ぼんよう）

平凡なこと。並み。凡人。ネガティブなニュアンスで使われることが多い。

用例 この企画書は凡庸で、まだ改善の余地があります。

水際立つ（みずぎわだつ）

ひときわ目立つこと。水際が美しいことからきた言葉。

用例 今回、彼は水際立った手腕を発揮しました。

勝るとも劣らない（まさるともおとらない）

それ以上ではあっても、劣ることはない。互角以上。比較対象に対して、言下（げんか）に「劣っている」と言うよりは角が立たない。

用例 この提案書に勝るとも劣らない出来だと評価できます。

無用の用（むようのよう）

一見役に立たないと思われていたものが、実は大切な役割を果たしていること。中国の思想家荘子（そうし）の著書『荘子』に出てくる言葉から。

用例 彼女のやり方は、実は無用の用だと思います。

役不足（やくぶそく）

その人の力量に比べて役目が分不相応に軽いこと。つまり、「自分には役割が軽すぎて不満」を意味する。「力不足」の意味で使われることが多いが、誤用。

用例 君には役不足で不満だろうが、今回は我慢してくれ。

酒席に誘う、誘われるときの言葉

上司を誘うときは尊敬語、誘われるときは謙譲語を使い分ける。

差し支えなければ

クッション言葉の一つ。「不都合でなければ」の意で、「不都合であれば拒否してください」という気持ちが含まれている。「**ご都合がよろしければ**」も同義のクッション言葉。

用例 **このあと、一席設けようと思っております。差し支えなければ、いらしていただけませんでしょうか。**

ゆっくりお話しできれば

面識はあっても、話をする機会がなかった人を誘うときに使いたい。

用例 **以前からゆっくりお話ししたいと思っておりました。来月辺り、いかがですか。**

じっくりお話を伺えれば

仕事でしか付き合いのない上司を誘うとき。

用例 **先般の仕事の裏話を飲みながらじっくり伺いたいのですが。**

いらしていただけるとうれしい

上司などをパーティーや交流会などに誘うときに使う。この言葉のあとに、「部長がいらっしゃらないと始まりません」などとつなげるとよい。

用例 **明日の鈴木君の送別会にいらしていただけると、とてもうれしいのですが。**

同席させていただいて

「同席させていただく」は「同席させてもらう」の謙譲語。自分や自分の同僚などを上司の酒席に同席させてもらいたいときに使う。

用例 明日の酒席に同僚も同席させていただいてよろしいでしょうか。

ご(お)相伴に預かります

「相伴」は、連れ立っていくことを意味し、相手を尊敬して使う謙譲語。元々は茶道用語で、正客の連れの客のこと。「ご相伴に預かります」として使うことが多い。「お供致します」も同義。

用例 お誘い、ありがとうございます。ぜひご相伴に預かります。

お飲み物は何になさいますか

「何をお飲みになりますか」でもよいが、「何になさいますか」のほうがより丁寧。

用例 お飲み物は何になさいますか。こちらがドリンクメニューです。

遠慮なくいただきます

お酒を勧められたときに使う。

用例 恐れ入ります。では、お言葉に甘えて遠慮なくいただきます。

不調法なもので

酒席で使う「不調法」には、たしなみがない、お酒が飲めないという意味がある。遠回しに断るときに使いたい。ただし、「申し訳ございません」という言葉も添えたい。

用例 お酒は不調法なもので、申し訳ございませんが、ご遠慮させてください。

お先に失礼します

上司より先に帰るときは、必ず「お先に失礼します」「本日はお疲れ様でした」などの言葉をかけること。奢ってもらったときは「ご馳走様でした」も必ず言うこと。

用例 本日はご馳走様でした。おいしかったです。申し訳ありませんが、お先に失礼致します。

酒席で使いたいスマートな言葉

無礼講の席で、ざっくばらんでありつつ、賢い言葉を使いたい。

あこぎ（阿漕）

義理人情に欠ける行為や様子を指す言葉。伊勢神宮に供える魚を捕る漁場だった「阿漕ケ浦」からきた言葉。

用例 **あの取引先はあこぎな真似をしてくれますね。**

上には上がある

最高に優れていると思ったものでも、さらに優れたものがあること。この表現の対象は「もの」で、「上には上がいる」ではなく、「ある」とするのが正しい。

用例 **上には上があるということを思い知りました。**

憤りを覚える

単に「憤る」と言うよりは、「憤りを覚える」としたほうが賢く聞こえる。

用例 **今回の件では憤りを覚えましたね。**

異端児

ある分野において、正統派ではないとみなされる人。特異な存在として注目される人。

用例 **異端児だからこそ、活躍できる分野もあると思います。**

雲泥の差

「雲」は天、「泥」は地を表し、天と地ほどの差があるという意味。**「月とすっぽん」**も似たような意味だが、この場合は共通点があるが、実際にはまるで違うというときに使う。

用例 **彼は立派な人物で、私とは雲泥の差です。**

蚊帳の外

蚊帳の外で蚊に刺されることから、不利な扱いを受けること、物事に関与できない位置に置かれることを意味する。「疎外されている」と同義。

用例 蚊帳の外にならないように頑張りましょう。

気に病む

心配する、悩むこと。

用例 そんなに気に病む必要はないと思いますよ。

好事魔多し

よいことには邪魔が入りやすいことをいう。「好事、魔、多し」と区切る。

用例 好事魔多し。身辺に気をつけましょう。

荒唐無稽

現実味のないこと。「荒唐」は根拠がなく、とりとめのないこと。「無稽」は、考え方に根拠がなく、デタラメを言うこと。「眉唾な」「雲をつかむような」「絵空事」などの類語がある。

用例 まさに荒唐無稽な話です。

沽券に関わる

「沽券」は、土地や家屋などの売り渡し証文のこと。転じて、人の値打ちや品位を表すようになった。つまり、プライドに差し障りがあること。

用例 ここで引き下がったら沽券に関わります。

心許ない

頼りない気持ちで、不安な、心配な様。

用例 懐具合が心許ないので、今日は居酒屋にしましょう。

小賢しい

「賢しい」は、賢い、賢明なこと。「小賢しい」になると、利口ぶっている、生意気、ずる賢いなどの意味になる。

用例 小賢しく立ち回ると信用を失います。

忸怩たる思い

「忸怩」は、自分の行動を恥じること。つまり、そのような感情に駆られることをいう。「悔しい」「憤りを感じる」などの意で使うと誤用になる。

用例 簡単なミスをしてしまって、みんなに迷惑をかけて、忸怩たる思いです。

策士（さくし）

策略を立てることが上手な人。また好んで策略を立てる人。

用例 彼はなかなかの策士です。

凄腕（すごうで）

人並み外れた腕前のこと。また、そういう人のこと。「敏腕」ともいう。

用例 彼は凄腕の営業マンとして知られています。

四十にして惑わず（しじゅうにしてまどわず）

四十歳になって、道理も明らかになり、自分の生き方に迷いがなくなること。孔子の晩年の言葉に「十五にして学に志す、三十にして立つ、四十にして惑わず、五十にして天命を知る、六十にして耳順う、七十にして心の欲するところに従えども、矩を越えず」とある。

用例 四十にして惑わずという心境には、なかなか到達できない。

すまじきものは宮仕え（すまじきものはみやづかえ）

人に使われる立場は、自由を束縛されたり、しきたりが多かったりで、できればしないに越したことはないという意味。「宮仕え」は、宮中に仕えることから転じて、官庁や会社を指すようになった。

用例 つくづく、すまじきものは宮仕えだと思いますね。

多寡を問わず（たかをとわず）

多い（多）か少ない（寡）か。つまり、「多少」と同義。「多少」のほうが日常的に使われ、「多少は後悔している」など、金銭以外のことにも使われる。「多寡」はおもに金銭の多少について使われる。

用例 報酬の多寡を問わず、頑張るしかありません。

頼みの綱（たのみのつな）

頼りにしている人や物を「綱」にたとえた。「頼みの綱が切れる」などと使う。

用例 君だけが頼みの綱です。

端緒（たんしょ）

物事の始まりや糸口、手がかりのこと。読みは「たんしょ」が正しいが、慣用読みで「たんちょ」も広く使われている。「端緒が開ける」「端緒をつかむ」などと使う。

用例 A課の意見が端緒となって、すべてうまく行きました。

袂（たもと）を分（わ）かつ

行動を共にしてきた人と、意見が異なるなどして別れること。関係を絶つこと。「袂」は着物の袖の部分。

用例 長年社長の右腕として頑張ってきましたが、遂に袂を分かつことになりました。

恥辱（ちじょく）

体面や名誉などを傷つけられること。

用例 どんな恥辱を受けても耐える覚悟です。

二足（にそく）のわらじ

二つの職業を一人ですること。「二足のわらじを履く」と使うことが多い。江戸時代に、博打（ばくち）打ちを業とする親分が十手（じって）を預かっていたことを「二足のわらじ（草鞋）」といった。

用例 二足のわらじを履くのもけっこう大変ですね。

二枚腰三枚腰（にまいごしさんまいごし）

「二枚腰」は相撲（すもう）や柔道で、一度崩れても立ち直る粘り強い腰を指す。つまり、非常に粘り強い様を表す。

用例 二枚腰三枚腰で交渉に当たります。

忙中閑（ぼうちゅうかん）あり

忙しいときでも、わずかな暇があること。「閑」は暇のこと。どんなに忙しくても自分で「閑」を見出すことが重要という意味が込められている。

用例 忙中閑あり。今日は大いに飲みましょう。

無礼講（ぶれいこう）

地位や身分に関係なく行われる宴会のこと。

用例 今夜は無礼講です。堅苦しい話はなしにしましょう。

易（やす）きに流（なが）れる

「水は低きに流れ、人は易きに流れる」から。水が自然と低いほうへ流れるように、人は楽で容易なほうへと流れてしまう性質をいう。

用例 つい、易きに流れてしまいがちです。

溜飲（りゅういん）を下（さ）げる

不平不満や恨みなどを解消して、気が晴れること。

用例 A君を上司が叱ってくれたので溜飲を下げました。

TEST-2

日常言葉をちょっと賢くしてみよう

[　　　] 内の言葉を、別の言葉に言い換える。

Q1: 企画がうまく進まず、**[行き詰まり]** 状態です。

Q2: 同じ意味の言葉が **[ダブって]** います。

Q3: 毎日、同じことの繰り返しで **[うんざり]** しています。

Q4: 彼女は **[最初から最後まで]** 不愉快な態度でした。

Q5: 彼の報告は **[嘘]** だと思われます。

Q6: 上司から **[手厳しい]** 意見を言われました。

Q7: 今までのイメージを **[すっかりぬぐい去る]** ことができました。

Q1：膠着（こうちゃく）　Q2：重複（ちょうふく）して　Q3：辟易（へきえき）　Q4：徹頭徹尾（てっとうてつび）　Q5：虚偽（きょぎ）　Q6：辛辣（しんらつ）な
Q7：払拭（ふっしょく）する

第4章 失礼にならないビジネスレターの書き方

手紙を書く機会がめっきり減ってしまった現代ですが、美しく正しい手紙の書き方はメールに活かされます。ぜひ覚えておきましょう。

ビジネスレターの基本を押さえよう

メールでのやり取りが当たり前になっている現在ですが、特にビジネスや改まった関係での手紙やメールのやり取りには気をつけたいもの。その書き方次第で良好な関係にもなり得るし、その逆もあり得ます。

ビジネスレターを書くときに気をつけたいポイント

1. 件名（Subject）は明確に

社内、社外を問わず、件名を読んだだけで本文の内容がわかるようにする。「○○の話し合いの件」など。すぐに見てもらいたい場合は【緊急】とつけるのもよい。

2. 宛名の肩書きや敬称は最小限に

社内の場合は「鈴木様」「鈴木部長」「鈴木さん」などと、お互いの関係で礼を失しない程度に簡潔に。社外の場合は、会社名（団体名）、部署名、役職名、名前、敬称を書くのが基本。

3. 内容は簡潔に

センテンス（句点「。」によって分けられた一続きの言葉）はできるだけ短くまとめ、ダラダラと長くならないように。文体は「です・ます」調で丁寧に。

4. 要件は結論を先に

用件をまず伝えること。そのあとに詳細を書く。内容が変わったら、段落を変える（改行する）。前に書いた段落の内容について、あとで再度触れないように。内容がたくさんあるときは、改行して1行空けるなど、見やすくする工夫をしよう。

5. 敬語を正しく使う

敬語の使い方に注意（第1章）。また、クッション言葉を上手に使おう（第2章）。

6. きつい言葉は避ける

断るときや否定するときも、できるだけ柔らかく表現する。「できません→致しかねます」「わかりません→わかりかねます」など。

7. 誤字脱字、変換ミスに注意

ついやってしまいがちなのがこのミス。送る前に、必ず読み直し、誤字脱字、変換ミスがないかをチェックすること。また、敬語の間違いや、相手に不快な思いをさせる表現がないかどうかも要チェック。

8. 署名は必ず入れる

会社名、所属部署、名前、電話番号、メールアドレスを記す。必要なら住所も記す。

基本の構成

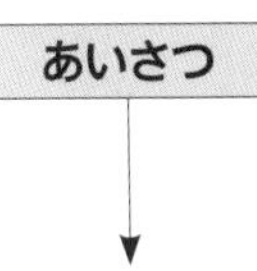

メールは、手紙ほどかしこまる必要はないが、ビジネスの場では、相手との距離をある程度保つためにあったほうがよい。その関係性で、適宜カジュアルにすることもある。

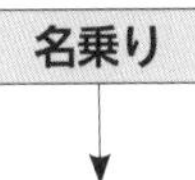

付き合いが薄い場合や、初めての場合、非常に久しぶりの場合などは、自分が何者であるかを説明する。

クッション言葉(第２章)を使って、まず柔らかい印象を与える。

できるだけ簡潔に、内容を伝える。

結び

締めの言葉は、本文の報告内容や質問内容などによって変える。

相手を言うとき、自分を言うとき

相手に敬称をつけて敬う一方、自分のことはへりくだって言うことが大切。会社や学校、場所なども同様。

宛名で気をつけたいこと

○○様……個人につける敬称。

○○殿……公用、商用、社内文書などで役職を冠した個人につける敬称。
上司や先輩、取引先、お客様につけると失礼に当たるとされている。

○○先生……医師、弁護士、税理士など師士と呼ばれる個人、作家などにつける敬称。

御中……組織や団体に使う敬称。「○○様御中」は誤り。

各位……個人ではなく複数の人を対象にしたときに使われる敬称。
「各位」自体が敬称なので、「○○様各位」「○○各位様」は誤り。

ご一同様……私信、公用、商用を問わず、団体につける敬称。

気持ちを伝えるあいさつ

相手に敬意を表して、内容にふさわしいあいさつを考えよう。

1 一般的なあいさつ

（いつも）（大変）お世話になっております。

解説 最も一般的で、よく使われる。継続してお付き合いがある場合に使う。初めて手紙やメールをやり取りする相手には使わないように。

（いつも）ご利用ありがとうございます。

解説 商品を購入するなど、サービスを利用してくれている相手に対して使う。

いつもご愛顧いただきありがとうございます。

解説 個人的に面識がなくても、会社間で取引などがある場合に使う。

2 初めてのあいさつ

突然のお手紙（メール）で失礼致します。
初めてメールを送らせていただきます。

解説 この一文だけで、相手は初めてのやり取りだということを理解できる。丁寧で印象もよい。この人ならしっかりした話ができる人物であるという印象を与えることができる。

突然のご連絡、失礼致します。

解説 当然相手は「この人、誰？」と思ってしまうので、「失礼致します」と謝ることが大切。

✕ はじめまして。

解説 初めてでこのあいさつはカジュアルすぎてビジネスレターには不適切。

3 一般的な感謝・お礼のあいさつ

ご連絡いただき、ありがとうございます。

お返事をいただき、ありがとうございます。

解説 電話をいただいたり、返信をいただいたりしたときのお礼のあいさつ。最初に「お忙しいなか」という言葉をつけるとさらに丁寧になる。

先日はありがとうございました。
解説 先日のやり取りについて相手がわかっている場合は簡単な言葉にする。

その節は大変お世話になり、ありがとうございました。
解説 過去に取引があった場合に使いたい。

日頃は（格別の）ご協力をいただき、（誠に）ありがとうございます。

日頃はひとかたならぬご愛顧を賜り、ありがとうございます。

解説 取引先などへの日頃のお礼を表す。


日頃、何かとお力添えいただき、誠にありがとうございます。

日頃のお心遣い、心より感謝申し上げます。

解説 個人的な付き合いのある相手に感謝の気持ちを表すときに使う。

このたびは○○の件で大変お世話になりました。
解説 相手への具体的なお礼を伝えるときに使う。

4 何度もメールを送るとき

たびたび失礼致します。

何度も申し訳ございません。

解説 何度も連絡して申し訳ない気持ちを表す。このあとに「追伸です。」とつけるなど。

お願いするときの言葉

クッション言葉をつけて、柔らかい表現でお願いしよう。

クッション言葉

お願いするのは忍びないのですが……

恐れ入りますが……

お手数をおかけしますが……

お手間を取らせますが……

お世話様ですが……

大変申し訳ありませんが……

誠に申し訳ございませんが……

お忙しいところを申し訳ございませんが……

勝手を申しますが……

折り入ってご相談がありまして……

不躾かとは存じますが……

不躾ながら……

無理を承知で申し上げるのですが……

文末でさらに「丁寧なお願い」にする方法

……(して)いただけますか。

……(して)いただけないでしょうか。

……(して)いただきたく存じます。

……(して)いただければと存じます。

……(して)いただければ幸いです。

伏(ふ)してお願い申し上げます。

差(さ)し支(つか)えなければお願い致します。

お運びいただきたく

解説「足を運ぶ」の略。来てもらうときに使う。

お含み置きいただきたく

解説 事情を事前に理解しておいてもらうときに使う。

お目通(めどお)しいただきたく

解説 読んでもらいたいときに使う。「ご高覧」「ご確認」と同義。

お力添(ちからぞ)えいただきたく

解説 助けてもらいたいときに使う。「ご助力」「ご協力」と同義。

ご意見を賜(たまわ)りたく

解説 目上の人から物や意見をいただくときに「賜りたく」を使う。

ご尽力賜(じんりょくたまわ)りたく

解説「力を尽くしてほしい」と、より努力をお願いするときに使う。

ご指導賜りますよう

解説「賜りますようお願い致します」とつなげる。

ご検討の程(ほど)

解説「～の程」は、断定を避け、言葉を柔らかくするときに使う。

ご査収(さしゅう)の程(ほど)

解説 書類などを確認して受け取ってもらいたいときに使う。

お取りなしいただきたく

解説 二者の間に入って、うまく折り合いをつけてもらいたいときに使う。

ご猶予(ゆうよ)いただきたく

解説 もう少し待ってもらいたいときに。「今少しお時間をいただきたく」など。

何なりとご用命(ようめい)ください

解説「用命」は、仕事を言いつけてもらったり、注文してもらいたいときに。

ご手配ください

解説 何かを手配してもらいたいときに。「ご手配いただきたく……」など。

ご指示いただきたく

解説 何かしらの指示を上司などに仰ぎたいときに使う。

ご教示(きょうじ)いただきたく

解説 何かを教えてほしいときに。「お知恵を拝借したいのですが」もあり。

ご回答いただきたく

解説 何かしらの回答や返信をもらいたいときに使う。

ご確認いただきたく

解説「ご査収ご確認をお願い致します」でもよい。

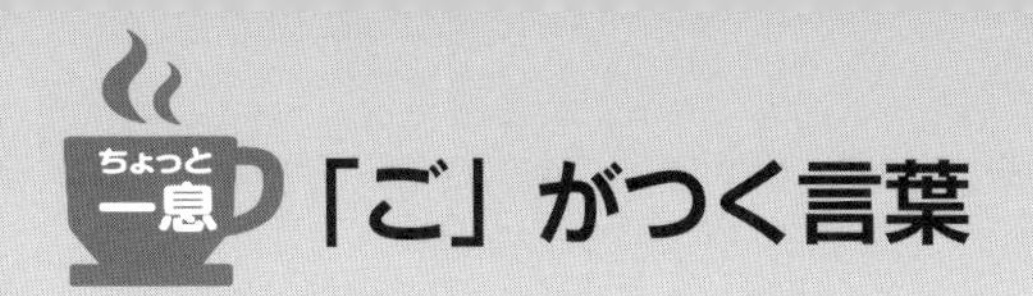

「ご」がつく言葉

話し言葉としては滅多に使いませんが、手紙やメールで、相手に対してへりくだって使う言葉、相手を敬って使う言葉があります。その意味と使い方を覚えましょう。

相手の健康や繁栄を喜ぶ言葉

■健康で幸せな様を喜んで

- ご清祥（せいしょう）
- ご健勝（けんしょう）

■無事で栄えることを喜んで

- ご清栄（せいえい）
- ご繁栄
- ご隆昌（りゅうしょう）
- ご安泰
- ご盛栄（せいえい）
- ご隆盛（りゅうせい）
- ご発展
- ご活躍

用例 貴殿におかれましては、ますますご繁栄のこととお喜び申し上げます。

平素の交誼（こうぎ）（親しいお付き合い）に感謝する言葉

- ご愛顧（あいこ）
- ご厚情（こうじょう）
- ご支援
- お力添え（ちからぞ）
- ご配慮
- ご厚志（こうし）
- ご協力
- ご高配（こうはい）
- ご指導
- ご教示（きょうじ）

用例 平素は格別のご愛顧を賜り、誠にありがとうございます。

その他

ご笑覧（しょうらん）……「お恥ずかしいものをお見せします」というへりくだった意味で「笑」の字を使う。「見てください」の意。

ご笑納（しょうのう）……「笑って納めてください」という意味合いで使う。目上の人に使うときは注意が必要。冗談の言い合える間柄の人に使うとよい。

ご高覧（こうらん）……「ご覧いただく」をさらに丁寧にした言葉。

ご高説（こうせつ）……優れた意見を聞きたいときに使う。「ご高説を垂れる」では皮肉になるので注意。

ご賢察（けんさつ）……「どうかお察しください」というときに使う。

ご清聴（せいちょう）……相手が聞いてくれることを敬う言葉。「ご静聴」は、静かに話を聞くこと。

ご臨席（りんせき）……「ご臨席」は元々は身分の高い人が出席するときに使われた。「ご列席」は広く使われる言葉。

ご譴責（けんせき）……「譴責」は厳しくとがめること。「ご譴責を賜り」などと使う。

ご寛恕（かんじょ）……「寛恕」は、心が寛大で人への配慮ができること。「ご寛恕くださいますよう」は、「どうぞご容赦ください」の意。

ご鞭撻（べんたつ）……「鞭撻」は強く励ますこと。「ご指導ご鞭撻」として使うことが多い。

感謝するときの言葉

心からの「ありがとう」を伝えるために、言葉を選ぼう。

何に感謝するかを示そう

お気持ちだけいただいておきます

解説 何かを贈りたいと言われ、受け取れないときに感謝の気持ちを込めて使う。

お眼鏡にかない、うれしく存じます

解説「気に入っていただけて」という意味を込めて。

いつもお心にかけていただき

解説「ありがとうございます」「恐縮です」などとつなげる。

うれしく存じます

解説「～していただき」のあとにつなげる。

お陰さまで助かりました

解説「あなたのお陰で助かりました」という気持ちを込めて使う。

お気遣いありがとう

解説「あれこれと気を配ってくださってありがとう」の気持ちを込めて使う。

お骨折りいただき

解説「ご尽力」と同義だが、「ご尽力」より相手への敬意が高くなる。

お心遣いをいただき

解説 真心や思いやりを示してくれたことに対して感謝の意を表すときに使う。

お力添えいただき

解説「協力していただきありがとう」という気持ちを込めて使う。

お礼の言葉もありません

解説 感謝の度合いが深すぎるときに使いたい。「感謝の言葉もありません」でもＯＫ。

ご愛顧いただき

解説「お引き立ていただき」と同じように使う。相手の引き立てに感謝する。

ご勘案いただき

解説「ご検討いただき」と同義。「勘案」はあれこれ考え合わせること。

ご高配いただき

解説「お心配り」「お心遣い」と同義。「高」は相手を高めるために使われる漢字。

ご親切が身にしみました

解説「身にしみる」は「しみじみと伝わってくる」の意。

ひとかたならぬ

解説「ご高配」「ご愛顧」などをつなげて強調する言葉。「ひとかたならぬご高配ありがとうございます」。

恩に着ます

解説 何かしてくれた人や、これから何かをしてもらう人に対して使う。

恐悦至極に存じます

解説 この上なく喜んでいることをかしこまって言う言葉。

薫陶をいただき

解説「薫陶」は、徳の高い人物からよい影響を受けること。

お断りするときの言葉

断ることが心苦しく、迷惑をかけて申し訳ないという気持ちを伝える。

クッション言葉

誠に申し訳ありませんが……

不本意ではございますが……

誠に心苦しいのですが……

誠に残念ですが……

せっかくですが……

あいにくですが……

失礼とは存じますが……

ありがたいお話ではございますが……

身に余るお言葉ですが……

大変申し上げにくいのですが……

ご期待に沿えず大変申し訳ございませんが……

お役に立てず大変恐縮ですが……

私（わたくし）どもの力不足で申し訳ございませんが……

ご遠慮申し上げます
解説 参加できないときや年賀状を出せないときなどに使う。

致しかねます
解説「することが難しい」の謙譲語。断りを柔らかくするために使う。

ご要望には沿いかねます
解説 相手の要望に応えることができないときに使う。

今回は見送らせていただきます
解説 次回につなげたいときに「今回は」という言葉を使いたい。

検討を重ねましたが
解説 誠意をもって対処していることを伝えたいときに使う。

ご理解いただければと存じます
解説「何卒（なにとぞ）」を前に付け加えると、さらに丁重になる。

ご容赦（ようしゃ）ください
解説「どうか許してください」という気持ちを込めて使う。

外（はず）せない用がありまして
解説 目上の人などからのお誘いを断るときの理由として使う。

急な差（さ）し支（つか）えがありまして
解説 直前になってお誘いなどをお断りするときに使う。

断腸（だんちょう）の思い
解説 非常に苦しい思いをして断るときに使いたい。

やむなくお断り致します
解説「やむなく」は、「やむを得ない事情で」という意味。

反省・お詫びの言葉

素直に反省の弁やお詫びの言葉を述べると相手に気持ちが伝わる。

相手の気持ちにも配慮して

自責の念に駆られております

解説 自分で自分の過ちを責めるときに使う慣用句。

穴があったら入りたい気持ちです

解説 失敗を犯して恥ずかしくてたまらない心情を表現するときに使う。

お恥ずかしい限りです

解説 謙遜の感情を表現するのに便利な言葉。褒められて謙遜するときにも使える。

申し開きのしようもありません

解説 言い訳もせず、潔く非を認めて謝るときに使いたい。

失態を演じてしまい申し訳ありません

解説「失敗」の場合は「失敗を犯す」となる。恥じ入っている様子を表す。

このような顛末を招いてしまい

解説「顛末」は、事の最初から最後までを意味する。この事態を招いたことを反省する言葉。

ご気分を害してしまい

解説 相手に不愉快な思いを与えてしまったことに対して謝る言葉。

言葉足らずで

解説「言葉足らずで誤解を生じてしまい、申し訳ありません」などと使う。

考えが及びませんでした

解説 自分の認識足らずを反省する言葉。「申し訳ありません」と続ける。

不行き届きで

解説 監督や指導などが不十分だったとき、気配りや注意が足りなかったことを謝るときに使う。

心得違いがあり

解説 間違った考えや行いをしてしまったときに使う。部下の失態を謝るときにも使える。

不徳の致すところです

解説 自分の心得違いなどで相手に迷惑をかけたときなどに使う。

身の縮む思いです

解説「穴があったら入りたい」と同じニュアンスで使う。

面目次第もございません

解説 申し訳が立たず、顔向けができないという意味で使う。

赤面の至りです

解説 顔が赤面するほどにすごく恥じ入っている状況を表す。

忸怩たる思いです

解説 深く恥じ入っている様子。「悔しい」などの意味での誤用が多い。

慚愧に堪えません

解説「慚愧に堪えない」は、恥じる気持ちを我慢できないという意味。謝罪の言葉を続ける。

平にご容赦願います

解説「容赦」は許すこと。「平に」は「何卒」「どうか」と強調する意味。

時候のあいさつ

季節に応じた心情や季節感を表す言葉。手紙やメールの頭語に続けて使おう。

【1月】
- 新春の候　●厳寒の候　●初春の候
- 寒に入り、寒さがひとしお厳しくなってきた昨今ですが
- お正月気分が抜けた頃でしょうか
- 寒気ことのほか厳しい折

【2月】
- 立春の候　●余寒の候　●春寒の候
- 暦のうえではもう春だというのに
- 梅便りが届き始める頃
- 立春とは名ばかりの、まだまだ寒さが厳しき折

【3月】
- 早春の候　●春暖の候　●浅春（せんしゅん）の候
- 日ごとに春の訪れを感じるようになりましたが
- 暑さ寒さも彼岸までといわれますが
- 桜前線が北上を始めましたが

【4月】
- 陽春の候　●花曇りの候　●花冷えの候
- 春爛漫（らんまん）の折から
- 色とりどりの花が咲き揃う季節になりましたが
- 桜も散り、葉桜が鮮やかな折

【5月】
- 新緑の候　●薫風（くんぷう）の候　●立夏の候
- 新緑が目に鮮やかな季節になりましたが
- 風薫る５月となりましたが
- 夏を思わせる日差しに日陰が恋しい季節となりましたが

【6月】
- 梅雨の候　●向暑の候　●初夏の候
- 梅雨空のうっとうしい季節となりましたが
- 紫陽花（あじさい）の花が雨に映える季節ですが
- 梅雨明けを待ち焦がれる日々

【7月】

●盛夏の候　●炎暑の候　●酷暑の候

●梅雨明けに暑さひとしおの折

●いよいよ夏本番、蝉(せみ)の声もひときわ高く聞こえますが

●お子様方は楽しい夏休みを迎えられ

【8月】

●晩夏の候　●残暑の候　●納涼の候

●熱帯夜の続く毎日ですが

●花火大会の喧噪(けんそう)に夏の終わりを感じる今日この頃

●立秋を過ぎても蒸し暑さはまだまだ続いておりますが

【9月】

●初秋の候　●早秋の候　●秋色の候

●一雨ごとに涼しさを感じるようになってまいりましたが

●ようやく残暑が和らいできましたが

●秋刀魚(さんま)が美味(おい)しい季節となりましたが

【10月】

●秋冷えの候　●紅葉の候　●秋麗の候

●街路樹が赤や黄に色づき始めましたが

●味覚の秋、口にするもの皆美味しく感じる今日この頃ですが

●灯火親しむ秋

【11月】

●晩秋の候　●落葉の候　●暮秋の候

●紅葉がますます鮮やかに夜空に映える季節ですが

●日ごとに寒さが増し、厚手の服を出そうかと迷う今日この頃ですが

●冬将軍の足音が聞こえてくる季節

【12月】

●師走(しわす)の候　●初冬の候　●初雪の候

●年の瀬も押し迫ってまいりましたが

●年末年始を迎える準備で慌ただしい折

●カレンダーも最後の１枚となり、一年が過ぎる早さを実感する年末ですが

手紙やメールに使う頭語と結語

手紙は一般的に頭語で始まり、結語で終わります。メールの場合は簡略化されがちですが、お世話になった人や目上の人などにかしこまって送る場合は、やはり頭語と結語が必要です。

頭語と結語

	頭　語	結　語
一般的な手紙	拝啓・拝呈・啓上	敬具・敬白・拝具
(女性の場合)	一筆申し上げます	かしこ
改まった手紙	謹啓・謹呈・恭敬	謹言・謹白・敬白
(女性の場合)	謹んで申し上げます	かしこ
前文を省略する場合	前略・冠省・前文失礼致します	草々・不一・不尽
(女性の場合)	前略ごめんください	かしこ
緊急の手紙	急啓・急呈・急白	草々・不一・拝具
(女性の場合)	取り急ぎ申し上げます	かしこ
重ねて出す手紙	再啓・追啓・再呈	敬具・敬白・拝具
(女性の場合)	重ねて申し上げます	かしこ
返信の手紙	拝復・復啓・謹復	敬具・拝答・敬答
(女性の場合)	お手紙拝見致しました	かしこ
面識のない相手に出す場合	初めてお手紙を差し上げます・突然お手紙を差し上げる無礼をお許しください・拝啓・拝呈	敬具・敬白・拝具
(女性の場合)	突然お手紙を差し上げる無礼をお許しください	かしこ

第5章

相手が一目置く、得する言葉

知らなくても生きていけますが、知っていると品格を高められる言葉があります。心理学用語や哲学用語、政治経済用語などがそれです。

日常生活で役立つ心理学用語

日常会話にさり気なく心理学用語を挟めば、ちょっとかっこいい。

アイデンティティ

アメリカの心理学者**エリク・エリクソン**が生み出した言葉。日本語では「自己同一性」「自己の存在証明」と訳される。**自分とは何か、自分の存在意義はどこにあるのか**という自己定義。

用例 **今、自分のアイデンティティを探しているところです。**

青い鳥症候群

精神科医・清水将之(まさゆき)が提唱した言葉。**メーテルリンクの童話『青い鳥』**にちなんでつけられた。チルチルとミチルが幸福をもたらすといわれる青い鳥を求めて旅をする物語から、理想を追い求め、職を転々とするなどの現象をいう。

用例 **また職を変えるなんて、まるで青い鳥症候群ですね。**

アタッチメント理論

愛着理論ともいう。イギリスの小児科医**ボウルビィ**が提唱した。子どもは乳幼児期に母親（養育者）から無条件に受け入れられ、愛される経験を通して母親とのアタッチメントを形成していく。それが子どもの**人格形成の基盤**となるというもの。

飴(あめ)と鞭(むち)

18世紀中期～19世紀のヨーロッパの大国、プロイセン王国の後期に首相となった**ビスマルク**は社会保険制度を創設して社会改良を行う一方、社会主義者の弾圧も図った。これが**「飴と鞭の政策」**といわれた。以降、「飴と鞭」は慣用句として定着。

アダルトチルドレン

子ども時代を子どもらしく過ごすことができず、そのまま大人になった人たち。**機能不全家族**（家族の機能を果たしていない家族）のなかに育った人たちに多いといわれる。

用例 **彼は子どものときに無邪気に過ごせなかったアダルトチルドレンなんだね。**

アディクション

嗜癖（しへき）のこと。ある特定の刺激や快楽を強く求めてしまう性向。タバコや薬物などに依存する**物質嗜癖**、ギャンブルなどの行為にこだわる**プロセス嗜癖**、親子や恋人などの限られた人間関係に依存する**人間関係嗜癖**など。

印象操作

服装やヘアスタイルなどの外見を変えたり、振る舞いを変えたりして、**相手に自分をこう思ってほしいという願望を叶えようとすること**。好意をもたれたい、尊敬されたい、恐怖を感じさせたいなど、さまざまなシチュエーションで使われる。

用例 **政治でもCMでも、印象操作は当たり前のように行われていますね。**

エキスパートのエラー

専門家の指示を鵜呑み（うの）みにし、正しい行動が取れないこと。**専門家に間違いはないという思い込み**が悲劇を招くこともある。災害心理学から生まれた言葉。

XY理論

人間のモチベーションには二つの考え方があり、一つは、何もしなければ人間は動かないとする**X理論（性悪説）**、もう一つは、人間は自己実現のために進んで働くという**Y理論（性善説）**からなる。ちなみにこの両者の中間に位置するのが**Z理論**。

サブリミナル効果

ある映像を流す合間に視聴者に気づかれないように別の映像を挟み、**残像現象をつくり出して、視聴者の潜在意識に訴えかける**もの。

エディプス・コンプレックス

エディプス（オイディプス）は、ギリシャ神話の登場人物。王を実の父と知らずに殺して自分が王となり、母を実の母と知らずに結婚する。母親に強い愛情を抱き、**父親に対して強い対抗心を抱く**ことをエディプス・コンプレックスという。**フロイト**が提唱した。

エレクトラ・コンプレックス

女児のエディプス・コンプレックスのこと。女児が**父親に強い愛情を抱き、母親に対抗心を抱く**状態。**ユング**が提唱。エレクトラもギリシャ神話の登場人物で、実母を殺したとされる。

カクテルパーティー効果

パーティーなど**雑音の多い場所でも、自分が話しかけている相手の声を聞き分けることができる**ことをいう。脳が無意識に自分に必要な音とそうでない音を情報処理しているために起こる現象。

用例 **あの喧噪（けんそう）のなかで、あなたの声だけは聞き分けられたよ。カクテルパーティー効果だね。**

空（から）の巣（す）症候群

子育てを終えた女性が、空虚感を覚え、やる気がなくなってしまう状態。

用例 **彼女は最近元気がない。子どもが独り立ちして、空の巣症候群じゃないかしら。**

逆転移

精神分析の治療において患者が治療者に特別な感情（恋愛感情や敵意など）を抱くことを転移という。逆に、**治療者が患者に恋愛感情を抱く現象**を逆転移という。

嫌悪（けんお）の返報性（へんぽうせい）

相手に苦手意識をもっていることが相手に伝わり、**相手も同じように苦手意識をもつようになる**こと。この逆が**好意の返報性**で、自分に好意をもってくれる相手を自分も好きになってしまうことをいう。

コンプレックス

抑圧されながら無意識のうちに心のなかに存在し、現実の行動に影響力をもつもの。エディプス・コンプレックス、マザー・コンプレックス、カイン・コンプレックスなど、さまざまなコンプレックスがある。

用例 弟はみんなからかわいがられてる。僕はカイン・コンプレックスかもしれない。

自己効力感

自分でもできるだろうと予期（確信）する感覚。この自己効力感がある人は、前向きに次の行動を起こすことができ、自己効力感が低い人はマイナス思考になる。

用例 彼女は自己効力感を高めなければ駄目だ。

自己成就（じょうじゅ）予言

ある出来事が起こると予言して行動することで、本来起こり得なかったはずの状況になること。

用例 とても無理だと思っていた東大に合格した。つまりは自己成就予言が功を奏したね。

自尊心

自分自身を肯定的に感じること。弱さや欠点なども含めて、自分を好ましいと思う感情。自尊感情ともいう。

用例 今日の会議では自尊心を傷つけられたよ。

囚人（しゅうじん）のジレンマ

「ジレンマ」は、ギリシャ語で「二重の問題」のこと。どちらを選択しても解決できない板挟みの状態で悩み苦しんでいる状態を意味する。「囚人のジレンマ」は、ゲーム理論におけるゲームの一つ。「自白すればお前の刑は短くしてやる」と告げられた二人（別々の部屋で尋問）の囚人は、「共犯者とは協調して黙秘すべきか、共犯者を裏切って自白すべきか」という二者択一のジレンマを抱え込むという実験から名づけられた。

人生の正午

ユングは人生を一日の太陽の運行になぞらえた。正午は青年から中年に差しかかる頃で、「転換期」つまり「危機の時期」とした。中年期は「人生の午後」という。

用例 私の人生は中年期に差しかかって、暮れていくだけの「人生の正午」かしら。

初頭効果

最初に定着したイメージがその人全体のイメージを決定してしまうこと。第一印象が好き嫌いに大きく影響する。

用例 **彼は会ったときから好印象だったよ。初頭効果だね。**

心理的リアクタンス

自分の意見や行動を他人から制限されたり、強制されたりしたとき、**反発し、自分の意見に固執したくなる**こと。反抗期の子どもによく見られる現象。

親和欲求

他者と行動を共にしたがる欲求。一緒に何かをするときなどに、相手と視線を合わせようとするなど。

スケープゴート

古代ユダヤ教で贖罪のために人々がヤギ（ゴート）を生贄にしていたことから、**集団がもつ欲求不満を解消するために、そのなかの一人を攻撃しようとする**集団心理を指す。

用例 **私の代わりを務めてくれるスケープゴートが欲しいな。**

酸っぱいブドウの論理

森でブドウを見つけたキツネが、それを取ろうとして何度もジャンプするが、手が届かず、「あれはおいしいブドウじゃない、酸っぱいブドウだ」と捨てゼリフを吐くという『イソップ物語』の話から、**本当は欲しくても手に入らないものを不当に低く評価すること。**その後、キツネは帰途にオレンジかと思ってレモンを拾う。キツネは自分の行動を正当化するため、「さっきのブドウより甘いなあ」と負け惜しみを言う。たとえ失敗しても自分を納得させることを**「甘いレモンの論理」**という。

ステレオタイプ

無意識に他者をカテゴリーで分けて判断すること。**紋切り型態度、固定化された物事の見方**をいう。

用例 **日本人はメガネや細目などのステレオタイプを強調して描かれている。**

ジェンダー

性役割ともいう。社会で一般的だと思われている「**男性らしさ**」「**女性らしさ**」というイメージに従って行動すること。「**ジェンダー的考え**」などと使う。

正常性バイアス

「バイアス」は偏見、偏向などの意。多少の異常事態が起こっても、**正常の範囲内として捉えて、心を平静に保とうとする**こと。災害心理学などで使われる言葉。

責任の分散

傍観者(バイスタンダー)が少ないときほど人は救助活動をするという実験結果から、大人数のときは、**自分が助けなくても誰かが助けるだろうという責任の分散**が起こる。

用例 **責任の分散が起こって、結局誰も助けなかった。**

セルフ・ハンディキャッピング

何かを成し遂げる自信がないときに、**高すぎる目標や不利な条件(ハンディキャップ)をわざと設定し、自己弁護する**こと。

ゼロサム・ゲーム

ゲーム理論はゲームをモデルに、現実の経済活動を行うときの行動パターンを考えようとしたもの。代表的なものが**ゼロサム・ゲーム**。一方が勝者となれば、一方は必ず敗者となり、**両者の得失点の合計は常にゼロ**となる。お互いは常に対立関係にあり、協力することはない。

ソーシャルスキル

社会的な側面を含めた**人付き合いのテクニック**。言語活動、行動、感情の統制も含む。

用例 **もう少しソーシャルスキルを高めなければ。**

チキンレース

「チキン」は英語で臆病者(おくびょうもの)を意味する。崖に向かって2台の車がレースをし、**臆病者を決めるレース**から、「くだらない我慢比べ」などにも使われるように。「**チキンゲーム**」ともいう。

デジャブ(既視感)

「デジャブ(déjà vu)」はフランス語から。一度も見たことがないのに、すでに**どこかで見たことがあるように感じる**こと。

同一化、同一視

自分自身を**他のもの**（人、物、場所、思考など）**に無意識のうちに投影する**こと。

用例 **彼女はカラオケでいつも歌手に同一化して歌う。**

同調

集団のなかで、無意識か意識的かは問わず、**周りの雰囲気に合わせ、逸脱しないように気を配ること**。一方、暗黙のうちに多数派の意見に合わせるよう強制することを**同調圧力**という。

トリックスター

権威を壊して無秩序な状態にしようとする働きをもつもの。異なる二面性をもつことが多い。道化師などからイメージして名づけられた。

ノンバーバル・コミュニケーション

非言語コミュニケーションのこと。表情やしぐさ、動作などでメッセージを伝える方法。

パーソナル・スペース

誰もが無意識のうちにつくっている、**自分を中心にしたテリトリー**のようなもの。この空間に他者が侵入してくると、不快感を覚えたり、緊張を感じたりする。密接距離、個人距離、社会距離、公衆距離に分けられる。

パブリック・コミットメント

自分の意見を公にすること。そのことで本人にやる気が起こり、努力する確率が高くなる。

パブロフの犬

ロシアの生理学者パブロフが行った実験で、犬にエサをやる前にブザー音を聞かせていると、やがてその音を聞いただけで唾液を出すようになったことから、これを**条件反射**と名づけた。

ハロー効果

本人にまつわる新たな情報を得ることで、相手への認識が変わってしまうこと。「ハロー」とは後光のこと。たとえば、**肩書きや親の七光りなどで印象が変わる**ことも。

用例 **彼が弁護士とわかると、急に素敵に見えてきた。ハロー効果だね。**

ファミリア・ストレンジャー

顔はよく知っているが、あいさつや会話をしたことがないにもかかわらず、**なぜか親近感を覚える人**のこと。

ペルソナ

その人が社会に対して演じている役割。**仮面。表面的人格。**ビジネスでは、サービスを利用する顧客のなかで最も重要な人物モデルを意味する。

防衛機制

不安や罪悪感、恥などの**不快な感情、気持ちや体験を弱めたり、避けることで心理状態を安定させる作用**のこと。反動形成、置き換え、合理化、退行、逃避などの方法がある。

マズローの欲求五段階説

アメリカの心理学者マズローが唱えた説。**低次の欲求が満たされるにつれて、高次の欲求を満たすために行動し、**その欲求が満たされるとさらに高次の欲求へとつながる。

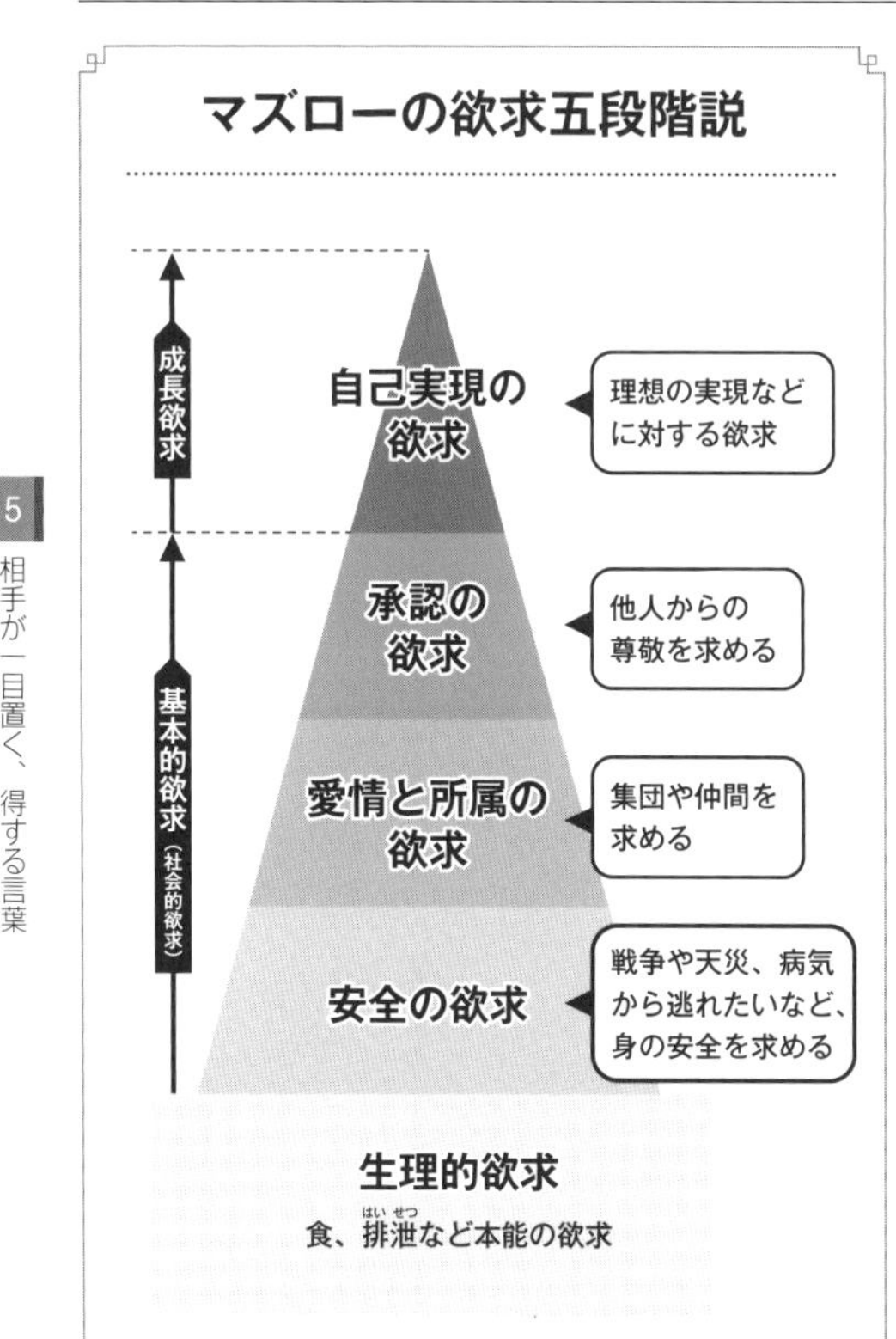

モラトリアム

成人してもアイデンティティが確立できず、親からも自立できない人のことを**モラトリアム人間**という。社会人としての義務や責任を遂行することから逃避しようとする。

哲学用語で格調高く

難しいけれど、記憶にあるだけで楽しくなる言葉。

アウフヘーベン

ヘーゲルが提唱した概念。日本語では**「止揚（しよう）」**と訳される。問題が見つかったときに、その問題を受け入れて克服し、解決へと導くこと。

悪魔の代弁者

ディベートなどで**多数派に対してあえて批判や反論をする人**、またはそうした役割を指す。何でも批判する人や難癖（なんくせ）をつける人に対して使われる。

イデア

ギリシャ語では「見えているもの」「姿」などを表す。**プラトン**は時空を超越した非物体的、**絶対的な永遠の実在**を「イデア」と呼んだ。転じて、**「観念」「理念」**の意で用いられるようになった。

アプリオリ、アポステリオリ

カント哲学の基礎となる概念。人間の知識は経験から独立したものとするのがアプリオリ、人間の知識は経験によるものというのがアポステリオリ。

カタルシス

ギリシャの哲学者で、プラトンの門下生であった**アリストテレス**が提唱した概念。**「浄化」**を意味する。抑圧されていた悩みや苦しみから解放され、清々しい気持ちになること。

用例 **私はジェットコースターに乗ると、ある種のカタルシスを感じる。**

暗黙知

経験や勘に基づく知識のこと。言葉にできなくても、誰もがっているもの。

安楽椅子の哲学者

社会学や文化人類学、医療や行政に携わる人はフィールドワークなどの調査研究をしているが、哲学者はそんなこともせず怠惰だという批判を受け、ある哲学者が「大体は**安楽椅子に座っていびきをかいて寝ている**」と言ったことから、さらに顰蹙を買ったという。

一元論

哲学では、**世界を一つの根本的な原理によって説明**しようとする立場を指す。

用例 一元論的な世界は必ず破綻すると思います。

イデオロギー

政治や社会、宗教、哲学などの**あるべき姿、考え方**のこと。観念形態。広くは「**思想傾向**」の意で使われる。

用例 今の政党は、どこもイデオロギーがしっかりしていない。

オッカムの剃刀

14世紀のイギリスの**神学者オッカム**が、「ある事柄を説明するのに、必要以上に多くを仮定すべきではない」と提唱し、「**無駄なものを削ぎ落とす**」という意味で「オッカムの剃刀」と呼ばれるようになった。つまり、**思考や理論を単純化する手法**を指す。

黄金律

英語では「golden rule」。人生にとって**このうえなく有益な教訓**のこと。キリストの言葉の意味から。

概念

物事を意味する内容。**物事の本質を捉える考え方**。英語では「concept」。

快楽主義

快楽を善と考え、快楽を追求することを人間の行為や道徳の基礎とする考え方をいう。

神の存在証明

ドイツの哲学者**カント**は、神が存在することを証明する方法として、**存在論的証明**、**宇宙論的証明**、**目的論的証明**の三つがあるとした。

高貴な嘘

プラトンの**『国家』**に出てくる話から。王が平民を統治するために、「人間は土からつくられ、統治者になるべくして生まれた者は土に金が混じっており、戦士には銀が、農作者と工作者には鉄が混じっている」という話をして、各人がそれぞれの役割に不満をもたず、国家のために生きることができるように信じ込ませた。プラトンはこれを「高貴な嘘」と呼んだ。

用例 **高貴な嘘といっても、結局は自分の都合のよいようについたものだ。**

疑似問題

本来、**問題にはなり得ないところに問題をつくり出す**こと。問題の設定自体が誤っているもの。

形而上学（けいじじょうがく）

哲学の一分野で、哲学の仮説を批判的に考察し、存在するものが何であるかを明らかにしようとする学問。**あらゆる存在するものの根拠を探究**する学問。「形而上」とは形をもたないもの。命や死なども形を超えた形而上といえる。

功利主義

功利（幸福）を第一とする考え方。**「最大多数の最大幸福」**が原理とされる。

用例 **功利主義といっても、やはりすべての人が幸せになるなんて無理だ。**

啓蒙（けいもう）

人々に正しい知識や合理的な考え方を**教え、導く**こと。

用例 **恩師にいろいろなことを啓蒙された。**

実体

アリストテレスは、この世にある個体を**「実体」「第一実体」**と呼んだ。**「第二実体」**は、魚類や鳥類などの類や種のこと。**デカルト**は、神を**「無限実体」**、精神と物体を**「有限実体」**とし、有限実体は神に依存しているとした。

時代精神

ある時代を支配し、特徴づけるような**普遍的な精神**のこと。

用例 **断捨離のブームも、一つの時代精神かもしれない。**

実存主義

「実存」は「現実存在」の略で、**人間（自分自身）の在り方を主張**するもの。キルケゴールやニーチェ、ハイデッガー、サルトルなどが唱えた。

社会契約論

フランスの哲学者**ルソー**の著書で、**人間の基本的自由を指摘**し、自由な人間が全員一致の約束によって形成する国家形態を主張した。フランス革命に大きな影響を与え、日本の自由民権運動にも多大な影響を及ぼした。

スコラ学

中世の修道院や大学などで研究された哲学や神学のこと。一般的に中世の学問を指す。

善悪二元論

すべての事象を**善と悪の二つに分類し解釈**する方法。

多数決原理

複数人による意思決定が必要なとき、**過半数あるいは多数が賛成する意見を採用する方法**。

多数者の専制

民主主義において、**多数者が少数者を抑圧する現象**をいう。これに対抗する策として、代議制民主主義が唱えられた。

テーゼ、アンチテーゼ

テーゼは「**正しいと認める主張**」で、アンチテーゼは「**正しいと認める主張に対する否定的な主張**」を意味する。「この製品は消費社会のアンチテーゼとして誕生した」などと使う。

用例 **多数派に対してアンチテーゼを唱える。**

二元論

異なった二つの原理から、あらゆるものを説明しようとする考え方。**すべてのものは背反する二つの原理や要素から構成される**と考える。

用例 **二元論的な考えに傾いてきている。**

ニヒリズム

虚無主義ともいう。人生に意味はないとする考え方。**ニーチェ**は、これを乗り越える**積極的ニヒリズム**を説いた。

用例 **彼のニヒリズムは、周囲を暗くさせる。**

二律背反(にりつはいはん)

相互に対立、あるいは**矛盾する二つの命題が、同時に同等の妥当性をもって主張**されること。ただし、その二つが同時に存在できない状況。**パラドックス**は同時に存在できる。

パラドックス

一般に正しいと考えられていることに反する主張や事態のこと。**「逆説」**と訳されることもある。俊足として知られるアキレスが亀に追いつけないというパラドックスは有名。

用例 **パラドックスを駆使して、物事を考えるべきだ。**

反知性主義

知的権威やエリート主義に疑問を呈する立場や主張のこと。

用例 **彼は反知性主義で、反骨精神もある。**

表象(ひょうしょう)

頭のなかに投影された**観念**のようなもの。

用例 **バベルの塔は私の心に浮かんだ表象のようなものだ。**

見えざる手

アダム・スミスがその著書**『国富論(こくふろん)』**で使った言葉。市場経済は、放っておけば「神の見えざる手」によって自然とバランスが保たれるという意味に使われた。実際には「神の」という言葉は使われていない。

弁証法

対話や弁論の技術を意味する。**ヘーゲル**の弁証法は、命題(テーゼ=正)と反対の命題(アンチテーゼ)から、より高度な、それらを統合した命題(ジンテーゼ)を導き出すこと。

ポストモダン

モダニズム(近代主義)がその成立の条件を失ったと思われた時代のこと。**近代が終わったあとの時代**を表現するときに使われる言葉。

用例 **彼はポストモダンの建築家の一人だ。**

無知の知

ソクラテスの有名な言葉。**自らの無知を自覚することが**、真の知に至る出発点となるという意味が込められている。

モラル・ハザード

倫理や道徳観が欠如し、問題が生じても誰かが助けてくれるという意識を指す。つまり、**自己責任の原則が忘れられてしまう**ことも意味する。

用例 **自動車保険に加入すると、危険な運転をしてもいいといったモラル・ハザードに陥ってしまうことがある。**

モーゼの十戒(じっかい)

「モーセ」ともいう。モーゼは『旧約聖書』に現れる古代イスラエルの民族指導者で、聖人とされる。その**モーゼに神から与えられた10の戒律**のこと。あらゆる時代のあらゆる人に適用できる戒めとされる。

唯心論(ゆいしんろん)

世界のさまざまな事象の本質と根源を精神的なもの(心とその働き)に求める立場。**唯物論と**対峙(たいじ)する考え方。

唯物論(ゆいぶつろん)

人間の精神や思想は、物質によってつくられているという考え方。物質としての体と脳が精神をつくっているというもの。

用例 **彼は唯物論者だからな。**

ルサンチマン

デンマークの哲学者**キルケゴール**が想定した概念で、おもに**弱者が強者に対して怒りや怨恨、憎悪、非難などの感情をもつこと**。ニーチェもこの概念を研究した。

知っておきたい科学者と功績

義務教育や高校で習った法則や発明、それを考えた科学者たちをもう一度思い出しましょう。

アイザック・ニュートン 万有引力	イギリスの数学者、物理学者。落ちるリンゴからヒントを得て、重力理論を完成。万有引力を発見。
アウグスト・メビウス メビウスの帯（輪）	ドイツの数学者。メビウス関数、「メビウスの帯（輪）」の発見。
アリストテレス 三段論法	古代ギリシャの哲学者、科学者。「三段論法」は彼によって定式化された。
アルキメデス 浮力の原理	古代ギリシャの科学者。「浮力の原理」は「アルキメデスの原理」とも呼ばれる。
ピタゴラス ピタゴラスの定理	古代ギリシャの数学者。直角三角形の3辺の長さの関係を表す「ピタゴラスの定理」で有名。
チャールズ・ダーウィン 進化論	イギリスの自然科学者。種の起源の謎に迫る「進化論」を発表。
北里柴三郎（きたざとしばさぶろう） 破傷風菌	医学者、細菌学者。世界初の破傷風菌純粋培養法を発見。血清療法（ワクチン）を開発。
アルバート・アインシュタイン 相対性理論	ドイツ生まれの理論物理学者。20世紀最高の物理学者、現代物理学の父と呼ばれる。ノーベル物理学賞。
アンリ・ファーブル 『昆虫記』	フランスの博物学者。昆虫の行動研究の先駆者。
ルイ・パスツール ワクチン	フランスの生化学者、細菌学者。天然痘の予防法に「ワクチン」と命名。
ガリレオ・ガリレイ 落体の法則、地動説	イタリアの天文学者。ピサの斜塔で「落体の法則」を発見。木星の衛星の発見など。「それでも地球は動いている」という言葉。
ライト兄弟 動力飛行機	アメリカ生まれ。動力飛行機を発明し、世界初の有人動力飛行に成功。世界初の飛行機パイロット。
マリ・キュリー 放射性元素	ポーランド出身の物理学者、科学者。キュリー夫人として有名。ノーベル物理学賞、ノーベル化学賞。
トマス・エジソン 発明王	アメリカの発明家。蓄音機、白熱電球、活動写真などを発明。「努力の人」として知られる。

伊能忠敬 日本地図	江戸時代の測量家。17年をかけて日本全国を測量し、「大日本沿海輿地全図」を完成。
ジェームズ・ワット 蒸気機関	イギリスの発明家。蒸気機関の改良により全世界の産業革命に寄与。
グレゴール・ヨハン・メンデル メンデルの法則	オーストリアの司祭。遺伝に関する「メンデルの法則」を発見。遺伝学を誕生させるきっかけに。
杉田玄白 解体新書	江戸時代の蘭学医。オランダの医学を学び、オランダの医学書『解体新書』を和訳。日本医学界に新風を吹き込んだ。
ローベルト・コッホ 結核菌、コレラ菌	ドイツの細菌学者。炭疽菌、結核菌、コレラ菌を発見。シャーレも彼が発明した。
ニコラウス・コペルニクス 地動説	ポーランド出身の天文学者。当時、主流だった地球中心説を覆す太陽中心説（地動説）を唱えた。
湯川秀樹 中間子論	物理学者。中間子理論構想、「素粒子の相互作用について」を発表。日本人初のノーベル賞。
アレクサンダー・グラハム・ベル 電話の発明	スコットランド生まれの科学者、発明家。世界初の実用的電話を発明。ベルの通信会社は後にAT&Tに。
アレクサンダー・フレミング 抗生物質	イギリスの細菌学者。アオカビから抗生物質（ペニシリン）を発見。ノーベル生理学賞、医学賞。
アルフレッド・ノーベル ダイナマイト、ノーベル賞	スウェーデンの化学者、発明家。ダイナマイトの発明・開発で巨万の富を築き、その遺産をノーベル賞の創設に使用させた。
ジョージ・スチーブンソン 蒸気鉄道	イギリスの土木技術者。馬車鉄道に代わる実用的な蒸気鉄道を完成。「鉄道の父」と呼ばれる。
ヨハン・グーテンベルク 活版印刷術	ドイツ出身の金属加工職人。印刷に改良を加え、活版印刷技術を発明。現代印刷法の基礎を築く。
ウィルヘルム・レントゲン X線	ドイツの物理学者。X線を発見。放射線研究の幕開けになった。第1回ノーベル物理学賞。
レオナルド・ダ・ビンチ 万能人	イタリアの芸術家、科学者。絵画「最後の晩餐」「モナ＝リザ」で有名。「万能人」の異名。
ジョン・フォン・ノイマン コンピュータ	ハンガリー出身の数学者。今日のコンピュータの原型をつくった。原子爆弾開発や核政策への関与でも知られる。
スティーブン・ホーキング ブラックホール	イギリスの理論物理学者。ブラックホールの特異的定理を発表。「車椅子の物理学者」として知られる。
山中伸弥 iPS細胞	医学者。再生医療を実現するために重要な役割を果たす多能性幹細胞の作製に成功。ノーベル生理学・医学賞。

政治経済用語で時事を語ろう

政治経済も語れるようになれば、また一歩「できる人」に。

アナーキズム

無政府主義。既成の国家や権威の存在を否定し、必要ではないと考える政治思想。そう主張する人を**アナーキスト**という。「アナーキー（無政府・無秩序）な考え方をする人だ」などと使うこともある。

悪魔の証明

悪魔が実在すると信じている人に対して、「そう信じているのなら、悪魔がいることを証明しろ。こちらは悪魔がいないことは証明しない」という場合。つまり、**あることが証明されなければ、こちらの言い分も証明されたことになる**ということ。逃げ口上として使われることが多い。

アナウンス効果

予測や計画等を報道機関などが公表した場合、それによって一般の人々の行動が変化し、**予測が現実と食い違ってしまう現象**。選挙の当確予想などがそれに当たる。

用例 アナウンス効果であの候補者が逆転当選した。

アンケート商法

アンケートを利用して相手に接近し、宗教に勧誘したり、商品を購入させたりなどする**悪徳商法**の一つ。

エンゲル係数

家計支出に占める飲食費の割合。エンゲル係数が大きいと家計に余裕がないことがわかる。

インサイダー取引

企業の役員や大株主や会社関係者（元関係者も含む）などが、**その職務や地位によって得た未公開の情報を基に自社株などを売買する**こと。

用例 またインサイダー取引で逮捕者が出た。

疑わしきは罰せず

刑事裁判における原則。犯罪において、**確固とした証明がない限り、被告人は無罪**とされなければならないということ。正確には「疑わしきは被告人の利益に」となる。

冤罪（えんざい）

無実であるのに犯罪者として扱われてしまうこと。**濡れ衣**（ぬれぎぬ）。痴漢冤罪が問題になることが多い。

オンブズマン

元はスウェーデン語で「代理人」を意味する。行政機関から調査権を委ねられ、任命者から独立して、**中立的に調査し、救済することを職務**とする。一部の地方自治体では、条例などによってオンブズマン制度を設けているところがある。

用例 オンブズマンの一員として、地方議会議員の政務調査費を調べている。

共和国

共和制をとる国のこと。共和制とは、主権が国民にあり、直接または間接的に選出された国家元首や複数の代表者たちによって統治される政治形態のこと。

傀儡国家（かいらいこっか）

名目は独立国だが、実際は**他国の意思に従って統治が行われている国**のこと。「傀儡」とは操り人形を意味する。

クーリングオフ制度

商品を買ったり、サービスの契約をした場合、購入や契約から**一定の期間内であれば、それを解除できる制度**。

裁判員

裁判員法に基づいて、**一般市民から選出され、裁判官と共に刑事裁判に参加する人**のこと。20歳以上の日本国民から、地方裁判所ごとに、管内の市町村の選挙管理委員会がくじで選んだ名簿に基づいて候補者を選ぶ。

公序良俗（こうじょりょうぞく）

「公の秩序、善良の風俗」の略。「公の秩序」は国家社会の一般的利益のこと。「善良の風俗」は社会の一般的道徳観念を指す。公序良俗に反する法律行為は無効とされる。

公定歩合

日本銀行が民間銀行へお金を貸し出すときの金利。１９９４年の金利自由化に伴い、この言葉は使われなくなり、２００６年から「基準割引率および基準貸付利率」に名称が変更された。

国民所得

国民の所得の合計額。会社員の収入、法人所得、個人事業者所得、利子収入などを加えたもの。

三権分立

国家権力を三権に分け、それぞれ独立した機関に委ねるもの。日本では**国会（立法府）**、**内閣（行政府）**、**最高裁（司法府）**の三権が互いにチェックし合う。

サミット

主要国首脳会議のこと。第1回は米、英、仏、西独、伊、日の6か国だったが、後にカナダ、ロシアも参加。

三種の神器（じんぎ）

天皇が皇位のしるしとして代々伝えた三つの宝物（八咫鏡（やたのかがみ）、草薙剣（くさなぎのつるぎ）、八坂瓊曲玉（やさかにのまがたま））から、**揃えていれば理想的とされる3種の品物**を指す言葉として使われる。戦後回復を歩み出した頃は白黒テレビ、洗濯機、冷蔵庫、昭和40年前後はカラーテレビ、クーラー、自動車を**「新三種の神器」**（**3C**とも呼ばれた）、次いで電子レンジ、別荘、セントラルヒーティングが**新3C**に。平成になるとデジタルカメラ、DVDレコーダー、薄型テレビが**「デジタル三種の神器」**と呼ばれた。

Jアラート

全国瞬時警報システムのこと。緊急情報を住民へ瞬時に伝達する。２００７年2月から導入され始めた。

示談（じだん）

裁判を行わず、加害者と被害者間で、損害賠償責任や、その賠償額、支払い方法を話し合い、**民事的紛争を解決すること。**法律では「**和解**」という言葉が使われる。いったん示談で解決すると、やり直しはできない。

用例 示談で済んでよかった。

司法取引

裁判において、**被告人と検察官の間で**、被告人が罪を認めるか、共犯者を告発するか、捜査に協力して刑を軽減するかなどの**取引を行うこと**。米では刑事裁判の大部分で行われているが、日本では認められていなかった。しかし、２０１６年に改正刑事訴訟法が成立し、２０１８年より司法取引が導入される見込みとなった。

用例 日本に司法取引が導入されたらどうなるのだろう。

資本主義

資本家が労働者を雇い入れ、**利潤を追求することで動く経済体制**のこと。いわゆる西側先進国の経済体制。

社内ベンチャー

企業が新分野の事業に進出する際、**企業内に独立した企業のように設ける部門**。この担当者は、**社内起業家**と呼ばれる。

住民基本台帳

一般に「**住基ネット**」と呼ばれる。住民に関する記録（氏名、生年月日、性別、住所等）を統一的に管理するための制度。どの市町村からでも閲覧（えつらん）可能。１９９９年から導入。２０１６年からは**マイナンバー制度**が始まった。

知る権利

国民が国政の動きを**自由かつ十分に知るための権利**。最も重要な人権の一つ。日本では１９９９年に**情報公開法**が制定され、行政機関などに情報の開示が義務づけられた。

選挙権

日本では満20歳以上の日本国民に選挙権があったが、２０１５年に改正公職選挙法が成立し、**年齢が18歳に引き下げ**られ、２０１６年6月以降に実施され始めた。

情報の非対称性

市場で取引される商品やサービスについて、売り手は詳細な情報をもっているのに対して、買い手は情報が少ないというように、**売り手と買い手の間で情報が異なる場合**を指す。この非対称性が大きくなると、市場の取引がスムーズに行われなくなる。

側近政治

権力者の側近が実権を握って行われる政治。

用例 **日本の内閣は側近政治だ。お友達内閣ともいわれる。**

選択と集中

多角経営企業や多種多様な製品を扱っている企業が、自社の中核となる事業を見極めて選択し、組織内の経営資源をそこに集中的に投下することで**経営効率や業績向上を図るという経営戦略**のこと。

担保（たんぽ）

銀行などから融資を受ける際に、万が一、その債務の支払いが困難になった場合に備えて、**債権者があらかじめ債務者に提供させるもの**。連帯保証人（人的担保）や土地や建物などの物的担保がある。

用例 **担保を取られたら倒産してしまう。**

地政学的リスク

特定の地域において、政治、軍事、社会的に緊張が高まり、そのことで**世界全体の経済などの先行きを不透明にすること**。

大航海時代

15～16世紀、ポルトガルやスペインを中心とするヨーロッパ諸国が遠洋航海を行い、**新航路や新大陸を発見しながら、海外進出を図った時代**のこと。コロンブス、マゼランなどが有名。

タックス・ヘブン

タックス・ヘイブンともいう。税金が課せられなかったり、税率が非常に低いなどの**優遇措置を取っている国や地域**。バハマ、ケイマン諸島など。犯罪組織に悪用されることもある。

デフレ政策

デフレとはデフレーションの略。継続的に物価が下がっていくことを意味する。デフレ政策は、インフレ(デフレの逆)を終わらせるために、**意図的に財政支出や通貨の流通量を縮小させる政策**のこと。

内需、外需

内需は**国内の需要**のこと。外需は**海外からの需要**のこと。

難民

自国にいると、人種や宗教、政治的意見などの理由で迫害を受けるか、あるいは受けるおそれがあるために**他国に逃れる人々**のこと。近年は国境を越えず避難生活を送っている**「国内避難民」**も増えている。

偽(にせ)ニュースサイト

事実でない情報、フェイクニュースを流すサイトのこと。出典元の事実確認をせず、デマを拡散させる記事も含まれる。

用例 **偽ニュースサイトからデマが拡散する世の中だ。**

ネガティブ・オプション

注文がないにもかかわらず、消費者に商品を送りつけたり、売買契約の申し込みをさせたりするなどの**送りつけ商法、押しつけ販売**のこと。

ネット炎上保険

企業が「ネット炎上」に備える保険で、国内では2017年に発売された。飲食店店員の不衛生な行為がネットで騒がれるなど、従業員の不適切な行為がネット上で問題にされるケースが目立ち始めたため。

ノンバンク

銀行以外の金融機関。クレジットカード会社、リース会社、信販会社など。

箱物(はこもの)行政

箱物とは、公民館や競技場、プール、美術館、博物館、劇場などの公共施設を指す。これらの**建設に重点を置いた自治体の施策**。税金の無駄遣いと批判されることが多い。

用例 **バブルの頃に立派な公共建物を造りすぎた箱物行政が弊害になっている。**

ハブ空港

自転車の車輪の軸受け（ハブ）とスポーク（車輪の軸と輪をつなぐ細い棒）の関係のように、**放射状に航空路線が展開されている空港**のこと。

バブル現象

株式、土地等が**実態からかけ離れて、その価格が上昇する経済状況**。バブル経済ともいう。バブル（泡）のように膨張したり、弾けたりすることから。

反面教師

中国共産党の指導者・**毛沢東**（もうたくとう）が使った言葉から。**悪い見本**として反省や戒めの材料となる事柄や人を指す。

用例 **父親が反面教師です。**

不安定の弧（こ）

アメリカの**ブッシュ政権**がテロリストとの戦いで打ち出した言葉。アフリカやバルカン半島から中東、さらに東南アジア、朝鮮半島に至る**紛争多発地域**を指す。一方、豊かな油田のあるアフリカ北部は**「チャンスの弧」**、治安と経済が安定しているヨーロッパは**「安定の弧」**と位置づけた。

文民統制

「文民」とは**軍人ではない者、非戦闘員**のこと。「文民統制」は、政府の軍人ではない者が軍隊を指揮すること、つまり、国民から選ばれた政府が指揮することも意味する。**シビリアン・コントロール**（civilian control）ともいう。

ポスト真実

真実や事実よりも重視されるもののこと。政治では、客観的事実より感情に訴えかける手法をいう。世論形成は、客観的事実より感情や個人的心情へ訴えかけるほうがより影響力があることから。

ホワイトナイト

敵対的な買収を仕掛けられた企業を助ける友好的な企業のこと。「**White knight**」、**つまり白馬の騎士**。

ミクロ経済

消費者の買う行動と企業の生産という、全体の経済から見ると**非常にミクロな経済行動を分析し、論じること**。

覚えておきたい偉人の名言

アリストテレス（古代ギリシャの哲学者）
すべての人間は、生まれつき、知ることを欲する。

ソクラテス（古代ギリシャの哲学者）
生きるために食べよ、食べるために生きるな。

ルネ・デカルト（フランスの哲学者）
我思う、故(ゆえ)に我あり。

ナポレオン・ボナパルト（フランスの軍人）
我が辞書に「不可能」の文字はない。

ブレーズ・パスカル（フランスの哲学者）
人間は、自然のうちでもっとも弱い一本の葦(あし)に過ぎない。しかしそれは考える葦である。

シモーヌ・ド・ボーヴォワール（フランスの哲学者）
人は女に生まれるのではない。女になるのだ。

マザー・テレサ（修道女）
愛の反対は憎しみではなく、無関心です。

ジョン・スチュアート・ミル（イギリスの哲学者）
満足した豚であるよりも、不満をもつ人間となるほうがよい。また、満足した愚か者となるよりも、不満を抱くソクラテスとなるほうがよい。

荘子（中国の思想家）
井の中の蛙(かわず)、大海(たいかい)を知らず。

孫子（中国の武将）
その疾(はや)きこと、風の如(ごと)く、その徐(しず)かなること、林の如し。侵掠(しんりゃく)すること火の如く、動かざること山の如し。

老子（中国の哲学者）
他者を知るのは理解、自己を知るのは智恵。

武田信玄
人は城、人は石垣、人は堀。

徳川家康
不自由を常と思えば不足なし。

野口英世
努力だ。勉強だ。それが天才だ。

文化が生み出す言葉

暮らしや文化から生まれた言葉は、日本だけでなく世界共通になったものもある。

アルゴリズム建築

コンピュータプログラムによって、デザインの形や大きさ、配置などを決めて全体をつくり上げていく**設計手法**。アルゴリズムとは、コンピュータで計算するときの計算方法。

アングラ

アンダーグラウンドの略。「地下」の意から転じて、**地下運動や反権威主義などから起こった文化や芸術運動**を指す。

エキゾチシズム

異国趣味ともいう。外国の人物や事柄を取り入れて、芸術的効果を高めようとする手法。また、**異国の文化に憧れを抱く心境**のこと。

エコロジー

生態学。自然環境保護運動を指すこともある。日本では「環境に優しい生活」「環境保全」などの意味で使われることが多い。**「エコ」**は和製英語。

オタク（おたく）

1970年代に日本に誕生した**嗜好性の強い趣味の愛好者**。没頭・熱中する分野によって「○○オタク」と呼ばれる。近年は海外では**「otaku」**と呼ばれる。

用例 **オタクにはオタクのプライドがある。**

カウンターカルチャー

既存の文化や体制を否定し、対抗する文化。ヒッピーやロックンロールを指すことが多かった。

祝祭空間

日常空間とは異なる別種の時間と空間、特別な空間のこと。「音楽と建築で祝祭空間を生み出す」などと使う。

コスプレ

コスチュームプレーの略。和製英語だが、「cosplay」で世界で通用する。マンガやアニメなどの**キャラクターの衣装などをそっくり真似て変装する**こと。

用例 **コスプレ愛好者が集まる聖地がある。**

サブカルチャー

社会の正統的、伝統的な文化に対して、**その社会のある特定の集団だけがもつ独特の文化**。若者文化や都会の文化、アニメファンの文化など。「サブカル」と略される。

ジャポニスム

19世紀の**ヨーロッパで流行した日本趣味**。浮世絵などの日本美術が大きな影響を与えた。

用例 **現在、ジャポニスムは浮世絵を代表格にヨーロッパで一大潮流になっている。**

心象風景

心のなかに思い描いたり、刻み込まれている風景。現実にはあり得ない風景のこともある。

ファスト・ファッション

流行を取り入れながら、**低価格に抑えた衣料品**を販売するブランドや業態のこと。

ハイカルチャー

上位文化と訳される。学問や文学、美術、音楽などの文化のなかで、**高い達成度を示すもの**をいう。クラシック音楽や歌舞伎、茶道など。

パパラッチ

イタリア語で「ブンブンうるさく飛び回る虫」を意味する。転じて、有名人を追い回して**ゴシップ写真を撮ろうとするフリーカメラマン**などを指す。

劣化コピー

すでにある作品や表現を模倣するが、その程度や品質が劣っていること。**二番煎じ**。「○○さんの劣化コピーにならないように」などと比喩で使うことも。

TEST-3

キリスト教から生まれた言葉

聖書の言葉は、私たちの日常にもたくさんあります。その意味から、言葉を考えてみてください。

Q1: 今までわからなかったことがわかって、スッキリすること。
目が見えなくなっていたパウロの上に、キリストの名の下にある人が来て手を置くと、目から○○○のようなものが落ち、目が見えるようになったという。

Q2: 価値のわからないものに貴重なものを与えても意味がないこと。
聖書を犬に与えても、それを読んで悟ることはできない。それと同じように○○に△△を与えてはいけない。

Q3: 相手を傷つけたときに、それと同じくらいのダメージを自分も負わなければならないということ。
聖書では、むしろ限度を超えた復讐(ふくしゅう)を禁じている。

Q4: 世界はやがて終末を迎え、そのときに人々がキリストによって受けるもの。ミケランジェロの絵画で有名。

Q5: 罪や責めを免れるためのもの。
カトリック教会が、信者の罪を許す証(あかし)として販売した証書のこと。これが教会の収入源になっていた。

Q6: 三つのものが一つになること。
父(天の父)と子(イエス・キリスト)と、聖霊の三つが一体となっているという教え。

Q7: イエスが十字架に架けられる前、弟子たちととった食事。これをレオナルド・ダ・ヴィンチが巨大な壁画として描いた。

答え

Q1：目からウロコ　Q2：豚に真珠　Q3：目には目を、歯には歯を　Q4：最後の審判
Q5：免罪符　Q6：三位一体(さんみいったい)　Q7：最後の晩餐(ばんさん)

第6章 呼び方が変わった言葉

歴史の移り変わりとともに、国名や地名、出来事の名称が変わったものがあります。その背景には政治や民族的事情なども伺えます。

歴史用語、人名表記の変更

歴史用語の変更は、おもに教科書における記述において取り上げられることが多い。

○定着した言葉　△どちらの表記も使用されている　▼検討中、あるいは浸透せず

大和朝廷（やまとちょうてい）→**○ヤマト王権**（おうけん）

1970年代以降、「大和時代」が「古墳時代」に変わり、80年代以降、古墳時代の政治組織（政権）は**「ヤマト王権」**が適切となった。

聖徳太子（しょうとくたいし）→**△厩戸王**（うまやどのおう）

小学校教育では**「聖徳太子（厩戸王）」**、中学校では**「厩戸王（聖徳太子）」**に記述が変更。「聖徳太子」は死後につけられた称号であることから変更された。

大化の改新（たいかのかいしん）**645年**→**○646年**

中大兄皇子（なかのおおえのおうじ）や中臣鎌足（なかとみのかまたり）らが蘇我入鹿（そがのいるか）を暗殺したのは**「乙巳の変」**（いっしのへん）（645年）、**「大化の改新」**は646年に変更された。

源平合戦（げんぺいかっせん）→**△治承・寿永の乱**（じしょう・じゅえいのらん）

平氏（へいし）に反旗を翻したのは源氏（げんじ）だけでなく、寺社勢力や北陸、九州の豪族なども蜂起（ほうき）しているため、源頼朝（みなもとのよりとも）挙兵の**治承4年**から平氏一門が壇ノ浦（だんのうら）で滅亡する**寿永4年**までを意味し命名された。

元寇→△モンゴルの襲来

1274年、当時中国大陸を支配していた**モンゴル帝国による日本侵攻**。モンゴル帝国をイメージできるように「モンゴル（蒙古）の襲来」に変更された。ちなみに「蒙古」は、「モンゴル」の中国語による音写で、日本での「モンゴル」表記は終戦直後からとされる。

鎖国→△幕府の対外政策

江戸時代、外国との交流を断絶したわけではなく、**実際には**長崎や対馬などを窓口として**オランダや中国と交易**を続けていたため変更された。

奥の細道→○おくのほそ道

俳人・松尾芭蕉の俳諧紀行。**芭蕉自筆の表題に『おくのほそ道』**とあるため。作品が京都の井筒屋から出版されたのは芭蕉の死後8年目の1702年。

西南の役→○西南戦争

昭和40年代に「西南戦争」に変わった。「役」は「戦役」「労役」の「役」。**近代的軍隊（官軍）との戦いだった**ことから、「戦争」になったと思われる。

プラスONE

教科書の歴史用語が変わる背景には何がある？

歴史に限らず、教科書は新しい研究成果が反映されて変化していくものだ。たとえば、かつての教科書には近世の身分の上下関係を表す「士農工商」という表現が使われていたが、2000年代からはその記述が教科書から外された。それは、研究によって、実際に「士農工商」という身分制度は存在しないことが明らかとなったからだという。

しかし、こうした学問的理由による変更のほかに、慣用の用語が国際関係や差別問題などに悪影響を及ぼすおそれがあると考えて変更される場合もあるようだ。

ガンジー→○ガンディー

インド独立の父として知られる政治指導者は、長く「**マハトマ・ガンジー**」として知られていたが、インドの公用語ヒンディー語の発音に近い「**ガンディー**」の表記が用いられるようになった。

マホメッド→○ムハンマド

イスラム教の創始者は、西欧の表記である「**マホメッド（Mohammed）**」として長く知られていたが、現在はアラビア語読みから「**ムハンマド（Muhammad）**」と呼ばれるようになった。「ムハンマド」には、「より褒め称えられるべき人」という意味がある。

シーザー→○カエサル

「ブルータス、お前もか」の言葉で知られる、かつて「**シーザー**」と呼ばれていた古代ローマの政治家は、現在は「**ユリウス・カエサル**」と表記されている。「ジュリアス・シーザー」は英語読みで、「ユリウス・カエサル」はラテン語の発音に近いことで採用された。

ジンギス・カン→○チンギス・ハン

モンゴル帝国の建国者であり、初代皇帝**チンギス・ハン**は、漢字表記は「**成吉思汗**」で、日本では「**ジンギス・カン**」という名前で親しまれ、料理名にもなった。現在は現代モンゴル語読みの「チンギス・ハン」で統一されている。

ルーズベルト→○ローズヴェルト

アメリカ合衆国の第26代大統領と第32代大統領は、「**ルーズベルト**」から「**ローズヴェルト**」に表記が改められた。「Roosevelt」の発音をより忠実に表そうとしたもの。ちなみにこの二人は遠い親戚に当たる。

リンカーン→△リンカン

第16代アメリカ合衆国大統領であり、奴隷解放宣言でも有名な**エイブラハム・リンカーン**は、現在は「**リンカン**」と表記されるようになった。英語の発音をより忠実に表そうとしたことによるもの。リンカンの演説の一節「**人民の、人民による、人民のための政治**」は民主主義政治の原則を示したものとして有名。

おもな国名の漢字表記

幕末から明治にかけて、外国の国名を無理やり漢字に当てはめたのが始まりといわれる。新聞などでも特に最初の１文字は頻繁に目にするので、覚えておこう。

アメリカ	亜米利加	ポルトガル	葡萄牙	トルコ	土耳古
カナダ	加奈陀	スペイン	西班牙	フィリピン	比律賓
イギリス	英吉利	オーストリア	墺太利	ベトナム	越南
フランス	仏蘭西	ギリシャ	希臘	タイ	泰
オランダ	阿蘭陀	スイス	瑞西	シンガポール	新嘉坡
デンマーク	丁抹	スウェーデン	瑞典	オーストラリア	豪(濠)太剌利
ベルギー	白耳義	ロシア	露西亜	エジプト	埃及
ポーランド	波蘭	インド	印度	コートジボワール	象牙海岸
ドイツ	独逸	イラク	伊拉久	メキシコ	墨西哥
イタリア	伊太利亜	イラン	伊蘭	チリ	智利

国名、地名の変更

国名や地名の変更にはさまざまな政治情勢や国民感情などが伴っている。

〇定着した言葉　△どちらの表記も使用されている　▼検討中、あるいは浸透せず

スワジランド→〇**エスワティニ**

２０１８年、アフリカ南部の国**スワジランド**が**エスワティニ**に変更。現地語で「**スワジの地**」を意味する言葉。**スワジランド**はイギリス領時代の命名。

チェコ共和国→▼**チエキア**

１９９３年にチェコスロバキアがチェコとスロバキアに分離。チェコは**チェコ共和国**に。２０１６年、チェコ政府は国名を「**チエキア**」と呼称するよう声明した。

グルジア→〇**ジョージア**

旧ソ連から１９９１年に独立し、日本ではロシア語読みの**グルジア**（**Gruziya**）と呼ばれていたが、２０１５年から**ジョージア**（**Georgia**）と変更された。

キルギスタン→〇**キルギス**

１９９１年に旧ソ連から**キルギスタン共和国**として独立。１９９３年に**キルギス共和国**に改称。「キルギス」の語源は「40（の部族）」を意味する言葉。

ビルマ→○ミャンマー

イギリスの植民地だった**ビルマ**は、日本の占領を経て1948年に独立。ビルマ軍事政権は、1989年、国名(英語表記)を**ミャンマー**に変更した。

シャム→○タイ

1939年、それまで日本語表記で**シャム**とされていた国名をタイに変更。1945年に一旦シャムに戻したが、1949年に再び**タイ**になった。「タイ」は中国古代語で「自由」「大」を表すという。

ペルシャ→○イラン

1925年以降、古代礼賛の風潮が高まり、歴史的・地理的・民族的に広い意味をもつ**イラン**を自称すべきと、1935年に呼称を**ペルシャ**から変更した。

ソビエト連邦→○ロシア

ロシア帝国がロシア革命によって倒され、1922年から1991年まで存在したのが**ソビエト社会主義共和国連邦(ソ連=ソビエト連邦)**。ソ連最後の指導者・ゴルバチョフのとき、ソ連共産党が解体し、バルト三国(エストニア、ラトビア、リトアニア)、ベラルーシ、ウクライナ、モルドバ、アゼルバイジャン、ジョージア(旧グルジア)、アルメニア、カザフスタン、ウズベキスタン、トルクメニスタン、キルギス、タジキスタンが独立し、最も広大な地は**ロシア**となった。

ユーゴスラビア→6共和国

1991年に分離独立が始まり、**ユーゴスラビアは2006年に消滅**。セルビア*、モンテネグロ、スロベニア、クロアチア、ボスニア=ヘルツェゴビナ、マケドニアに。

＊セルビアはコソボ共和国として事実上独立状態にある。

オートボルタ→○ブルキナファソ

西アフリカに位置する国。1960年にフランスから**オートボルタ**として独立。1987年に**ブルキナファソ**に改称。「ブルキナ」は「高潔な人」、「ファソ」は「祖国」を意味する。

ザイール→○コンゴ

アフリカ中南部の国。ザイール川に由来した国名だったが、1971年に**コンゴ**に改称した。

揚子江（ようすこう）→○長江（ちょうこう）

本来は河口近くの**揚州**（ようしゅう）付近の名称だった**揚子江**を欧州や日本は川全体の名称として使用してきたが、中国では**長江**が正式名称。それにならった。ちなみに長江はアジアで最長、世界でも第3位の長さである。

マッキンリー→○デナリ

北米（アラスカ州）最高峰の**マッキンリー**の名称を、2015年、アラスカ先住民が長年呼称してきた**デナリ**に変更した。デナリは**「偉大なもの」**を意味する言葉。

エアーズロック→○ウルル

オーストラリアの巨大な一枚岩は、1980年代から先住民**アボリジニ**による呼称**ウルル**が正式名称として使われ始めた。その前の呼称**エアーズロック**は、イギリスの探検家が発見した当時の南オーストラリア植民地の首相**ヘンリー・エアーズ**の名にちなんでつけられたもの。

レニングラード→

○サンクト＝ペテルブルク

バルト海に面したこの都市は、**政治情勢に**よってペテルブルク→サンクト＝ペテルブルク→ペトログラード→レニングラードと**何度もその名を変え**、ソ連崩壊後は再び**サンクト＝ペテルブルク（「聖なるペテロが守りたもう町」の意）**に戻った。

サイゴン→

○ホーチミン市

ベトナムがフランス領となる前は**サーディン**と呼ばれていたが、フランス人は**サイゴン**（綿花を意味するといわれる）と呼ぶようになった。1975年、ベトナム戦争時に活躍した**革命家ホー・チ・ミン**の名前から**ホーチミン市**に改称。

プラスONE

インドの都市名が、植民地時代の名称からどんどん変更

インドの都市の改称が次々となされている。1995年にはボンベイ（Bombay）がムンバイ（Mumbai）に、1996年にはマドラス（Madras）がチェンナイ（Chennai）に、2001年にはカルカッタ（Calcutta）がコルカタ（Kolkata）に改称された。インド全国のイギリス人がつけた都市名を一掃しようという気運が起こったためだ。

これらの改称は、改名というよりは本来の発音に戻されたというべきだろう。

2006年にはＩＴ産業の中心都市バンガロール（Bangalore）がベンガルール（Bengaluru）に改称され、さらに同年、ジャバルプル（Jabalpur）がジャーバーリープラム（Jabalipuram）に、ボーパール（Bhopal）がボージプル（Bhojpur）に、インドール（Indore）がインドゥール（Indur）に変更された。

日本でも新しい名称を使うことになった。

一般名称の変更

時代とともに変わる言葉もあれば、変えようとしても定着しない言葉もある。

○定着した言葉　△どちらの表記も使用されている　▼検討中、あるいは浸透せず

できちゃった結婚→△**授かり婚**

妊娠したことで結婚を決めることをいう言葉だが、無計画で、仕方なく結婚するような意味合いが含まれることから、**「授かり婚」「おめでた婚」**などといわれるようになった。ちなみにアメリカでは俗に「shotgun marriage」「shotgun wedding」というそうだ。

オレオレ詐欺→○**振り込め詐欺**

電話で「俺だけど」と言って相手を騙し、金を引き出す詐欺手法を「オレオレ詐欺」といったが、どんどん巧妙かつ新手の手口が出るようになり、2004年から「振り込め詐欺」と呼ばれるようになった。さらに2013年に公募で「母さん助けて詐欺」が新名称となったが、浸透せず。

肌色→○**薄橙**

「肌色」は文字どおり「肌の色」を意味するため、日本では日本人の平均的な肌の色をイメージしたが、不適切として**「薄橙」**や**「薄茶」**などの表現に変わった。

脱法ドラッグ→ ○危険ドラッグ

幻覚作用をもたらす脱法ハーブなどの「脱法ドラッグ」を、2014年に「危険ドラッグ」と改称した。「脱法ドラッグ」では、その危険性が表されていないというのが改称の理由。

シャンペン→ △シャンパン

シャンパーニュ（Champagne）地方の発泡性ワインのことで、正式には「シャンパーニュ」というが、言いにくいことから英語読み風の「シャンペン」といわれるようになったようだ。現在は「シャンパン」派のほうが多い。

カロチン→ ○カロテン

ニンジンなどに含まれる色素「carotene」は、当初は「カロチン」と呼ばれていたが、専門家の間では「カロテン」と呼ばれていたという。そして、2000年改訂の「食品標準成分表」でカロチンがカロテンに変更されたことから、一般的にも「カロテン」が使用されるようになった。

シンクロナイズドスイミング→ △アーティスティックスイミング

国際水泳連盟は2017年、シンクロナイズドスイミングという名称をアーティスティックスイミングに変更することを決定。略称は「アーティス」だという。

ストッパー→ ○クローザー

野球において抑え投手（最後にリードを守る守護神役の投手）をストッパーといっていたが、現在は海外でも通用するクローザーが使われている。

ロスタイム↓ ○アディショナルタイム

サッカーで使われていた**「ロスタイム」**という言葉は和製英語で、日本でしか通用しない言葉だったため、2000年あたりから**「アディショナルタイム（additional time）」**に変更された。つまり、言葉どおり、**「追加時間」**のこと。また、「サドンデス」という勝敗の決め方は「ゴールデンゴール」に変更された。

ミリバール↓ ○ヘクトパスカル

天気予報でよく耳にしていた気圧の単位**「ミリバール」**は、1992年から**国際基準の単位に合わせて「ヘクトパスカル」**に変わった。数値は同じ。「パスカル」は圧力の単位で、「ヘクト」は単位の頭につける記号で「100倍」を意味する。

渋谷センター街↓ ▼バスケ通り

若者が集まる通りとして有名な**渋谷センター街**は「怖い街」「汚い街」のイメージを払拭すべく、「きれいな街づくり」を目指して2011年に名称を**「バスケットボールストリート（通称バスケ通り）」**にすると発表したが、2018年現在でまったく浸透していない。

休火山↓ ○活火山

かつて、現在噴火していない火山は**「休火山」「死火山」**と呼ばれていたが、火山の活動寿命は長いことから、1960年代から、噴火記録のある火山や今後噴火する可能性がある火山はすべて**「活火山」**と呼ぶことになった。

スチュワーデス→○客室乗務員

かつて男性はスチュワード、女性はスチュワーデスと呼ばれていたが、性別を問わない「Flight Attendant」や「Cabin Crew」が使われ始め、日本では「客室乗務員」と訳されて使われるようになった。「Cabin Attendant（CA）」は和製英語。

看護婦→○看護師

かつては女性を「看護婦」、男性を「看護士」として区別していたが、2002年から男女共に「看護師」として統一された。同様に、保健婦、助産婦も、保健師、助産師となった。

婦人警官→○女性警察官

かつて女性の警察官は「婦人警官」と呼ばれていたが、女性の権利向上に伴って、2000年の男女雇用機会均等法全面改正を機に「女性警察官」に改められた。

保母、保父→○保育士

1999年前の資格名は「保母」だったが、1990年代から「男性保母」も徐々に増えていったことから「保父」という呼び名が発生し、正式名称は1999年に「保育士」に改められた。

父兄（ふけい）→○保護者

かつて学校・教育関係で「父兄」「父兄会」などの名称を目にすることが多かった。戦前、女性に選挙権が与えられていなかった時代は、子どものことで学校が一番に相談するのは、その家の男子である父兄だったためだ。しかし、徐々に父兄参観日にも母親が出席することが増え、時代の流れから「保護者」を使用するようになった。

祭日→○祝日

「祝日」は国が制定した記念日のこと。「祭日」は、皇室の祭典や神社のお祭りなど宗教儀礼を行う日のことで、1947年までは皇室祭祀令という法令に定められていたが、その後は廃止された。つまり、現在は、カレンダー上は「祭日」は存在しない。

職安→○ハローワーク

公共職業安定所は1947年に国によって設けられ、「職安」という略称で浸透していた。現在もその名称はなくなってはいないが、「暗い」「みじめ」といったイメージを払拭するため、1989年に愛称を公募し、1990年に「ハローワーク」に決定した。

精神薄弱→○知的障害

「精神薄弱」は法律用語としても長く使われてきたが、不適切用語であるとして1999年に「知的障害」に改められた。

精神分裂病→○統合失調症

2002年まで「精神分裂病」と呼ばれていたが、「精神が分裂する病気」という呼称は人格を否定するものだとの批判から、「統合失調症」に改められた。「病」から「症」になったことで告知もしやすくなったといわれる。

痴呆症→○認知症

「痴呆」という言葉には「愚か」などの意味があることから、侮辱的な病名は患者や家族のプライドを傷つけるだけでなく、早期受診の妨げにもなるとして、2004年、「認知症」に改められた。

第7章 間違えやすい漢字

漢字は、中国から伝わった文字ですが、その読みは、中国伝来の音読みのほかに、日本でつけられた訓読みもあります。漢字一文字に多くの情報があるのです。

読み間違えやすい漢字

漢字には音読み、訓読み、慣用読みなどがあって、読みは難しい。

灰汁

○あく　×はいじる

灰を水に浸して上澄みをすくった液体であることから「灰汁」の字を当てた。独特の個性のある人を**「灰汁が強い」**などという。

欠伸

○あくび　×けっしん

眠いときに自然に出る欠伸。「欠」は「歌」など、口を開けてする動作を表す文字をつくる。あくびも大きく口を開けることから。

校倉造

○あぜくらづくり　×こうそうぞう

「あぜくら」という言葉が先にあり、「木」に「交わる」で「校」が当てられた。

天晴れ

○あっぱれ　×てんばれ

「あっぱれ」という語が先にあり、「天」「晴れ」を当てた。立派な様を表すときに使う。「でかした！」というときに。

海女

○あま　×うみおんな

「海」には「あま」という読みがあり、「あま」は「海人（あまびと）」の略。海に潜り貝などを採る仕事をする女性たちを「海女」といった。男性の場合は**「海士（あま）」**と記す。

あり得る

○ありうる　×ありえる

対義語は「あり得ない」で「ありえない」と読む。「ありえる」と読む人も増えている。

粗利益

○あらりえき　×そりえき

ビジネスの現場ではよく**「粗利」「粗利率」**という言葉が聞かれる。粗利は売上高から売上原価を差し引いた利益のこと。

行脚

○あんぎゃ　×ぎょうきゃく

「政治家が地方行脚に出る」「全国行脚」などと使う。歩いて旅すること。唐音（鎌倉時代以降に中国から入ってきた読み方）が残った例。

行灯

○あんどん　×ぎょうとう

「行脚」と同じく唐音の読み。元々は持ち運ぶものだったため、「行」の字が当てられた。

塩梅

○あんばい　×えんばい

「最近の塩梅（調子）はどう?」などと使う。元は料理の味加減を意味した。「えんばい」という読みから転じた。

家路

○いえじ　×いえみち

わが家へ帰る道のこと。**「家路を急ぐ」**などと使う。「路」は、「ロ」「じ」の読みがあるが、「小路」などと同じく「じ」と読む。

十六夜

○いざよい　×じゅうろくや

「いざよい」は、満月よりやや出が遅いことから、「月がためらって（躊躇って）いる」を意味する「いざよう」が名詞化。

委嘱

○いしょく　×いぞく

ある一定期間、特定の仕事をほかの人に任せること。**「依嘱」「嘱託」**も同義。「嘱」は頼んで委ねることを意味する。

依存

○いそん　△いぞん

「存」には「ソン」と「ゾン」の読みがある。正しいとされるのは「いそん」だが、NHKでは「いぞん」で読みを統一している。

一日の長

○いちじつのちょう
×いちにちのちょう

経験や知識などが少し優れていること。**「彼のほうが一日の長がある」**などと使う。

一段落

○いちだんらく　×ひとだんらく

文章の切れ目の「段落」に「一」を冠した熟語。「ひとだんらく」と覚え間違えている人が多い。

一に

○いつに　×いちに

一つのことに集中している様子。まったく。ひとえに。あるいは。また別に。一つには。**「一に君の腕にかかっている」**。

稲荷

○いなり　×いねに

五穀を司る食物の神。神社。油揚げやキツネの異名にもなっている。「お稲荷さん」ということもある。

茨城

○いばらき　×いばらぎ

大阪府の「茨木」も「いばらき」。どちらも植物の「茨（いばら）」に関係が深い。「城」一文字なら「キ」と読む。

異名

○いみょう　△いめい

別名、あだ名などを意味する。**「彼女はうわばみの異名をとる」**などと使う。「名字」も「みょうじ」と読む。

所謂

○いわゆる　×しょい

漢文では「謂う所」と読む。転じて「いわゆる」になったようだ。「謂」は「いい」と読み、「いわれ」を意味する。

引率

○いんそつ　×いんりつ

人を率いて連れて行くこと。「率」には「ソツ」「リツ」の読みがあるが、この場合は「ソツ」。**「生徒を引率する」**などと使う。

有無

○うむ　×ゆうむ

ほとんどの場合「うむ」と読むが、「あるなし」「ありなし」と読ませることもある。あることとないことを意味する。

有象無象

○うぞうむぞう　×ゆうぞうむぞう

たくさんのつまらない人々のこと。「象」は「象徴」などで使われ、「形」を意味する。

回向

○えこう　×かいこう

「回り差し向ける」こと。つまり、僧侶などが修得した功徳（くどく）をほかの者に向けること。「回」は呉音読みで「エ」と読む。

壊死

○えし　×かいし

身体の組織や細胞が局所的に死滅すること。**「壊疽（えそ）」**と同じく「壊」は「エ」と読む。**「指先が壊死して切断する羽目に」**などと使う。

会釈

○えしゃく　×かいしゃく

軽いお辞儀のこと。元々仏教用語で、**「和会通釈（わえつうしゃく）」**の略。「会」の音読みには「カイ」と「エ」があるが、この場合は「エ」。

押印

○おういん　×おしいん

印を押すこと。「押」の音読みは「オウ」。**「署名して押印してください」**などと使う。

奥州

○おうしゅう　×おくしゅう

「陸奥（みちのく）」「陸奥国（むつのくに）」の異称。現在は岩手県南部に「奥州市（おうしゅうし）」がある。「奥」は、音読みは「オウ」、訓読みは「おく」。

大地震

○おおじしん　×だいじしん

「大」のあとに訓読みがくる場合は「おお」、音読みがくる場合は「ダイ」と読むのが一般的な決まり。たとえば**「大舞台（おおぶたい）」「大金持ち（おおがねもち）」「大英断（だいえいだん）」「大草原（だいそうげん）」**など。

悪寒

○おかん　×あっかん

ゾクゾクとした寒気（さむけ）のこと。「悪」の音読みは「アク」と読むときと「オ」と読むときがあるので注意したい。

屋内

○おくない　×やない

建物の中のこと。対義語の**「屋外」は「おくがい」**と読む。「家屋」「屋上」「社屋」は「オク」、「質屋（しちや）」「床屋（とこや）」「屋台（やたい）」は「や」。

各々

○おのおの　×かくかく

一人ひとり、各自の意。「各」一字のみで「おのおの」と読むが、「各」だけだと「かく」と読んでしまいがちなので「各々」に。

母屋

○おもや　×ぼや

離れや納屋(なや)などがある屋敷のなかの中心となる建物のこと。元々は「もや」と読んでいたが（入母屋(いりもや)など）、中世以降から「おもや」になったといわれる。

御中

○おんちゅう　×ぎょちゅう

宛先が個人名でなく会社名や団体名のときに「**○○御中**」と使う。

該当

○がいとう　×かくとう

「該」は「核」と混同して「カク」と間違えやすい。正しくは「ガイ」。「その」「この」と当面の物事を指す。「**該人物**」「**該事件**」などと使うこともある。

河川敷

○かせんしき　○かせんじき

河原のことだが、緑地や運動施設として利用されるようになった河川流域を「河川敷」というようになった。「しき」「じき」どちらも正しい。

割愛

○かつあい　×わりあい

「愛」があることから、残念に思いながら捨てること。「カツ」も「アイ」も音読み。

月光菩薩

○がっこうぼさつ
×げっこうぼさつ

なぜ「がっこう」と読むのかは定かではないが、昔からそう決まっているようだ。

角地

○かどち　×かくち　×すみち

二つの道路が交わる角(かど)に位置する敷地のこと。「角」の音読みは「カク」、訓読みは「かど」「つの」「すみ」。

借入金

○かりいれきん
×しゃくにゅうきん

借金のことで、一般に「借り入れ金」とは書かないので、「しゃくにゅうきん」と読みがちだが、間違い。

完遂

○かんすい　×かんつい

「遂(つい)に」と訓読みする場合があることから、「かんつい」と読んでしまいがちだが間違い。

間髪

○かんはつ　×かんぱつ

「間髪を入れず」と切るのが正しい。「間、髪を入れず」は、間を置かずにすぐにを意味する。髪の毛1本も入る隙がないという意味からくる慣用句。

帰依

○きえ　×きい

信仰を抱くこと。仏教でおもに用いられる言葉。誤って「きい」と読まないように。

気障

○きざ　×きしょう

「気障り」が略された言葉。元々は心配事がある様を表していたが、相手の言動を不快に感じ気に障る様を意味するように。

忌中

○きちゅう　×いちゅう

近親者が喪に服す期間のこと。「忌」の音読みは「キ」で、訓読みの「い(まわしい)」「い(む)」と混同しないように。**「忌引き」**も同様。

華奢

○きゃしゃ　×かしゃ

姿がほっそりとしていて上品な感じ、弱々しく優美な感じを表す言葉。「華」に「きゃ」という読みはなく、「華奢」は当て字。

琴線

○きんせん　×ことせん

「心の琴線に触れる」として使うことが多い。「琴」の音読みは「キン」で、「きんせん」に。

苦渋

○くじゅう　×くしぶ

苦しみ、悩んでいる様をいう。**「苦渋を味わう」「苦渋の決断」**などと使う。「渋」の音読みは「ジュウ」、訓読みは「しぶ」。

苦汁

○くじゅう　×にがじる

苦い汁の意から、辛い経験を意味するように。**「苦汁を飲まされる」**などと使う。「汁」の音読みは「ジュウ」。

功徳

○くどく　×こうとく

仏教用語で、よい結果を得られるような善行のこと。**「功徳を施す」**などと使う。「こうとく」と読むと「功績と徳行」を意味する。

供養

○くよう　×きょうよう

故人の霊に供え物などをして冥福を祈ること。「供」の音読みは「キョウ」「ク」で、訓読みは「そな(える)」「とも」。「供花」は「きょうか」、「供物」は「くもつ」と読む。

玄人

○くろうと　×げんじん

「玄」の音読みは「ゲン」、訓読みの「くろ」「くろ(い)」から。

境内

○けいだい　×きょうない

寺院や神社の境界より内側、敷地のこと。「内」は、「内裏」などのように寺社が関係する言葉では「だい」になることが多い。

逆鱗

○げきりん　×ぎゃくりん

目上の人の激しい怒りのこと。**「逆鱗に触れる」**と使うことが多い。「逆」の音読みは「ギャク」「ゲキ」。

夏至

○げし　×かし

昼間が最も長くなる日。「夏」の音読みは「カ」「ゲ」。対義語は**冬至**。「ゲ」と読むのは、仏語(梵語)からといわれる。

気取られる

○けどられる　×きどられる

「気取る」は感じ取る、感づくこと。「気取る」は、上品ぶること。「け」と「き」では意味が変わるので注意が必要。

健気

○けなげ　×けんき

「けなり(異なり)」→「けなりい」→「けなりげ」→「けなげ」になったといわれる。「健気」は当て字。

解熱

○げねつ　×かいねつ

体温を下げること。**「解熱剤」**などと使う。「解」の音読みは「カイ」「ゲ」。「ときほぐす」などの意味がある。

懸念

○けねん　×けんねん

心配なこと、気がかりなこと。「懸」の音読みは「ケン」「ケ」で、「心にかける」「吊り下げる」などの意味がある。

嫌悪

○けんお　×けんあく

嫌って憎むこと。**「嫌悪感を抱く」**などと使う。「悪」の音読みは「アク」「オ」。「憎悪」も「ぞうお」と読む。

言質

○げんち　×げんしつ

証拠や約束となる言葉を相手から引き出すこと。**「言質を取る」**として使うことが多い。「言葉の人質（ひとじち）」と考えればよい。

興行

○こうぎょう　×きょうこう

催しのこと。「興」の音読みは「コウ」「キョウ」。「コウ」は興業、興奮、振興など。「キョウ」は余興、興味など。

更迭

○こうてつ　×こういつ

ある地位や役目にある人をほかの人と替えること。「迭」は「逸」の字と似ていることから読み間違えやすい。

小正月

○こしょうがつ
×しょうしょうがつ

旧暦の正月のことで、現在は1月15日のこと。1月1日は**「大（おお）正月」**となる。

小人数

○こにんずう
×しょうにんずう

人数が少ないこと。「しょうにんずう」と読む場合は**「少人数」**と書く。

古文書

○こもんじょ　×こぶんしょ

古い文書や証文（しょうもん）のこと。「もんじょ」という読み方は、「古文書」以外にはない。

御用達

○ごようたし　△ごようたつ

「宮内庁御用達」「芸能人御用達」などとよく聞く言葉。読みは、「ごようたし」が一般的だが、「ごようたつ」も間違いではない。

御来迎

○ごらいごう
×ごらいこう　×ごらいげい

頂上から見る日の出などのこと。**「ご来光（らいこう）」**と混同することが多い。「迎」の音読みは「ゲイ」「ギョウ」「ゴウ」。この場合は「ゴウ」。

御利益

○ごりやく　×ごりえき

「利益」の場合は「りえき」と読むが、「御利益」となると「ごりやく」になる。利益は奪うものだが、御利益は神から与えてもらう力などを意味する。

声色

○こわいろ　△せいしょく

声の音色（ねいろ）。声の調子や感じのこと。**「声色を真似る」**などと使う。「せいしょく」とすると、人が何かを言うときの声と顔色、態度を意味するようになる。

最奥部

○さいおうぶ　×さいおくぶ

奥の奥。突き当たり。「奥」は音読みで「オウ」と読む。

建立

○こんりゅう　×けんりつ

寺院や塔、墓などを建てるときは「建立」を使う。そのほかの建物の場合は「建設」「建築」を使うことが多い。

（神社を）再建

○さいこん　×さいけん

団体や会社などを再び組織するときや建築物を建て直すときは「さいけん」と読むが、神社仏閣を建て直すときは「さいこん」に。

雑魚

○ざこ　×ざつぎょ

いろいろな小魚が混じったものを「雑喉（ざっこう）」といっていたのが「ざこ」に転じたという。「雑魚」は当て字。小物を意味する。

流石

○さすが　×りゅうせき

当て字。**「沈石漱流（ちんせきそうりゅう）」**という故事を中国の政治家・孫楚（そんそ）が誤って「漱石枕流（そうせきちんりゅう）」と言ってしまい、間違いを正されても頑（がん）として譲らなかったことで、「さすがは孫楚」と周囲が言ったことから「流石」＝「さすが」になったという。

早急

○さっきゅう　△そうきゅう

どちらも正しいが、「さっきゅう」のほうが標準的。

参詣

○さんけい　×さんもう

「詣」の音読みは「ケイ」。訓読みの「もう（で）」と混同しない。

暫時

○ざんじ　×ぜんじ

しばらくの間を意味する。「暫」の音読みは「ザン」で、訓読みは「しば(し)」「しばら(く)」。「漸」の音読み「ゼン」と混同しない。

三種の神器

○さんしゅのじんぎ
△さんしゅのしんぎ

「神器」は「じんぎ」とも「しんぎ」とも読むが、「じんぎ」のほうが一般的。

詩歌

○しいか　△しか

和歌、俳句、詩などを総称した言葉。「しいか」は「しか」の慣用読み。言いやすいように拍を揃えたと思われる。

刺客

○しかく　×しきゃく

かつては「せきかく」「せっかく」と読まれていたという。転じて「しかく」となり、定着した。「カク」は「客」の音読みの一つ。

市井

○しせい　×しい

人の集まっているところ。かつて中国では井戸のあるところに人家が集まったことから「市井」という言葉が生まれたという説も。

支度

○したく　×しど

「度」の音読みは「ド」「タク」「ト」。「支」にも「度」にも「はかる」の意味があり、「前もって準備する」意味に変化した。

疾病

○しっぺい　×しつびょう

「病」の音読みには「ビョウ」「ヘイ」がある。「疾病」は医学的、生物学的に定義されるもので、専門家が使用することが多い。

四天王

○してんのう　×してんおう

「してんおう」の「ん」と「お」が連声（れんじょう）（フランス語ではリエゾンという）して「の」になった。「三位一体」の「三位（さんみ）」も同様。

老舗

○しにせ　△ろうほ

動詞の「しに(仕似)す」から、代々続く古くからある店を「しにせ」というようになった。「老舗」は当て字。

車窓

○しゃそう　×しゃまど

列車や自動車などの窓。**「車窓からの眺め」**などと使う。「窓」の音読みは「ソウ」。「同窓」「窓外」も「ソウ」と読む。

事由

○じゆう　×じゆ

ある事柄が起こった理由を意味する。**「正当な事由なく」**などと使う。「由」には、いわれ、原因などの意味がある。

首相

○しゅしょう　×しゅそう

内閣総理大臣のこと。「首」にはかしら、頭の意味があり、「相」の音読みは「ソウ」「ショウ」で、大臣を意味する。

入水

○じゅすい　△にゅうすい

水中に身を投じて死ぬこと。**「入水自殺」**などと使う。「にゅうすい」は、単にプールや海などに入ることも意味する。

出生率

○しゅっしょうりつ
△しゅっせいりつ

「しゅっせいりつ」でも間違いではないが、「しゅっしょうりつ」のほうが一般的。「出生届」は「しゅっしょうとどけ」と読む。

出来

○しゅったい　×しゅつらい

物事が起こること。「しゅつらい」が転じて「しゅったい」になった。**「事件出来」**などと使う。

遵守

○じゅんしゅ　×そんしゅ

「規則遵守」などと使う。「遵」の音読みは「ジュン」「シュン」で、従うという意味がある。「尊」から「ソン」と間違えやすい。

順風満帆

○じゅんぷうまんぱん
×じゅんぷうまんぽ

物事が順調に進んでいること。「満帆」は「まんぽ」と間違えやすい。「帆」は「ハン」と読む。

成就

○じょうじゅ　×せいしゅう

願いが叶うこと。**「大願成就」**などと使う。元は仏教用語。「成」の音読みは「セイ」「ジョウ」、「就」の音読みは「シュウ」「ジュ」。

性分

○しょうぶん　×せいぶん

生まれつきの性質のこと。「性」を「ショウ」と読む言葉には**性**（しょう）**根**（ね）、**根性**（こんじょう）、**相性**（あいしょう）、**脂性**（あぶらしょう）、**荒れ性**（あれしょう）、**素性**（すじょう）などがある。

女丈夫

○じょじょうふ
○じょじょうぶ
×おんなじょうぶ

しっかりしている女性のこと。「丈夫」は男子を意味した。

素人

○しろうと　×そじん

白塗りをしただけで芸のない芸人を平安時代には「白人（しろひと）」といい、転じて「しろうと」になった。「素人」は当て字。

進捗

○しんちょく　×しんしょう

物事が捗（はかど）ること。「捗」の音読みは「チョク」で、訓読みは「はかど（る）」。交渉の「渉」と間違えて読みやすい。

出納

○すいとう　△しゅつのう

経理・会計業務で現金の出し入れの意味では「すいとう」と読む。「しゅつのう」は平安時代の役職を示す言葉。

逝去

○せいきょ　×せききょ

死を敬って言う言葉。「逝」には立ち去って帰らないという意味がある。急に亡くなられたことを「**急逝**（きゅうせい）」という。

席巻

○せっけん　×せっかん

敷物（席＝座る場所）を巻くように領土を攻め取ることから転じた言葉。「巻」の音読みは「カン」「ケン」がある。

殺生

○せっしょう　×さっしょう

生き物を殺すことで、仏教では十悪の一つとされる。残酷なこと。「殺」の音読みには「サツ」「サイ」「セツ」がある

漸次

○ぜんじ　×ざんじ

段々に。「漸」の音読みは「ゼン」「ザン」「セン」で、訓読みは「ようや（く）」。「暫時」と混同して「漸時」と間違いやすい。

雑兵

○ぞうひょう　×ざつへい

身分の低い兵士や下っ端のこと。「雑」の音読みは「ザツ」「ゾウ」。「ゾウ」と読む言葉はほかに**雑木林、雑煮、雑巾**などがある。

巣窟

○そうくつ　×すくつ

住みかのことだが、おもに悪人の隠れ家などに使われる。**「悪の巣窟」**など。「巣」がつく熟語は、「ソウ」と音読みするものが多い。

相殺

○そうさい　△そうさつ

「そうさい」と読むと帳消しを意味する。「そうさつ」の場合は殺し合うことを意味する。「そうさい」で使われることが多い。

算盤

○そろばん　×さんばん

中国から伝わった「ソワンバン」に、数を数える(算)道具(盤)という意味で「算盤」が当てられたという説が有力。

代謝

○たいしゃ　×だいしゃ

新陳代謝の「代謝」。「代」は音読みで「ダイ」「タイ」がある。訓読みは「か(える)」「よ」「しろ」。**「永代」**も「タイ」と読む。

代替

○だいたい　×だいがえ

ほかのものに替えること。「だいがえ」は音読みと訓読みを混同した重箱読みで間違い。代替案は「だいたいあん」と読む。

内裏

○だいり　×ないり

天皇の住居を意味する宮殿のこと。**「お内裏様」**で雛人形の男女一対の意も。宮中では「内」を「ダイ」と読むことが多い。

手繰る

○たぐる　×てぐる

手元へ引き寄せること。「手」の訓読みは「て」「た」があり、「た」と読むものには**手綱、手向ける、手折る**などがある。

断食

○だんじき　×だんしょく

一定期間、食べ物を断つこと。「食」の音読みには「ショク」「ジキ」があり、**餌食、悪食**は「ジキ」と読む。

端緒

○たんちょ　○たんしょ

物事の始まり、糸口のこと。本来は「たんちょ」と読み、「たんしょ」は慣用読みで定着している。**「情緒」**の場合は「じょうちょ」。

知己

○ちき　×ちこ

知り合い、親友。**「知己を頼る」「知己を得る」**などと使う。「己」の音読みには「コ」「キ」がある。似た文字の「巳」は「シ」「み」。

血肉

○けつにく　×ちにく

「血となり肉となる」の場合は「ち」と「にく」だが、**「血肉となる」**は「けつにく」が正しい。混同しないこと。

乳離れ

○ちばなれ　×ちちばなれ

赤ちゃんが成長して母乳を飲まなくなること。「乳」は「ちち」ではなく「ち」と読む。**「乳房（ちぶさ）」「乳首（ちくび）」**も「ち」と読む。

提灯

○ちょうちん　×ていとう

「ちょうちん」は中国から伝わった音とされる。手に提（さ）げて歩く灯りから「提灯」となった。

貼付

○ちょうふ　△てんぷ

貼り付けること。「てんぷ」は慣用読み。**「メールに貼付して送る」**というときに多く使うが、「てんぷ」のほうが相手に伝わりやすい。**「添付」**は「てんぷ」で正しい。

重複

○ちょうふく　△じゅうふく

同じ物事が重なり合うこと。「ちょうふく」のほうが品格を感じる。「重」を「チョウ」と読む熟語は**貴重（きちょう）、重宝（ちょうほう）、軽重（けいちょう）、自重（じちょう）**など。

聴聞

○ちょうもん　×ちょうぶん

行政機関が第三者などに意見を聞くこと。「聞」の音読みには「ブン」「モン」がある。

月極

○つきぎめ　×げっきょく

「月極駐車場」という看板をよく見かけるが、声に出して読むことは少ない。1か月単位で契約を決めるという意味。「極」には「決める」という意味がある。

続柄

○つづきがら　△ぞくがら

正しくは「つづきがら」だが、「ぞくがら」と読む人があまりに多くなったため、「ぞくがら」も容認されるようになった。

美人局

○つつもたせ　×びじんきょく

男女が結託して、女が別の男を誘惑し、言いがかりをつけて金銭を巻き上げる行為。サイコロ賭博(とばく)のイカサマ「筒持たせ」を「美人局」に当てた。

出端

○でばな　×ではし

「出端をくじく」「出端からつまずく」というとき、「でばな」と読む。**「出鼻(でばな)」**とも書く。

同行二人

○どうぎょうににん　×どうこうふたり

巡礼者が笠などに書きつける言葉。弘法大師(こうぼうだいし)が常に自分と一緒にいてくれるという意味。

踏襲

○とうしゅう　×ふしゅう

前の人のやり方などをそのまま受け継ぐこと。「継承」は人に使うことが多いが、「踏襲」は方法や手段などに使うことが多い。

登頂

○とうちょう　△とちょう

「登山」は「とざん」と読むように「登る」に関連する「登頂」も「とちょう」と読みがち。**「登坂」**も「とうはん」が正しい。

読経

○どきょう　△どっきょう

お経を声を出して読むこと。読みが、どくきょう→どきょう→どっきょうと変化した。「どっきょう」でも間違いではない。

内奥

○ないおう　×ないおく

「心の内奥」など、奥深いところを意味する。「奥」は訓読みは「おく」だが、音読みは「オウ」。**「奥義」**は「おうぎ」と読む。

捺印

○なついん　×ないん

印を押すこと。**「署名捺印」**など。「捺」は人名用漢字で、一般に「捺印」以外にはあまり使われない。**「押印(おういん)」**も同じ意味。

何卒

○なにとぞ　×なにそつ

「どうぞ」の改まった言い方で、相手に強くお願いするときに使う。「卒」に「とぞ」という読みはなく、当て字。

納戸

○なんど　×のうと

普段使用しない衣服や家具、調度品などを収納する部屋のこと。物置用の小屋を意味する**「納屋」**は「なや」と読む。

柔和

○にゅうわ　×じゅうわ

態度や性格がものやわらかで、穏やかな様を意味する。「柔」の音読みには「ジュウ」「ニュウ」がある。

肉汁

○にくじゅう　△にくじる

「ニク」は音読みなため、「にくじゅう」が正しい。ただし、**「肉厚(にくあつ)」「肉太(にくぶと)」「肉細(にくぼそ)」**などの重箱読みにつられて「にくじる」と読む例も増えてきた。

刃傷

○にんじょう　×はしょう

刃物で人を傷つけることで、そうした騒ぎや事件を**「刃傷沙汰(にんじょうざた)」**という。浅野内匠頭(あさのたくみのかみ)が江戸城・松の廊下において「刃傷に及んだ」事件は有名。

年俸

○ねんぽう　×ねんぼう

「俸」を「棒」と勘違いして「ねんぼう」と読んでしまいがち。

暖簾

○のれん　×だんれん

古くは「苧麻(からむし)の垂れ布(たれぬの)」＝「たれむし」と呼ばれていたが、禅語の「のうれん」が「暖簾」に当てられたという説が有力。冬に暖気を逃さないように使用していた簾(すだれ)のような布だったことから。

端境期

○はざかいき　×はしきょうき

物事の入れ替わりの時期。「端」の訓読みは「はし」「はた」「は」。「は」と読むものは**端役(はやく)、端切れ(はぎれ)、端数(はすう)**などがある。

破綻

○はたん　×はじょう

「綻」を、錠前(じょうまえ)、錠剤(じょうざい)などの「錠」と間違えて読みやすい。

鼻白む

○はなじろむ　×はなじらむ

興醒め、気後れする表情の意。夜が明けて空が明るくなることを「白む」ということから「はなじらむ」と読みがちだが、間違い。

万感

○ばんかん　×まんかん

心に湧き起こるさまざまな思いを意味する。**「万感胸に迫る」「万感の思い」**などと使う。「万」の音読みは「マン」と「バン」。

汎用

○はんよう　×ぼんよう

作りの「凡」から「ぼんよう」と読みがち。「汎」は行き渡ることを意味する。「凡」は並み、普通を意味する。

凡例

○はんれい　×ぼんれい

「凡」を「ハン」と読む熟語は「凡例」くらい。ほとんどは「ボン」と読むため、間違いやすい。

他人事

○ひとごと　△たにんごと

自分には関係ないことは「ひとごと」という。正式な表記は「人ごと」「人事」だが、「人事」は「じんじ」と間違えやすいため、「他人事」になったと思われる。

病床

○びょうしょう　×びょうどこ

病人が寝ている床。**「彼は今、病床にある」**などと使う。「とこ」は訓読みだから、音読みで「ショウ」と読む。

一入

○ひとしお　×ひといり

「ひとしお」の「しお」は布を染料につける(入れる)回数で、ひとしおは1回つけること。1回つけるごとに色が鮮やかになっていくことから、「ひときわ」の意味になった。「一入」は当て字。

病巣

○びょうそう　×びょうす

病的変化が起こっている箇所のこと。「巣」の音読みは「ソウ」。

日和

○ひより　×ひわ

「日和る」という動詞が名詞化した。「日和る」は妥協すること、「日和」は天気などの意。「和」を「より」と読むのは当て字。

便乗
○びんじょう　×べんじょう

「世の流れに便乗する」「便乗値上げ」などと使う。「便」の音読みには「ベン」「ビン」がある。「便(びん)」は都合のよい機会のこと。

吹聴
○ふいちょう　×すいちょう

「吹」の音読みは「スイ」で、訓読みは「ふ(く)」であるため、間違えやすい。「ふい」という読みは、**「吹子(ふいご)」**同様、常用漢字表に記載のない表外読み。

福音
○ふくいん　×ふくおん

キリスト教での救いの教え、あるいは喜ばしい教えのこと。「音」の音読みは「オン」「イン」。

風情
○ふぜい　×ふうじょう

情緒(じょうちょ)などの意。「情」は音読みで「ジョウ」「セイ」があり、この場合は「ふぜい」と読む。

不得要領
○ふとくようりょう
×ふえようりょう

要領を得ないこと。**「不得要領な説明」**などと使う。**「不得手(ふえて)」**(得意でないこと)という言葉があるため、「不得」を「ふえ」と読んでしまいがち。

訃報
○ふほう　×とほう

死去の知らせ。「訃」には人の死を知らせるという意味がある。作りの「卜」に惑わされないこと。

片鱗
○へんりん　×かたりん

多くのなかの少しの部分のこと。**「片鱗をうかがわせる」**などと使う。「片」の音読みは「ヘン」。「鱗」の音読みは「リン」。

反故（反古）
○ほご　×はんこ

不要なもの、取り消しなどの意。**「約束を反故にする」**などと使う。「反」を「ホ」と読むのはこの熟語くらい。

発足
○ほっそく　△はっそく

「発」の音読みには「ハツ」も「ホツ」もあり、**発端(ほったん)**も「ホツ」が一般的。**発作**、**発起人**は「ホツ」が正しく、**発疹(ほっしん)**は「ハツ」が正しい。

迷子

○まいご　×まよいご

「迷い子」が変化して「迷子」となった。「**世迷言**（取るに足らない不平不満）」も「世迷い言」が変化したもの。

饅頭

○まんじゅう　×まんとう

「頭」には「ジュウ」という音読みもある。漢語の「饅頭」を「ジュウ」と音読みしたもの。日本では餡が入ったものを饅頭というようになった。

名跡

○みょうせき　×めいせき

「**名跡を継ぐ**」などと使う。「名」を「ミョウ」と読むものには、**名字**、**名代**、**異名**などがある。

未曾有

○みぞう　×みぞうゆう

極めて珍しい、今までに一度もないなど。悪い事態に使われることが多く、「未だ曾て有らず」から生まれた言葉。

猛者

○もさ　×もうじゃ

勇猛な人のこと。平安時代は「もうざ」と読んでいたらしいが、転じて「もさ」になったようだ。

物見遊山

○ものみゆさん
×ものみゆうざん

見物して遊び歩くこと。「**物見遊山に出かける**」などと使う。「物見」は見物に行くこと。「遊山」は野山に遊びに出ること（行楽）。

専ら

○もっぱら　×せんら

「専」の訓読みは「もっぱ（ら）」で、打ち消しを強めるうえで「もは（ら）」が「もっぱ（ら）」に転じたとされる。

八百万

○やおよろず
×はっぴゃくまん

限りなく多いことを意味する。「**八百万の神**」は、自然のものすべてに神が宿っていることを意味する。

結納

○ゆいのう　×けつのう

「言納」「ゆいひれ」となり、これに「結納」を当てたもの。「ゆい」は訓読みで「のう」は音読み。

野に下る

○やにくだる　×のにくだる

「下野（げや）する」こと。「野（や）」は民間を意味する。政府の一員だった閣僚や議員、官僚などの公務員が辞職に追い込まれるなどして民間人になること。

遊説

○ゆうぜい　×ゆうせつ

政治家が各地を演説して回ること。「説」を「ぜい」と読むのは「遊説」くらい。

所以

○ゆえん　×しょい

漢文の「所以（もって～するところ）」を「～する故（ゆえ）なり」というようになり、「所以＝ゆえん」となったといわれる。

行方

○ゆくえ　×いきかた

行くべき方向、行く先。「行方がわからない」「行方不明」などと使う。かつては「ゆきかた」と読み、「行方知れず（ゆきかたしれず）」などといった。

夭折

○ようせつ　×ようせき

若くして死ぬこと。「夭逝（ようせい）」も同義。「折」が「析」と似ていることから「せき」と読みがち。「夭」には若い、美しいの意。

旅客機

○りょかっき　×りょきゃくき

「旅客」は「りょかく」「りょきゃく」どちらも正しい。「旅客機」は「りょかっき」「りょかくき」となる。

礼賛

○らいさん　×れいさん

褒（ほ）め称（たた）えること。元は仏教用語。「礼」には「ライ」「レイ」の音読みがあり、「礼拝」は、仏教では「らいはい」、キリスト教では「れいはい」と読む。

流布

○るふ　×りゅうふ

世間に広まること。「噂（うわさ）が流布する」などと使う。「布」には行き渡らせるという意味がある。

老若男女

○ろうにゃくなんにょ
×ろうじゃくだんじょ

「男女」だけなら「だんじょ」だが、「長男（ちょうなん）」「女人禁制（にょにんきんせい）」などからも「なんにょ」と読める。

書き間違えやすい漢字

つくりや部首が同じ字や、読みや意味が同じ字と混同することが多い。

合言葉

×相言葉

前もって決めておく「合図」の言葉。**合方**（相棒の場合は相方）、**合図**など、「あい」と読むときに「相」と混同しないように注意。

揚げ足を取る

×上げ足を取る

相撲や柔道の技（揚げ足を取って相手を倒す）からきた言葉。「揚げる」が正しい。**「揚げ足取りをする」**などと使う。

過ちを犯す

×誤ちを犯す

過失などの間違いは「過ち」。誤解や誤算など、食い違いが生じる場合は「誤り」となる。**「謝る（謝罪）」**とも混同しないように。

一分の隙もない

×一部の隙もない

一分の**「分」**は長さを表す単位（約3ミリ）を示す。つまり3ミリほどの隙間もないほど、ごくわずかな状態のたとえに使う。

一巻の終わり

×一貫の終わり

すでに手遅れ状態のこと。物語の一巻が終わることから由来する言葉。**「一貫教育」**などの「一貫」と間違えないこと。

後ろ楯

×後ろ立て

「楯」は「盾」でもよい。どちらも身を守る道具のこと。「後ろ楯」は、陰で援助してくれる人を意味する。

有頂天

×有頂点

天にも昇るごとく喜びで舞い上がっている状態。仏教語から。「頂点」という言葉があるため、「天」と「点」を間違えやすい。

応対

×応待

相手に対して受け答えすること。「接待」の「待」と混同しやすい。ちなみに「対応」とは、誰かから何かの要求があったときにそれに応対すること。

親不孝

×親不幸

親に心配や迷惑をかけること。「孝行」しないこと。「不幸」と間違えやすいので注意。

織り込み済み

×折り込み済み

ある事柄や条件などを前もって頭に入れておくこと。予定や計画に入れておくこと。「折り込み広告」と混同しやすい。

崖っ縁

×崖っ淵

「崖っ縁状態だ」などと使う。「縁」は、物のへりやまわりを意味する。「淵」は、水を湛えているところ、深いなどを意味する。

禍根を残す

×過根を残す

「禍根」は災難を引き起こす要因となるもの。「禍」は「わざわ(い)」で、「過」は「あやま(ち)」という違いがある。

能力が敵わない

×能力が適わない

力や能力において相手に勝てない場合は「敵わない」、条件や基準に合わない場合は「適わない」を使用する。

間一髪

×間一発

髪の毛一筋の隙間くらいに事態が差し迫っていること。つまり「一発」ではない。「危機一髪」も「髪」を使う。

堪忍袋

×勘忍袋

「堪忍」は、じっとこらえること。「堪」は、耐える、堪えるという意味。「堪える」「堪える」とも読む。「勘」は、深く考えること。

完璧（かんぺき）

×完壁

「璧」は部首が「玉」からもわかるように、玉、玉のように美しいことを意味する。**「傷のない玉」**から欠点のない「完璧」の意に。

機嫌（きげん）

×気嫌

気分の良し悪しの意味から**「気嫌」**と書きやすい。「機」には「心のはたらき」という意味がある。

既製品（きせいひん）

×既成品

出来合いの品物（製品）のこと。対義語は**「注文品」「誂（あつら）え」**など。「**既成**」は、すでに出来上がっていることを意味し、**「既成概念」「既成事実」**などと使う。

逆転（ぎゃくてん）

×逆点

逆に転じることを意味する。**「逆転ホームラン」**などの場合、点が逆転することから「逆点」と書きやすいので注意。

生真面目（きまじめ）

×気真面目　×几真面目

非常に真面目なこと。**「生一本（きいっぽん）」**と似た意味。**「気性（きしょう）」**や**「几帳（きちょう）面（めん）」**から「気」や「几」と間違えやすいので注意。

強硬な態度（きょうこうなたいど）

×強行な態度

「強硬」は自分の立場や主張を押し通そうとすること。**「強硬な」**など形容動詞になる。「強行」は、**「強行する」**と動詞になる。

美の極致（びのきょくち）

×美の極地

「極致」は、到達することのできる最高の境地（きょうち）のこと。**「極地」**は、北極や南極などの最果（さいは）ての地を意味する。

偶然（ぐうぜん）

×遇然

「偶」と似た字に**「遇」「隅」**があり、混同しやすい。**「偶然の偶（ぐう）」「遭遇（そうぐう）の遇」「片隅（かたすみ）の隅」**などと覚えるとよい。

決裁を仰ぐ（けっさいをあおぐ）

×決済を仰ぐ

「決裁」は、上意の者が部下が提出した書類の可否を決めること。**「決済」**は金銭の受け渡しによって取引を終了すること。

劇薬（げきやく）

×激薬　×戯薬

激しい薬理作用がある薬物のこと。「**劇**」は、芝居の意のほかに、激しいという意がある。「**戯曲（台本などの意）**」の「**戯**」を「**劇（芝居）**」と混同しやすい。

原物（げんぶつ）と見比べる

×現物と見比べる

「**原物**」は元の物、「**現物**」は実際の品物という違いがある。「**現物支給**」などと使う。

ご破算（はさん）にする

×ご破産にする

今までのことをすべて捨てて、元の何もない状態に戻すこと。「**破算**」は「**ご破算**」として使う。「**破産**」は財産をすべて失うこと。

厚意（こうい）に報（むく）いる

△好意に報いる

「**好意**」は親愛の「感情」に重点が置かれ、「**厚意**」は親切心や思いやりが「行為」によって現れていることに重点が置かれる。「**ご厚意に甘える**」「**ご好意に甘える**」どちらもＯＫ。

戸別訪問（こべつほうもん）

×個別訪問

一軒一軒（一戸一戸）訪ねて回ることから「**戸別**」が正しい。「**個別**」は一つひとつ、一人ひとりを意味する。

洒落（しゃれ）

×酒落

「**洒**」と「**酒**」は非常によく似ているが、意味が違うので注意。

指摘（してき）する

×指適する

「**摘**」と似た文字に「**滴**」「**適**」「**敵**」がある。最も間違えやすいのが「摘」と「適」。「**摘**」は「**選び出す**」「**あばき出す**」の意がある。

至難（しなん）の業（わざ）

×至難の技

実現が極めて困難なこと。そのような行い。「**業**」には行いの意味がある。「**技**」は腕前や技術を表す漢字。

所期（しょき）の目的

×初期の目的

「**所期**」とは、前もって定めておくこと。期待していること。「**所信演説**」の「所信」と似た使い方。

若輩者（じゃくはいもの）

△弱輩者

未熟者のこと。経験が浅い自分をへりくだって言うときに使う言葉。「弱輩」でも間違いではないが「若輩」のほうが一般的。

弱冠二十歳（じゃっかん）

×若干二十歳

若さを強調するときに「弱冠」を使う。本来「弱冠」は男子20歳の異称。「若干」の「若」は、「〜のようだ」「〜と同じ」の意で、「若い」意味ではない。

所要時間（しょようじかん）

×所用時間

「所要」は、あることをするのに必要とされるもの。**「所用」**は用事や用件を意味する。

人事異動（じんじいどう）

×人事移動

「異動」は、会社などの組織のなかで職務や部署、勤務地などが変わること。**「移動」**は、単にある場所からある場所へと移ることを意味する。

新約聖書（しんやくせいしょ）

×新訳聖書

キリスト教の聖典のこと。**「神が人類に与えた新しい契約」**から「新約」とされる。**「旧約聖書」**は「新約」に対して古い約束の意味で呼ばれる。

成績（せいせき）

×成積

つくりが同じで、間違えやすい。「績」にはよい結果の意味がある。

植物の生育状況（せいいくじょうきょう）

×植物の成育状況

「生育」は、生まれ育つことで、おもに植物に使われる。**「成育」**は成長することで、おもに動物に使われる。

徐々に（じょじょ）

×除々に

少しずつ変化する様子。「徐」は訓読みでは**「おもむろ」**で、**「ゆっくり」**の意。「除」は**「のぞ（く）」**の意。

拾得物（しゅうとくぶつ）

×収得物

「拾得」とは落とし物を拾うこと。**「収得」**は、手に入れること、自分のものにすること。**「株式を収得する」**などと使う。

僧侶の説経

×僧侶の説教

親や上司などが教え導くために言い聞かせるときは「説教」を、僧侶が教典をやさしく説くときは「説経」を使う。

接待

×接対

「応対」の「対」と勘違いしやすいが、「接待」が正しい。「待」には、準備をしてもてなすという意味がある。

絶体絶命

×絶対絶命

「絶体」は、身体が追い詰められ、窮地にある状態を表す。「絶命」も命が窮地にある状態を表す。「絶対」ではないので注意。

節を曲げる

△説を曲げる

「節」とは信念のこと。つまり、信念を曲げて人に従うことを意味する。「説」にすると、意見を変えることを意味する。

先入観

×先入感

「観」とは観念、物事に対して抱く考えのこと。「感」は、そのときにある気持ちを抱くこと。つまり、「先入観」が正しい。

専門家

×専問家

ある分野に精通しているエキスパートのこと。つまり、「問題」の「問」ではなく、「部門」の「門」がふさわしい。

精根が尽きる

×精魂が尽きる

「精根」は精力と根性。つまり、気力のこと。「精魂」は魂、精神のこと。「精魂」の場合は「精魂込めてやり遂げる」などと使う。

玉に瑕

×玉に傷

完全に見えてもわずかな欠点があることをいう。「瑕」は宝玉の表面にできた傷を意味する漢字で、欠点、過失なども意味する。「傷」は誤り。

重複

×重復

物事が重なり合うこと。「復」は「戻る」などの意味であることから間違い。

貯水池（ちょすいち）

×貯水地

水を貯めておく人工池のことで、「地」は間違い。

淘汰（とうた）される

×陶汰される

「**淘汰**」は、不必要な者や不適当なものを取り除くこと。「**淘**」には、水で洗ってよいものと悪いものを選り分けるという意味がある。「**陶**」は焼き物のこと。

泥仕合（どろじあい）

×泥試合

泥にまみれて争うことから、醜い争いを意味する。「**試合**」はスポーツなどで勝敗を競うことだが、「**仕合**」は互いに相手に対して同じようなことを仕掛けること。

半（なか）ば呆（あき）れる

×中ば呆れる

「**半ば**」は、半分、中間の辺り、物事の途中などの意。「**志半ばで諦める**」などと使う。

ビラを配布（はいふ）する

×ビラを配付する

「**布**」には行き渡らせるという意味があり、「**配布**」は一般に行き渡るように配ることを意味する。「**配付**」は特定の人々に配ること。

破天荒（はてんこう）な試（こころ）み

×破天候な試み

「**破天荒**」は中国の故事から生まれた言葉で、誰もなし得なかったことを成し遂げることを意味する。「**天候**」とは関係ない。

万事休（ばんじきゅう）す

×万事窮す

万策が尽きることで、「**休す**」は「休む」ではなく、「**終わる**」ことを意味する。「**窮する**」は困り切ること。

表彰状（ひょうしょうじょう）

×表賞状

表彰する（褒め称える）書面のこと。「**表**」と「**賞状**」に分けるのは間違い。

不始末（ふしまつ）

×不仕末

後始末をしないこと。周囲に迷惑を及ぼすような行為。「仕事」の「仕」を使ってしまいがちだが、成り行き、処理などを意味する「**始末**」が正しい。

ピエロに扮装する

×ピエロに紛装する

「**扮**」には身なりを飾るという意味がある。「**紛**」は、乱れる、もつれる、紛らわしいなどの意で、内紛、紛失、紛争などに使われる。

弊害を招く

×幣害を招く

「**弊害**」は、害になること。「**弊**」には、駄目になる、よくないなどの意味がある。「**幣**」は贈り物などを意味し、「**貨幣**」の「幣」。

営業を妨害する

×営業を防害する

「**妨**」は「**妨げる**」こと。おもに「**妨害**」で使われる。「**防**」は「**防ぐ**」こと。予防、防災、攻防、防衛、防止など、熟語は多い。

募集広告

×幕集広告

「**募集**」は広く呼びかけて人や物を集めること。「**募**」は「**募る**」を意味する。「力」の部分を「刀」と間違えることも多い。「**幕**」は「**バク**」「**マク**」と読む。

見得を切る

×見栄を切る

歌舞伎などの役者が動きを止めてポーズを取ることを「**見得**」という。「**見栄**」は実際以上によく見せようとすることで、「**見栄を張る**」などと使う。

未成年

×未青年

成年に達していないこと。「未青年」は間違い。

悠々自適

×悠々自的

自分の思うままに生活を送ること。「**自適**」のみでも同義。「**適**」には「**ほどよい**」「**身を寄せる**」などの意味がある。

躍起になる

×躍気になる

「**躍起**」とは、中国の昔の意味で躍り上がること。日本では焦ってムキ（向き）になる意味で使われる。「躍気」は間違い。

余生を送る

×余勢を送る

「**余生**」は文字どおり、残り（余り）の生涯のこと。「**余勢**」は、余った勢い、つまり、まだ衰えていない勢いのこと。

同音異義語

読み方は同じでも、意味がまったく異なるものもあれば、ニュアンスが異なるものもある。

異常（いじょう）／異状（いじょう）

【異常】 正常でないこと。「**虫の異常発生**」。対義語は「**正常**」。
【異状】 普段とは違った状態のこと。感覚的に異状が感じられる場合に使う。「**全員異状なし**」。

回答（かいとう）／解答（かいとう）

【回答】 質問や要求などに答えること。その答え。「**アンケートの回答**」など。
【解答】 問題を解いて答えを出すこと。その答え。

鑑賞（かんしょう）／観賞（かんしょう）

【鑑賞】 芸術作品などを見て理解し、味わうこと。「**音楽鑑賞**」。
【観賞】 動植物や景色などを見て楽しむこと。「**桜を観賞する**」。

機械（きかい）／器械（きかい）／機会（きかい）

【機械】 動力を受けて一定の運動・仕事をする装置。
【器械】 一定の働きをする道具。跳び箱などは器械体操の道具。
【機会】 何かをするのに都合のよい時機。チャンス。

究明（きゅうめい）／糾明（きゅうめい）

【究明】 真理を究め、明らかにすること。「**真相究明**」など。
【糾明】 悪事を問いただし、事実を明らかにすること。「**不正を糾明する**」など。

行程（こうてい）／工程（こうてい）

【行程】 目的地へ着くまでの距離、道のりのこと。「**30分の行程**」。
【工程】 仕事や作業を進めていくときの順序のこと。「**工程表**」「**作業工程**」など。

口答／口頭

【口答】口で答えること。対義語は「**筆答**」。

【口頭】文書で回答するのではなく、口で直接述べること。「**口頭で説明する**」など。

裁決／採決

【裁決】良いか悪いかを裁いて決定し、申し渡すこと。「**行政の裁決に委ねる**」など。

【採決】会議などで賛否を採って決定すること。

最後／最期

【最後】物事の一番あと、または後ろ。「**列の最後**」「**しゃべり出したら最後……**」など。

【最期】死に際のこと。臨終。「**父の最期を看取った**」など。

債権／債券

【債権】ある人に何らかの行為（代金を回収するなど）を要求できる権利。「**対外債権**」など。

【債券】国や企業に元本や利息の支払いを求める権利を示した有価証券のこと。

再興／再考

【再興】一旦衰えたものを、再び興すこと。「**国家再興**」など。

【再考】もう一度考え直すこと。「**再考を促された**」など。

師弟／子弟

【師弟】師匠と弟子、教師と生徒などの関係。「**師弟愛**」など。

【子弟】子や弟のこと。転じて年少者も意味するように。「**子弟を学校へ通わせる**」など。

志向／指向／嗜好

【志向】考えや気持ち（志）がある方向を目指すこと。「**上昇志向**」「**ブランド志向**」など。

【指向】物事がある方向へ向くこと。「**宗教への指向**」など。

【嗜好】趣味、好み。「**嗜好品**」。

時勢／時世／辞世

【時勢】世の中が移り変わる様子。時流のこと。

【時世】世の中。時代。「**大変なご時世だ**」など。

【辞世】死ぬこと。死に際に残す言葉。「**辞世の句**」など。

実態／実体

【実態】実際の状態。

【実体】本当の姿。正体。「**実体のない会社**」など。

収集（しゅうしゅう）／収拾（しゅうしゅう）／蒐集（しゅうしゅう）

【収集】 特定の品を集めること。「**切手収集**」など。
【収拾】 事態をうまく収めてまとめること。「**事態収拾**」「**収拾がつかない**」など。
【蒐集】「収集」と同義。

収束（しゅうそく）／終息（しゅうそく）

【収束】 ある一定の状態に落ち着くこと。「**事態が収束に向かう**」などと使う。
【終息】 完全に終わること。「**新型肺炎が終息宣言**」など。

主宰（しゅさい）／主催（しゅさい）

【主宰】 団体などを中心となって運営すること。「**劇団主宰**」など。
【主催】 会合やイベントなどを行うこと。「**新聞社主催**」など。

自立（じりつ）／自律（じりつ）

【自立】 人に頼ることなく独り立ちすること。対義語は「**依存**」。
【自律】 自分自身で立てたルールに従って行動すること。「**自律の精神**」など。

指令（しれい）／司令（しれい）

【指令】 上層部から下部に命令や通知を出すこと。「**撤退の指令を出す**」など。
【司令】 軍隊などで指揮を執ること。「**司令塔**」など。

振動（しんどう）／震動（しんどう）

【振動】 振り子のように揺れ動くこと。「**電気振動**」など。
【震動】 震えるように動くこと。「**大地が震動する**」「**電車の震動が激しい**」など。

精算（せいさん）／清算（せいさん）／成算（せいさん）

【精算】 お金を細かく計算すること。「**交通費を精算する**」など。
【清算】 過去をきれいに整理する、お金の貸し借りに決着をつけること。「**関係を清算する**」など。
【成算】 成功する見込みのこと。「**勝利の成算**」など。

節制（せっせい）／摂生（せっせい）

【節制】 適度に慎むこと。「**酒、タバコを節制する**」など。
【摂生】 健康に注意すること。対義語は「**不摂生**」。

待避（たいひ）／退避（たいひ）

【待避】 安全な場所に避難して、危険が去るのを待つこと。
【退避】 危険を避けて避難すること。「**退避勧告**」など。

体勢（たいせい）／態勢（たいせい）／体制（たいせい）／大勢（たいせい）

【体勢】身体の構えや姿勢。

【態勢】一時的な対応や身構え。

【体制】統一的、持続的な組織や制度のこと。「幕藩体制」など。

【大勢】おおかたの形勢、成り行きのこと。「大勢に従う」など。

的確（てきかく）／適確（てきかく）／適格（てきかく）

【的確・適確】的を外さず、確かで間違いのないこと。「的確な指示」など。「適確」より「的確」のほうが一般的。

【適格】資格に適って（かな）いること。

特徴（とくちょう）／特長（とくちょう）

【特徴】良い点・悪い点に関係なく目立つところ。「目が特徴」。

【特長】ほかよりも特に優れた点。特別の長所。

対象（たいしょう）／対照（たいしょう）／対称（たいしょう）

【対象】行為が向けられる目標や相手のこと。「高校生対象」。

【対照】ほかと照らし合わせて比べること。「対照的な性格」。

【対称】向き合う二つの点や線などが釣り合う位置関係のこと。「左右対称」など。

表記（ひょうき）／標記（ひょうき）

【表記】表（おもて）に書かれたもの。あるいは、文字や記号で表すこと。

【標記】標題（タイトル）として書くこと。標題。

不信（ふしん）／不審（ふしん）／不振（ふしん）

【不信】信用できないこと。

【不審】疑わしいと思えること。

【不振】業績や成績、勢いなどがふるわないこと。

平行（へいこう）／並行（へいこう）／併行（へいこう）

【平行】どこまで延長しても二つのことが交わらないこと。

【並行・併行】並んで行く、物事が同時に行われること。「二つの調査を並行(併行)して行う」。

保証（ほしょう）／補償（ほしょう）／保障（ほしょう）

【保証】責任をもって間違いないと請け合うこと。

【補償】損失や損害を補って償（つぐな）うこと。「災害補償」。

【保障】地位や権利などを保護すること。「社会保障」「安全保障」。

野性（やせい）／野生（やせい）

【野性】自然のまま、本能のままの性質。「野性的」など。

【野生】動植物が自然のなかで成長すること。

TEST-4

正しい読み、漢字を記入しよう

Q1: 著す　（　　　　）す

Q2: 一足飛び　（　　　　）び

Q3: 奇しくも　（　　　　）しくも

Q4: 嫌悪　（　　　　）

Q5: 極彩色　（　　　　）

Q6: □龍茶(ろんちゃ)（ウー）

Q7: 読書三(どくしょざん)□（まい）

Q8: □□二名（じゃっかん）

Q9: □□の目を見張る（きょうい）

Q10: □□な仕打ち（むじょう）

答え

Q1：あらわ　Q2：いっそくと　Q3：く　Q4：けんお　Q5：ごくさいしき　Q6：烏　Q7：昧　Q8：若干　Q9：驚異　Q10：無情

第8章 知っておきたい四字熟語

四字熟語は、漢字四文字で構成される熟語のこと。中国の故事からきた四字熟語にはその四文字に多くの意味が込められています。

前向きな気持ちを表す四字熟語

何気ない言葉も四字熟語にすると気が引き締まる感じに。

意気軒昂（いきけんこう）

意気込んで、奮（ふる）い立つ様子。威勢のよい様子。「軒昂」は奮い立つ様子を表した言葉。

用例 **意気軒昂として事に当たる様子が頼もしい。**

意気衝天（いきしょうてん）

意気込みが天を衝（つ）くほどに盛んな様。非常に元気な様子。「**意気天を衝く**」と訓読することも。

用例 **意気衝天の勢いで初戦を突破した。**

意気揚々（いきようよう）

気持ちが高揚し、誇らしげな様子。得意になっている状態。「揚々」は得意げな感じ。

用例 **意気揚々とみんなに成果を披露（ひろう）した。**

一念発起（いちねんほっき）

考えを改め、新たに何かを成し遂げようと決意すること。「発起」は事を始めること。

用例 **一念発起して、新しい道を進もうと思います。**

一陽来復（いちようらいふく）

冬が終わり、春、あるいは新年が来ること。「復」は冬至（とうじ）を意味する。元は易（えき）（中国の占い）の言葉で、陰暦10月（新暦では11月頃）に陰の気が極まり、陰暦11月の冬至になると陽の気がまた巡ってくることを意味した。転じて、悪いことが続いたあとには、運が向いてくる、凶事のあとには吉事がくること。

用例 **今までは悪いことが続いたけれど、一陽来復、きっと運が向いてくるはず。**

温故知新（おんこちしん）

「故きを温ねて新しきを知る」こと。つまり、昔のことを研究し、そこから新しい考え方や知識を得ることを意味する。孔子の弟子たちが孔子とその高弟の言葉や行いを記録した『論語』の「為政」の一節に由来する。

用例 **温故知新の精神で、今後も邁進していきます。**

臥薪嘗胆（がしんしょうたん）

「薪に臥して胆を嘗める」こと。父を討たれた呉の王が常に薪の上に寝て復讐の志を奮い立たせ、ついに仇を討った。討たれた越の王は室内に胆をかけて嘗め、その苦さで恥辱を思い出し、逆に呉の王を討ったという故事からきた言葉。成功を期待して苦労に耐えることを意味するようになった。

用例 **臥薪嘗胆の末に、ついに悲願を達成した。**

気炎万丈（きえんばんじょう）

燃え上がる炎のように、意気込みが盛んなこと。「万丈」は1丈（長さの単位）の万倍を意味し、非常に高い、深いことを意味する。「波瀾万丈」などとも使う。

用例 **明日の決勝戦に向けて、チーム全員が気炎万丈な様子だ。**

起死回生（きしかいせい）

「起死」も「回生」も、死にかかった人を生き返らせることを意味する。つまり、絶望的な危機に直面しても一気によい方向に立て直すこと。

用例 **起死回生のホームランで勝利を得た。**

緊褌一番（きんこんいちばん）

「緊褌」はふんどし（褌）を固く締めること。「一番」は重要な場面を意味する。気持ちを引き締めて、大勝負に取りかかる気持ちを表す。

用例 **緊褌一番、気合を入れる。**

乾坤一擲（けんこんいってき）

運を天に任せて、大勝負をかけること。「乾」は天（奇数）、「坤」は地（偶数）を表す。「一擲」はサイコロを投げること。漢の劉邦と楚の項羽の戦い（楚漢戦争）は両者一歩も譲らず、劉邦は漢へ帰ろうとしたが、**「真に一擲を成して乾坤を賭す」**として、天下分け目の大勝負に打って出たという故事から。

用例 **この厳しい状況でも、乾坤一擲、やるしかない。**

捲土重来（けんどちょうらい）

「捲土」は土煙が巻き上がる意味で、勢いの激しいこと。「重来」は再びやって来ること。一度敗れたり失敗したりした者が、再び勢いを盛り返して巻き返すことのたとえ。「けんどじゅうらい」とも読む。

用例 **捲土重来を期す。**

士気高揚（しきこうよう）

「士気」は戦いに臨む兵士たちのやる気。集団のやる気や熱意、意気込みが高まること、また高めることの意味。

用例 **部下の士気高揚を図る。**

七転八起（しちてんはっき）

何度失敗してもくじけず立ち上がって努力すること。また、七回転んでも八回起き上がることから転じて、人生において浮き沈みが激しいことのたとえとしても用いる。

用例 **彼は七転八起の末に、成功を収めた。**

初志貫徹（しょしかんてつ）

初めに心に決めたことを最後まで貫き通し、やり切ること。

用例 **彼は医者になりたいという夢を抱いて努力を続け、見事、初志貫徹した。**

心機一転（しんきいってん）

何かをきっかけに、気持ちがよい方向にすっかり変わること。「心機」は心の動きで、「気分」を意味する「心気」と間違えないこと。

用例 **転職したことだし、心機一転して頑張っていこう。**

人事天命（じんじてんめい）

できる限りのことをしたら、結果は天の意思に任せるということ。南宋初期の儒学者、胡寅の『読史管見』にある**「人事を尽くして天命に聴す」**より。

用例 **人事天命の心境だ。**

正々堂々（せいせいどうどう）

公正で偽りなく、真正面から事を行うこと。孫子の兵法書『軍争篇』より。

用例 **選手は、正々堂々と戦うことを誓った。**

精励恪勤（せいれいかっきん）

力の限り、勉強や仕事に打ち込むこと。

用例 **父は長年の精励恪勤ぶりが評価され、表彰された。**

切磋琢磨（せっさたくま）

学問や道徳に励むこと。また、仲間同士で励まし競い合って向上すること。

用例 A君とB君は切磋琢磨し合う関係だ。

前人未到（ぜんじんみとう）

過去に誰も到達していないこと。「人跡未踏（じんせきみとう）」は過去に誰も足を踏み入れていないこと。誰も成し遂げていないという意味で、ほぼ同義。

用例 前人未到の快挙となった。

前途洋々（ぜんとようよう）

前途が明るく開けていて、希望に満ちあふれている様。

用例 若い君たちには前途洋々たる未来がある。

率先垂範（そっせんすいはん）

人の先頭に立って物事を行い、模範を示すこと。

用例 部下をもつ身になった以上、率先垂範を心がけなければならない。

闘志満々（とうしまんまん）

戦おうという気持ちがみなぎっていること。

用例 闘志満々の挑戦者。

不惜身命（ふしゃくしんみょう）

自らの身命（しんめい）を惜しまないこと。元は仏教語で、仏道修行のために身命を捧げること。貴乃花が横綱昇進伝達式で「相撲道（すもうどう）に不惜身命を貫く所存」と答えたことから有名になった。

用例 不惜身命の心構え。

不撓不屈（ふとうふくつ）

強い意思をもち、どんな困難にもくじけないこと。

用例 不撓不屈の精神。

粉骨砕身（ふんこつさいしん）

力の限り努力すること。

用例 若い頃は粉骨砕身で働いたものです。

奮励努力（ふんれいどりょく）

気を奮（ふる）い起こして、励むこと。

用例 ご期待に応えられるよう、奮励努力します。

勇往邁進（ゆうおうまいしん）

勇敢に突き進んでいくこと。

用例 全国制覇を目指し、勇往邁進します。

ポジティブな意味の四字熟語

今の心穏やかな様子、ワクワクする様子などを表す。

一病息災（いちびょうそくさい）

一つぐらい病気があるほうが、かえって長生きするという考え。「息災」は元気なこと。「息災でしたか」と尋ねることもある。

用例 一病息災のお陰で長生きできます。

一攫千金（いっかくせんきん）

一度にたやすく大金を手に入れること。

用例 一攫千金を狙って有り金を賭けた。

一心同体（いっしんどうたい）

心も身体も一つになるほど強く結びついていること。

用例 僕らは一心同体だ。

一石二鳥（いっせきにちょう）

石を一つ投げて、二羽の鳥を捕らえること。転じて、一つのことをして二つの利益を得ることを意味する。

用例 駅まで歩けば、バス代を節約できるうえ、運動にもなり一石二鳥だ。

共存共栄（きょうぞんきょうえい）

二つ以上のものが敵対することなく、共に生存して繁栄していくこと。

用例 企業は、地域社会と共存共栄していかねばならない。

興味津々（きょうみしんしん）

興味が次々に湧いてきて尽きない様。「津々」はあとから水が湧き出てくる意味。

用例 美人の新入社員に皆が興味津々だ。

時節到来（じせつとうらい）

ちょうどよい機会、チャンスが訪れること。「好機到来」ともいう。

用例 新規事業に乗り出す時節到来です。

真実一路（しんじついちろ）

偽りのない気持ちで、ひたすらに自分の真実を尽くすこと。「真意一到」ともいう。

用例 真実一路に邁進します。

深慮遠謀（しんりょえんぼう）

深く考えを巡らせ、遠い将来を見通し、抜かりのない計画を立てること。「深謀遠慮」も同じ意味。

用例 深慮遠謀に長けている彼は、時に考えが読めない人だ。

晴耕雨読（せいこううどく）

晴れた日には田畑を耕し、雨の日には家の中で読書をするという意味から、世間の煩わしさから離れて、田舎で心穏やかに暮らすこと。

用例 理想は晴耕雨読の生活です。

青天白日（せいてんはくじつ）

よく晴れた空模様。また、心にいささかもやましいところがないこと。無罪が明らかになる意味でも用いる。「晴天」ではないので注意。

用例 青天白日の身となる。

千載一遇（せんざいいちぐう）

千年に一度、偶然巡り会えるというぐらい稀な好機。二度とはないほどの好機。

用例 この千載一遇のチャンスを逃してなるものか。

福徳円満（ふくとくえんまん）

幸福や財産に恵まれ、満ち足りている様。

用例 福徳円満な人生だった。

明鏡止水（めいきょうしすい）

曇りのない鏡と、静かに湛えている水の意味から、邪念がなく澄み切って落ち着いた心の状態を意味する。

用例 明鏡止水の心持ちです。

和気藹々（わきあいあい）

和やかで楽しい気分が満ちている様。「和気あいあい」と表記されることが多い。

用例 和気藹々とした集まり。

ネガティブな意味の四字熟語

苦しい、悔しい、もどかしいなどの心境を四字熟語で表そう。

愛別離苦（あいべつりく）

愛する人と生別、死別する苦しさや悲しみ。元は仏教語で、人間の八つの苦しみ（生、老、病、死、愛別離苦、怨憎会苦、求不得苦、五陰盛苦）の一つ。

用例 **物語は、人の世の愛別離苦がテーマになっている。**

隔靴掻痒（かっかそうよう）

中国の禅問答集の序文にある言葉から。**「靴を隔てて痒きを掻く」**。つまり、靴の上から足の痒いところをかく（掻く）ことから、思うようにならないもどかしさ、はがゆさをいう。

用例 **計画どおりに進まなくて、隔靴掻痒の感が拭えない。**

危機一髪（ききいっぱつ）

髪の毛一本ほどのわずかな差で危機に陥りそうな、きわどい状態。「危機一発」は誤り。**「間一髪」**ともいう。類義語に**「絶体絶命」**がある。

用例 **危機一髪のところで難を逃れた。**

疑心暗鬼（ぎしんあんき）

疑いの心があると、暗闇にいもしない亡霊が浮かんでくることから、何でもないことまで疑ったり、怖くなったりすることを意味する。

用例 **疑心暗鬼に陥った。**

興味本位（きょうみほんい）

物事の本質とは無関係に、面白いかどうかだけを判断基準にする傾向。

用例 **興味本位に書き立てる。**

言語道断（ごんごどうだん）

言葉で説明する道が断たれるという意味から、言葉で表せないほどひどいこと。もってのほか。「げんごどうだん」は誤り。

用例 言語道断の行いだ。

五里霧中（ごりむちゅう）

五里にわたる深い霧のなかにいることから、方針が立たないこと、物事の判断がつかず、どうしていいか迷うこと。

用例 手がかりがまるでなく、捜査は五里霧中の状態だ。

士気阻喪（しきそそう）

「士気」は兵士のやる気、「阻喪」は気力がなくなること。集団のやる気や、熱意が下がり、勢いがなくなること。

用例 試合に負けて、チームは士気阻喪した。

自業自得（じごうじとく）

自分の行いの報いを自分が受けること。元は仏教用語で、良い行いには良い報いが、悪い行いには悪い報いが返ってくることだったが、今では悪い行いにのみ用いられる。

用例 勉強しなかったから、この成績は自業自得だ。

自己欺瞞（じこぎまん）

自分の本心に反しているのを知りながら、自分の行為を無理やり正当化すること。自分で自分の心を欺く（あざむく）こと。

用例 自己欺瞞を感じながらも、ぬるま湯のような生活から抜け出せないでいる。

切歯扼腕（せっしやくわん）

「切歯」は歯ぎしり、「扼腕」は自分の腕を握りしめること。それほど悔しく、無念に感じることを意味する。

用例 騙されて切歯扼腕の思い。

戦々兢々（せんせんきょうきょう）（戦々恐々）

恐怖で震えている様子。「兢」は、恐れ慎み、用心深くあるという意味。

用例 戦々兢々として過ごす。

不倶戴天（ふぐたいてん）

「（父の讐（あだ）は）倶（とも）に天を戴（いただ）かず」から。父の敵は同じ天の下には生かしておかないという意味。それほどまでに怒りや憎しみが激しいこと。

用例 不倶戴天の敵に遭遇した。

性格を表す四字熟語

褒（ほ）められるべき性格もあれば、嫌われる性格もある。

意志薄弱（いしはくじゃく）

意志が弱く、決断力に欠けること。物事を我慢したり、やり遂げる気持ちが弱い様。

用例 意志薄弱で、なかなか貯金ができない。

一視同仁（いっしどうじん）

すべての人や物に対し、平等に慈しみをもって接すること。身分や出身などにかかわらず、同じように遇すること。

用例 皆を一視同仁に扱う。

懐古趣味（かいこしゅみ）

昔を懐かしみ、古い情緒に浸ること。「回顧趣味」と間違えやすいので注意。

用例 新居のインテリアに懐古趣味を発揮した。

気宇壮大（きうそうだい）

心意気や度量、発想などが人並み外れて大きいこと。「気宇」は、物事に対する気構えのこと。

用例 祖父は気宇壮大な人物といわれていた。

虚心坦懐（きょしんたんかい）

心にわだかまりがなく、ありのままを素直に受け入れること。「虚心」は素直なこと。「坦懐」はわだかまりのないこと。

用例 虚心坦懐に話す。

謹厳実直（きんげんじっちょく）

慎み深く、真面目で正直なこと。「勤勉実直」と間違えやすいので注意する。

用例 祖父は謹厳実直を旨（むね）として励み、一代で財を成した。

厚顔無恥（こうがんむち）

他人の迷惑など顧みずに、自分の都合だけで行動すること。厚かましく恥知らずなこと。「厚顔無知」と誤りやすいので注意。

用例 厚顔無恥な連中だ。

豪放磊落（ごうほうらいらく）

度量が大きく、大胆で、小さなことにこだわらないこと。

用例 父は豪放磊落な人物として知られていた。

自画自賛（じがじさん）

自分の描いた絵に自分で讃辞を書き添えることから、自分で自分のことを褒めることをいう。「賛」は「讃」とも書き、絵に添える詩や文を意味する。

用例 いつも自画自賛する。

志操堅固（しそうけんご）

志や考え、主義などを堅く守り、強く貫く様。

用例 彼は志操堅固で信用できる。

洒々楽々（しゃしゃらくらく）

気性や態度、言動がサッパリしていて、こだわりのない様子。サッパリしているという意味の「洒落（しゃらく）」を重ねて強調した。

用例 彼は洒々落々とした人柄だ。

純真無垢（じゅんしんむく）

清らかで穢（けが）れがなく、心に邪心がないこと。

用例 純真無垢な少女に会った。

天衣無縫（てんいむほう）

天女（てんにょ）の衣には縫い目がまったくないことから、自然で、飾り気のない見事な人、状態をいう。

用例 天衣無縫の文章を書く。

独立独歩（どくりつどっぽ）

他人に頼らず、自分の信じるところに従って行動すること。

用例 独立独歩の精神で行こう。

付和雷同（ふわらいどう）

自分にしっかりとした考えがなく、むやみに多数派の意見に同調すること。

用例 彼女はすぐに付和雷同する人だ。

明朗闊達（めいろうかったつ）

明るく朗らかで、小さなことにこだわらないこと。

用例 長所は明朗闊達な性格です。

素敵な女性を褒める四字熟語

性格を褒める、容姿を褒めるなど、女性への褒め言葉は多い。

佳人薄命（かじんはくめい）

「佳人」は美しい女性のこと。美しく生まれついたために数奇な運命をたどり、不運（薄命）に終わるということ。「美人薄命」ともいう。

用例 佳人薄命というけれど、ダイアナ妃はまさにそれだ。

一顧傾城（いっこけいせい）

「傾城」は、君主が女性の美しさに夢中になって、城を滅ぼして（傾けて）しまうことから、絶世の美女を意味するようになった。「一顧」は、ちらりと振り返ること。つまり、ちらりと見ただけで男たちが夢中になるほどの絶世の美女を意味する。「傾国美女」「傾城傾国」ともいう。

用例 一顧傾城といえば、やはり楊貴妃ですね。

才色兼備（さいしょくけんび）

才能と美しい容姿の両方を兼ね備えていること。

用例 彼女は才色兼備でうらやましい。

純情可憐（じゅんじょうかれん）

素直で穢れがなく、愛おしさを感じさせる様子。

用例 娘にはいつまでも純情可憐であってほしい。

糟糠之妻（そうこうのつま）

「糟糠」は酒粕と米糠のこと。そうした貧しい食事、貧しい生活を共にし、一緒に苦労をしてきた妻のこと。

用例 彼には今まで支えてくれた糟糠之妻がいる。

花顔柳腰（かがんりゅうよう）

花のように美しい顔と、柳のように細くしなやかな腰。そのように容姿の美しい女性のこと。

用例 **花顔柳腰の人が好みです。**

羞月閉花（しゅうげつへいか）

月も花も恥じらって隠れてしまうほどの美女のこと。「**閉月羞花**」「**羞花閉月**」ともいう。

沈魚落雁（ちんぎょらくがん）

『荘子』にある逸話が出典。魚は水中に沈んで隠れ、雁は列を乱して山の端に落ちるほどの美しさということ。つまり、絶世の美女。

用例 **沈魚落雁、閉月羞花というほどの美女はそういるものではないね。**

八方美人（はっぽうびじん）

どこから見ても（八方）、欠点のない美人という意味が転じて、誰にも好かれるようにうまく振る舞う人を意味するようになった。褒めるとは逆に、悪口として使われる。

用例 **彼女は八方美人だから、同性からは好かれない。**

容姿端麗（ようしたんれい）

「端麗」はすらりとして美しい様子。見た目が美しい女性を形容する言葉。

用例 **容姿端麗な女性を紹介してください。**

明眸皓歯（めいぼうこうし）

「眸」は瞳、「皓」は白くきれいなことを意味する。澄んだ瞳と美しい歯並びをもつ美女のこと。唐の詩人・杜甫の詩にある言葉で、楊貴妃の美しさを詠んだものだった。

用例 **明眸皓歯の女性の笑顔が忘れられない。**

夜目遠目（よめとおめ）

「**夜目遠目笠の内**」で、夜の暗がりや遠くから見るとき、笠の下からちらりと顔が見えるとき、女性は最も美しく見えるという意味。

用例 **今日はみんなきれいだ。夜目遠目笠の内だからね。**

良妻賢母（りょうさいけんぼ）

良き妻、**賢い母**であること。男尊女卑の思想の下、明治初期から使われ始めた言葉。男性から見た女性の理想像といえる。

男性と友人を称える四字熟語

男性を褒める四字熟語は女性ほど多くはない。よき友を表す言葉もある。

威風堂々

「威風」は態度や雰囲気に威厳がある様子。つまり、威厳があり、堂々としている様をいう。行進曲の「威風堂々」は有名。

用例 彼の威風堂々たる態度に気圧されてしまった。

才気煥発

「才気」は優れた才能。「煥発」は輝き現れる様子を表す。つまり、優れた才能があふれ出ているように見えること。女性にも使える言葉。

用例 才気煥発な彼ならではの提案だ。

質実剛健

素朴で、中身が充実しており、心身共にたくましいこと。

用例 彼は質実剛健を絵に描いたような人だ。

人品骨柄

人柄や品格、容姿や身なりのこと。「骨柄」は体つきから醸し出す風格や品性を意味する。

用例 彼は人品骨柄が卑しからぬ人物と、知人から太鼓判をいただいています。

清廉潔白

心や行いが清く正しく、後ろ暗いところがまったくなく、クリーンな様子。「清廉」は潔く、私利私欲のないことを意味する。「清浄潔白」「青天白日」も同じ意味。

用例 清廉潔白な彼に限って不正などあり得ません。

知勇兼備（ちゆうけんび）

「智勇」とも書く。知恵と勇気の両方を兼ね備えていること。おもに男性を褒めるときに使う言葉。

用例 彼は知勇兼備だから、安心して任せられる。

勇猛果敢（ゆうもうかかん）

思い切りがよく、勇敢な様子。

用例 彼の勇猛果敢で男らしいところが好きです。

眉目秀麗（びもくしゅうれい）

男性の外見を褒める言葉。「眉目」は眉がキリッとして眼力もあることが転じて、顔かたちを表す。「秀麗」は優れて麗（うるわ）しいこと。つまり、この言葉は特に顔が美しいことを意味する。

用例 あの役者さんは本当に眉目秀麗ね。

文武両道（ぶんぶりょうどう）

学芸と武芸の両方に精進（しょうじん）し、秀（ひい）でていること。『平家物語』に「あっぱれ、文武二道の達者かな」とあるように、武士の時代から文武両道は男性の理想の人物像とされてきた。現在は、学問とスポーツの両方に秀でている人を指す。

用例 息子の通っている学校は文武両道を目指している。

知己朋友（ちきほうゆう）

「知己」は自分のことをよく知ってくれている友人。「朋友」は友達のこと。

用例 彼のような知己朋友を得たことが一番の幸せだ。

刎頸之交（ふんけいのまじわり）

「刎頸」は首を切ること。つまり、首を切られても悔いのないほどに固い友情で結ばれた関係を意味する。

用例 彼とは刎頸之交を誓い合った仲だ。

竹馬之友（ちくばのとも）

子どもの頃、共に竹馬（たけうま）で遊んでいたという中国の故事から「竹馬之友」が幼なじみの意味に転じた。

用例 彼とは竹馬の友だ。

夫婦、恋人関係を表す四字熟語

夫婦の愛、良好な関係、恋人の絆などを表す言葉を集めてみた。

一蓮托生（いちれんたくしょう）

元は仏教語で、死後、極楽の同じ蓮華（れんげ）の上に生まれ変わることを意味した。転じて、最後まで運命や行動を共にすることをいうようになった。

用例 私たちはどこまでも一蓮托生よ。

鴛鴦之契（えんおうのちぎり）

「鴛鴦」はオシドリのことで、「鴛」は雄、「鴦」は雌。オシドリの雄と雌は仲がよいことから、仲のよい夫婦の関係を結ぶことを意味する。夫婦以外の仲には用いない。

用例 あの夫婦の仲のよさは、まさに鴛鴦之契ですね。

偕老同穴（かいろうどうけつ）

中国の詩集『詩経（しきょう）』からの言葉。「子と偕（とも）に老いん」と「死しては即ち穴を同じくせん」という二つの誓いの言葉を合わせたもの。つまり、夫婦共に長生きをして、死後は同じ墓に入り、添い遂げるという契りの固さを表したもの。

用例 私たちも偕老同穴の言葉のように、末永く添え遂げたいと思っています。

華燭之典（かしょくのてん）

「華燭」は華やかな灯（ともしび）。これは婚礼の儀式に灯される火のこと。結婚式を祝って「華燭之典」という。自らは「華燭之典」とはいわない。

用例 華燭之典を挙げられるとのこと。本当におめでとうございます。

琴瑟相和

「瑟」は大型の琴のこと。琴と瑟を一緒に奏でるとよく調和することから、夫婦やきょうだい、友人などの仲がよいことを意味する。

用例 **琴瑟相和とは言い難い夫婦だったと反省しています。**

月下氷人

縁結びの神「月下老人」に、縁結びの伝説に現れる「氷人」を合わせた言葉。仲人、媒酌人を意味する。「月下美人（サボテン科の植物）」ではない。

用例 **彼女は私たち夫婦の月下氷人でした。**

相思相愛

互いに思い合い、愛し合っていること。

用例 **あの二人は相思相愛の仲。ゴールインは時間の問題だ。**

亭主関白

「関白」は天皇を補佐する官職で、実質、公家の最高位。夫が関白のように威張っていること。逆の場合は「かかあ天下」。

用例 **夫はうちでは亭主関白ですが、外ではそんな素振りを見せません。**

内助之功

戦国時代、山内一豊の妻・千代が一豊のために持参金で高価な馬を買い、それが織田信長の目に留まって夫の出世を助けたことからいわれるようになった言葉。妻は家のなかで夫を支えるという古い考え方。

用例 **内助之功を私に期待しないでくださいね。**

比翼連理

唐の詩人・白居易の詩「長恨歌」の一節から生まれた言葉。「比翼」は雄が左眼左翼で、雌が右眼右翼の想像上の鳥。常に助け合って飛ばなければならない。「連理」は「連理の枝」。根元は別々の2本の木だが、幹や枝が途中からくっついたもの。これらを男女の仲に結びつけて、相思相愛の仲をいうようになった。

用例 **父と母は比翼連理のように、いつも一緒でした。**

夫唱婦随

夫が唱えることに妻が従う。非常に仲のよい夫婦のこと。時代を感じさせる古い言葉。

これは知っておきたい四字熟語

これらの四字熟語が自然に使えるようになればしめたもの。

合縁奇縁（あいえんきえん）

人と人との気が合うのも、合わないのも、因縁（いんねん）という不思議な力によるものだということ。

用例 男女の仲は合縁奇縁ですね。

曖昧模糊（あいまいもこ）

はっきりせず、不明瞭な様。ぼんやりしている様。「曖昧」も「模糊」も、ぼんやりしていること。

用例 彼の言い分は曖昧模糊としている。

唯々諾々（いいだくだく）

自分で考えることをせず、他人の主張や要求の言いなりになること。

用例 唯々諾々と指示に従った。

一騎当千（いっきとうせん）

一人の騎兵が千人を相手にできるほど強いことから、群を抜いた勇者、人並み外れた能力や経験の意。

用例 一騎当千のメンバーが加わってくれて心強いです。

異口同音（いくどうおん）

みんなの意見が一致すること。同じことを言うこと。

用例 みんな異口同音に賛成した。

以心伝心（いしんでんしん）

心と心で通じ合うこと。

用例 私たちは以心伝心の間柄だ。

一期一会（いちごいちえ）

生涯に一度きりという意味。

用例 一期一会の出会い。

一目瞭然（いちもくりょうぜん）

一目見ただけで、すぐにわかること。わかりきっていること。

用例 二人が親子であることは一目瞭然だ。

一攫千金（いっかくせんきん）

あまり苦労もせず、一度に巨額の利益を得ること。

用例 一攫千金を夢見て宝くじを買い続けている。

意味深長（いみしんちょう）

表面に表れた意味のほかに別の意味があること。

用例 意味深長な笑い。

因果応報（いんがおうほう）

良い行いをしたら良い報いがあり、悪い行いをしたら悪い報いがあるということ。

用例 彼の不幸は因果応報というものだ。

一日千秋（いちじつせんしゅう）

「千秋」は千年の意。一日が千年にも長く思われる意から、非常に待ち遠しいこと。

用例 一日千秋の思いで待つ。

有為転変（ういてんぺん）

この世のすべての事象は常に移り変わるものであり、少しの間も留（とど）まっていないこと。

用例 有為転変の世の中。

栄枯盛衰（えいこせいすい）

栄えることもあれば衰えることもあること。

用例 栄枯盛衰は世の常だ。

快刀乱麻（かいとうらんま）

絡まった麻糸を刀で断ち切るように、こじれた物事を鮮やかに処理し解決すること。

用例 彼の名推理は、快刀乱麻を断つがごとくであった。

画竜点睛（がりょうてんせい）

中国の画家が描いた壁画の4匹の竜には目がなかったため、人々が目を入れるよう頼んだ。2匹目の竜に目を入れると、竜は壁を破って飛び去った。この伝説から生まれた故事成語。事を完成させるための最後の大事な仕上げのことをいう。

用例 画竜点睛を欠く（肝心なところが欠けているため、完全とはいえない）。

侃々諤々（かんかんがくがく）

正しいと思うことを遠慮なく述べ立てる様。議論が白熱している様子。

用例 **侃々諤々と意見を戦わせ、有意義な時間を過ごした。**

玉石混交（ぎょくせきこんこう）

良いものと悪いもの、優れたものと劣ったものが入り混じっている状態。

用例 **寄せ集めの劇団は、役者も玉石混交だった。**

空前絶後（くうぜんぜつご）

これまでにも（空前）、今後も（絶後）あり得ないほど珍しいこと。「**前代未聞**（ぜんだいみもん）」は類義語。

用例 **空前絶後の大ブームが起こった。**

驚天動地（きょうてんどうち）

天を驚かし、地を動かすほどに世間を驚かせること。

用例 **驚天動地の大事件。**

欣喜雀躍（きんきじゃくやく）

大喜びすること。「欣」「喜」は喜ぶこと。「雀躍」は雀（すずめ）がピョンピョン跳ねること。

用例 **宝くじが当たって欣喜雀躍した。**

軽挙妄動（けいきょもうどう）

軽はずみに行動すること。

用例 **彼の軽挙妄動のせいで、大変な事態に陥った。**

軽佻浮薄（けいちょうふはく）

軽はずみで浮ついている様子。

用例 **軽佻浮薄な振る舞い。**

喧々囂々（けんけんごうごう）

大勢の人がそれぞれ勝手にしゃべり立てて、騒がしい様。

用例 **会議は喧々囂々として紛糾した。**

権謀術数（けんぼうじゅっすう）

人を騙すための謀（はかりごと）。計略。「**権謀術策**（けんぼうじゅっさく）」ともいう。

用例 **権謀術数に長（た）けた人だ。**

呉越同舟（ごえつどうしゅう）

敵同士の中国の呉（ご）と越（えつ）が一つの舟に乗って仲良くしているのを風刺した言葉。仲の悪い者同士が一緒に行動すること。

用例 **A君とB君が酒を飲んでいるとは、呉越同舟だな。**

三位一体（さんみいったい）

三つの異なる要素が一つになって、力を発揮すること。キリスト教においては、「父」と「子（イエス・キリスト）」と「聖霊」が一体であるという教義。

用例 家庭と学校、地域が三位一体となって、子どもの教育に当たるべきだ。

獅子奮迅（ししふんじん）

獅子が奮い立って暴れるように、ものすごい勢いで物事に当たる様子。

用例 獅子奮迅の働きをした。

四面楚歌（しめんそか）

敵に囲まれて孤立し、助けがないこと。楚の項羽が、漢の劉邦と戦って、四方を漢軍に囲まれた際、四方から楚の国の歌が聞こえ、楚の兵がすでに漢に降伏したと思い絶望したという故事による。

用例 まさに四面楚歌の状況だ。

終始一貫（しゅうしいっかん）

始めから終わりまでずっと変わらないこと。

用例 彼は終始一貫して無実を主張した。

春風駘蕩（しゅんぷうたいとう）

物事に動じず、のんびりしている様子。「駘蕩」は、のびのびした様子を表す。

用例 春風駘蕩とした人柄。

枝葉末節（しようまっせつ）

取るに足りない事柄。

用例 今は枝葉末節にこだわるべきときではない。

諸行無常（しょぎょうむじょう）

この現実世界のあらゆる事物は、絶えず変化し続け、決して永遠のものではないこと。『平家物語』の冒頭の一節としても有名な言葉。

用例 諸行無常の思い。

人権蹂躙（じんけんじゅうりん）

人権を踏みにじること。

用例 閣議決定は人権蹂躙だ。

信賞必罰（しんしょうひつばつ）

功績のある者には必ず賞を与え、罰すべき者は必ず罰すること。賞罰を厳格にすること。

用例 信賞必罰の方針。

針小棒大（しんしょうぼうだい）

針のように小さいことを棒のように大きく言うこと。つまり、小さい事柄を誇張して言うことを意味する。

用例 針小棒大に言いふらす。

森羅万象（しんらばんしょう）

この世のすべての物事や現象。

用例 森羅万象すべてが教訓。

大言壮語（たいげんそうご）

できそうもないことや、実力以上に大きなことを言うこと。またはその言葉。

用例 大言壮語ばかり言う。

泰然自若（たいぜんじじゃく）

落ち着いていて、何があっても驚かない様子。

用例 彼はいつも泰然自若としている。

大同小異（だいどうしょうい）

大体は同じだが、細かい点で違いがあること。類義語は「五十歩百歩」。

用例 どれも大同小異で選ぶのが難しい。

魑魅魍魎（ちみもうりょう）

人に害を与える化け物、妖怪。「魑」は鬼、化け物、山の精、「魅」は化け物、魂を奪うもの、「魍」は山水から生じる化け物、「魎」は山川、木石から生じる化け物を意味する。つまり、いろいろな化け物のこと。

用例 あの世界には魑魅魍魎が跋扈している。

丁々発止（ちょうちょうはっし）

「丁々」は刀などを互いに打ち合わせる音。「発止」は硬いもの同士が当たる音。転じて、互いに激しく議論を戦わせることを意味する。

用例 会議で二人が丁々発止にやり合った。

朝令暮改（ちょうれいぼかい）

朝に出した命令を夕方にはもう改めること。方針などが絶えず変更になり、定まらないこと。

用例 会社の方針が朝令暮改だ。

跳梁跋扈（ちょうりょうばっこ）

我がもの顔にはびこること。「跳梁」は跳ね回ること。「跋扈」は悪人がのさばること。

用例 悪徳政治家が跳梁跋扈する。

同工異曲（どうこういきょく）

技量は同じだが、趣が異なること。見た目は異なるが、内容は似ていること。

用例 この二つの作品は、つまるところ同工異曲である。

独断専行（どくだんせんこう）

物事を自分だけの判断で、勝手に押し進めること。「先行」ではないので注意。

用例 独断専行に走る。

馬耳東風（ばじとうふう）

人は春風（東風（こち））が吹けば喜ぶが、馬は耳をなでる春風に何も感じないという意味から、他人の忠告や意見を聞き入れず、知らん顔をすることを意味する。

用例 馬耳東風と聞き流す。

美辞麗句（びじれいく）

美しく飾った言葉。内容に乏しく、真実味がない言葉。

用例 美辞麗句を並べ立てる。

百花繚乱（ひゃっかりょうらん）

さまざまな花が色とりどりに咲き乱れること。転じて、優秀な人物が多数現れたり、立派な業績がたくさん出ること。

用例 今回の作品展はどれも素晴らしく、百花繚乱の様相だった。

面目躍如（めんもくやくじょ）

世間から受けている評価に値する活躍をして、勢いに乗っている様子。「躍如」は生き生きとして勢いのよい様子。「面目」は「めんぼく」とも読む。

用例 面目躍如たる勝利だ。

満身創痍（まんしんそうい）

全身が傷だらけ。徹底的に痛めつけられている様子。

用例 満身創痍の選手。

羊頭狗肉（ようとうくにく）

羊の頭を掲げながら、実際には犬の肉を売ること。転じて、見かけは立派だが実際には中身が伴っていないこと。

用例 羊頭狗肉もいいところ。

離合集散（りごうしゅうさん）

離れたり集まったりすること。

用例 離合集散を繰り返す。

流言飛語（りゅうげんひご）

デマのこと。

用例 流言飛語が飛び交う。

TEST-5

正しい四字熟語はどっち？

四字熟語のなかには、間違えやすい漢字も多いが、意味を考えると正しい答えがわかります。正しいほうを選んでください。

Q1: 2名のうち、どちらかを決める。
A　決**戦**投票　　B　決**選**投票

Q2: 国家の規律や政治家の態度などを改める。
A　綱紀粛**正**　　B　綱紀粛**清**

Q3: 屋根がないところで育てる。
A　**露**地栽培　　B　**路**地栽培

Q4: 周囲を取り囲むようにしてみる。
A　衆人**環**視　　B　衆人**監**視

Q5: すでに起こってしまっていること。
A　**規制**事実　　B　**既成**事実

Q6: 集団の心理。
A　群**衆**心理　　B　群**集**心理

Q7: 形質の現れにくい遺伝子。
A　劣**勢**遺伝　　B　劣**性**遺伝

Q8: うれしくて踊り狂う。
A　狂**喜**乱舞　　B　狂**気**乱舞

Q9: 額面金額の単位。
A　**少**額紙幣　　B　**小**額紙幣

答え

Q1：B　Q2：A　Q3：A　Q4：A　Q5：B　Q6：B　Q7：B　Q8：A
Q9：B

第9章 カタカナ語を攻略しよう

カタカナ語には、外国語を元にした言葉、一見英語らしく見えて、実は和製英語のカタカナ語など、日本独自の略語などがあります。

間違えて覚えているカタカナ語

ギブス→ギプス

オランダ語のGipsから。年輩の方なら記憶にある『巨人の星』では「大リーグボール養成ギブス」だった。ちなみに英語ではcastまたはplaster。

キューピット→キューピッド

英語はCupid。ローマ神話の愛の神「クピードー」から。ちなみに「キューピー」はキューピッドをモチーフとしてデザインされたキャラクター。

グランド→グラウンド

運動場、競技場のこと。「ground」からきている。「背景」は「バックグラウンド」。「大規模な計画」は「グランド（grand）デザイン」。

アボガド→アボカド

Avocado。年輩の方にとっては「アボガド」のほうが言いやすく、広まっていたと思われるが、最近は「アボカド」が浸透している。

アミニズム→アニミズム

Animismは、生物、無機物を問わず、すべてのなかに霊魂あるいは霊が宿っているという考え方。日本語では「精霊信仰」などと訳される。

エキジビジョン→エキシビション

Exhibitionの発音は「eksəbíʃən」。カタカナで発音すると「エキシビション」に。フィギュアスケートや体操競技では「ガーラ（Gala）」ともいう。

ジャグジー→ジャクージ

気泡が吹き出る風呂。英語は「jacuzzi」で、「ジャクージ」と発音する。しかしあまりに「ジャグジー」が一般的になり、和製英語として定着した。

シュミレーション→シミュレーション

Simulation。「模擬実験」「模擬訓練」などと訳される。単純に発音しやすい「シュミレーション」になりやすいということ。

スマートホン→スマートフォン

Smartphone。先進的な携帯機器用ＯＳを備えた携帯電話の一種。「スマートフォン」が正しいが、略すと「スマホ」になる。

ダンボール→段ボール

原紙にボール紙を用いていたことと、断面の波形が階段状に見えたことから「段ボール」という名称になった。日常的には「段ボール箱」を指す。

人間ドッグ→人間ドック

「ドック」は船を修理・点検するための設備であるdock（ドック）に由来。「人間ドック」のしくみが始まったのは昭和29年から。

ハイブリット→ハイブリッド

「hybrid」はラテン語の「hybrida（ブタとイノシシから生まれた子孫）」が語源。転じて、異種のものを組み合わせたもの、雑種を意味するように。

ファーストフード→ファストフード

fast food。すぐに食べられる食事。日本にマクドナルドが初登場したときは「ファーストフード」といわれた。現在、放送業界では「ファスト」に。

リラクゼーション→リラクセーション

表記は混在しているが、「relaxation」の発音は「セ」のほうが正しい。その概念が日本に入ってきたとき「ゼ」と表記されたため定着してしまった。

アフターサービス

← service under warranty

「保証期間中のサービス」のこと。商品を引き渡したあとで発生するサービスは「after-sale service」で、この言葉からほかのサービスにも「アフター」がついた。

エンゲージリング

← engagement ring

婚約指輪のこと。「engagement」は「婚約」「婚約期間」を意味する。「メント」が略されて定着した。ちなみに結婚指輪は「marriage ring」。

ガソリンスタンド

← gas station(米)、petrol station(英)など

「gas」は「gasoline」の省略形。かつてアメリカでも「gas stand」と呼んでいたことがあったそうだ。つまり、100%和製英語ということではない。

カンニング

← cheating

語源は英語の「cunning」で、「ずる賢い」という意味。戦前から「カンニング」は使われ始めたようだ。「cheating」は「不正行為」のこと。

キスマーク

← hickey mark(米)、love bite(英)など

英語の「kiss mark」は、口紅を塗った唇でその跡を残すこと。首筋などに残す内出血を意味するキスマークは、上記の英語が正解。

クーラー

← air conditioner

冷やすという意味で「クーラー(cooler)」になったと思われるが、英語の「cooler」はクーラーボックスのこと。現在はエアコンと呼ばれるのが一般的。

スキンシップ
← togetherness など

「togetherness」は一体感を含むスキンシップ、恋人同士の肌の触れ合いは「physical intimacy」。韓国では「スキンシップ」が日本と同じ意味で使われる。

グレードアップ
← upgrade

等級や品質(グレード)を上げること。「upgrade」には、格上げする、品質をよくするなどの意味がある。「バージョンアップ」も英語では「upgrade」。

スマート
← slim、slender

「smart」は「活発な」「賢い」などの意で、「細身」の意味はない。「痩せている」という意味で「looks smart」というと、「賢い」の意味になる。

ゴールデンタイム
← primetime

放送業界で視聴率が高くなりやすい時間帯のこと。元は「ゴールデンアワー」(これも和製英語)で、それが転じた。いずれも由来は確かではない。

ストーブ
← heater

英語で「stove」は、料理用のレンジを指すことが多い。かつては「暖められた部屋」を意味した言葉だったため、日本では「ストーブ」が定着したようだ。

コインランドリー
← laundromat(米)、laundrette(英)

「laundromat」は、「laundry(洗濯屋)」と「automatic(自動式)」を組み合わせた言葉。「コインローンドリー」と発音すればかろうじて伝わるかも。

スリーサイズ
← measurements

女性のバスト、ウエスト、ヒップのサイズのことで、「三つのサイズ」から生まれた言葉。「measurements」は「測定する」の名詞形で、それに当たる。

コンセント
← (electrical) outlet(米)、(wall) socket(英)

「concentric plug」の略と思われる。「コンセント(consent)」は「同意」の意味になるので注意。

ソーラーシステム
← solar heating (system)

日本では「heating(加熱、暖房)」を略した言葉になった。「the solar system」は、「太陽系の惑星」を意味することになる。

サイン
← autograph

芸能人などに「サインください」というときの「サイン」は動詞の「sign(署名する)」からだが、英語では通じない。有名人のサインは「autograph」。

ベッドタウン

← commuter town

大都市の近郊に位置する衛星都市のことだ。大都市に働く人々が寝るために帰ってくるところという意味からつけられたネーミング。

バージンロード

← aisle

直訳すれば「処女の道」だが、和製英語。「aisle」は教会や劇場などの通路の意味で、「バージンロード」のような特別な意味はない。

ベビーカー

← baby carriage、stroller

「baby car」は幼児が乗って遊ぶ車のオモチャのこと。「バギー(buggy)」はオフロード走行できる自動車、あるいはイギリスのマクラーレン社の商品名。

フリーター

← part-time worker

あるCMディレクターがアルバイト時代に「フリーのアルバイターです」と自己紹介していたことが由来とされる。それがいつの間にか短縮された。

ヘルスメーター

← bathroom scale

計測器のメーカー・タニタが「ヘルスメーター」と名づけて販売したのが最初。昔の「ヘルス(＝健康)」は体重が増加することを指していたという。

フリーダイヤル

← toll free numberなど

「フリーダイヤル」はNTTコミュニケーションズの登録商標。一般名称は「着信課金電話番号」「着信課金電話サービス」となっている。

モーニングコール

← wake-up-call

ホテルなどで目覚まし代わりに電話をかけてもらうサービス。「目を覚ませ！」というニュアンスの言葉。ちなみに「警鐘(けいしょう)」という意味もある。

フリートーキング

← free conversation

自由な討論や対話のこと。「フリートーク」も和製英語。ただし、まったくない表現ではない。雑談程度なら「chat」が適切。

ヤンキー

← bad boys、bad girls、bad youth

日本では「ヤンキー」は「不良」の意味で使われることが多い。英語の「yankee」は「アメリカ人(特に白人)」を意味し、失礼な呼び方なので注意する。

フローリング

← wooden floor

木質系の床のこと。英語の「flooring」は「床材」を意味する。床材には石材もあれば人造大理石、畳もある。正式には「木製の床」と表現する。

衣服

オーダーメイド
← made-to-order

仕立物、注文服のこと。和製英語でも欧米人に通じる。「custom-made」ともいう。「オーダーメイドの服」は、「made-to-order clothes」などという。

ジーパン
← jeans

終戦後、米軍兵士（Government issues＝GI）が履いていたパンツだから「GIパンツ」と呼ばれ、「Gパン」になったといわれる。

ノースリーブ
← sleeveless

袖がない服のこと。「スリーブ（sleeve）」は「袖」。「ノー○○」という和製英語は多い。「ノーカウント」「ノーメイク」なども和製英語。

フリーサイズ
← one-size-fits-all

中国や韓国では通じるが、欧米人には通じない。ただし、英語圏からアジア圏に向けての輸出品には「free size」と銘打たれているものもある。

ワイシャツ
← (dress) shirt

英語の「white shirt（ホワイトシャツ）」が訛って「ワイシャツ」になった。実際には色物や柄物もある。「business shirt」ともいう。

食品

アイスキャンディー
← Popsicle（米）、ice lolly（英）

アイスキャンディーは、昭和初期につくられた和製英語で、成分上は「water ice」。アメリカでは登録商標の「ポプシクル」が一般名称となった。

アイスコーヒー
← iced coffee

「iced」は「氷で冷やされた」という意味。アイスティーも「iced tea」となる。ちなみにブラックコーヒーは「black coffee」とそのままだ。

サイダー
← soda、pop、soda pop

英語の「cider」はリンゴ酒を意味する。日本では「サイダー」が清涼飲料水として浸透しているため、「リンゴ酒」はフランス語の「cidre（シードル）」に。

フライドポテト
← French fries（米）、chips（英）

「fried potato」は英語としては正しい表現だが、英語では文字どおり「油で揚げたジャガイモ」になる。日本では「ポテトフライ」と呼ぶこともある。

ペットボトル
← plastic bottle

「ペットボトル」の「ペット」は「ポリエチレンテレフタラート（略してPET）」のこと。英語圏でもPETと略されるが「ピーイーティー」と読む。

ブラインドタッチ

← touch-typing

キーボード操作をするとき、キーボードを見ることなく、キーを叩ける技術。現在は日本語でも「タッチ・タイピング」といわれるようになった。

アルバイト

← part-time [job]

「アルバイト」はドイツ語の「Arbeit」が語源といわれる。明治時代に旧制高等学校の学生の間で使われていた隠語が広まった。「バイト」はその略。

ペーパーカンパニー

← shell company

登記はされているが、活動実態のない会社。幽霊会社ともいう。英語で「paper company」は「製紙会社」を指す。「shell」には「見せかけ」の意がある。

オフィスレディー(ＯＬ)

← office worker、company employee

欧米では「仕事は何をしていますか」と聞かれると、会社の種類や職業を答えるため、「office worker」も変な感じだ。また「女性の会社員」と言う必要もない。

メーカー

← manufacturer

製品を作り出す企業のこと。「maker」は「創造主」「神」などを意味する。「メーカーに勤める」という言葉は、欧米人にはなかなか理解できない言葉。

サラリーマン

← white-collar workerなど

正規雇用の会社員のこと。「サラリーマン」に合う英語は欧米ではほとんど使われない。最も近いのが「businessman」「businesswoman」か。

リストアップ

← list

「候補者をリストアップして」などと使うが、英語では「list」だけ。「表を作る」などの意味もある。「アップ」がつかないと語呂が悪い感じがする。

ノートパソコン

← laptop、notebook computerなど

「パソコン」は「パーソナルコンピューター」の略。「ＰＣ」なら通じる。「ノート(note)」は「メモ」的な意味だから「notebook」が正しい。

レベルアップ

← get better、improve

上達する、上達させるなどの意味で使う。「上に上げる」という意味を含んでいるとき、「アップ」を和製英語につけることが多い。

パネラー

← panelist

パネリスト、パネルディスカッションの問題提起者のこと。「パネル(panel)」とは、展示するために写真などを貼る板のこと。

ガムテープ	サインペン
← **packing tape** 英語でも「gummed tape」という言葉はあるが、「gum tape」では通じにくい。ちなみに段ボールは「cardboard box」という。	← **felt (-tipped) pen** 水性インクを用いたフェルトペンのこと。ぺんてるの登録商標が一般化した。『広辞苑』にも載っている。アメリカでは「marker pen」などともいわれる。
ホッチキス ← **stapler** 日本に初めて輸入されたホッチキスが「ホッチキス社」のものだったことから呼ばれるようになった。正しくは「ステイプラー」という。	**シャーペン** ← **mechanical pencil** 「シャープペンシル」の略。アメリカでは日本以前に「エバーシャープペンシル」という呼称があった。現在、英語で「sharp pencil」は、「尖った鉛筆」に。
マジックインキ ← **felt-tip marker** 一般に「マジック」と呼ばれる。元は商標名だったが、フェルトペンの総称となった。「マジック（魔法）」は商標名に使いやすい言葉だ。	**セロテープ** ← **Scotch tape** 「セロテープ」はセロハンテープの商品名。アメリカでは商標名の「Scotch tape」、イギリスも商標名の「sellotape」と呼ばれている。

企業トップの役職名の意味は？

CEO
Chief Executive Officer

最高経営責任者

業務執行役員のトップ。経営方針や戦略決定を行う。日本では代表取締役に当たる。あるいは社長(President)。

COO
Chief Operating Officer

最高執行責任者

ＣＥＯに次ぐナンバー２の存在。ＣＥＯがＣＯＯを兼任することもある。企業の日常業務を執行する責任者。

CFO
Chief Financial Officer

最高財務責任者

ＣＥＯに次ぐ重要なポジション。財務戦略と経営戦略に精通していることが求められる。欧米ではその地位が確立している。

ダンプカー
← dump truck、dumper（英）

「dump」は「（荷物などを）ざっと下ろす」という意味がある。ちなみに「dump」には「ポイッと捨てる」意味もあり、「彼を振る」などにも使える言葉。

バックミラー
← rearview mirror

欧米人には「バックミラー」では通じない。英語は、「rear（後部の）」＋「view（視界）」の鏡を意味する。フェンダーミラーは「wing mirror」という。

ハンドル
← steering wheel

英語の「handle」は「取っ手」「手でつかむ部分」の意。「steering」は車の進行方向を変えるための装置。「wheel」はハンドルの部分。

フロントガラス
← windshield（米）、windscreen（英）

車の前面（front）にあるガラスだから「フロントガラス」。英語では、風から防ぐという意味から「wind」を使う。ワイパーは「windshield wiper」。

ペーパードライバー
← driver on paper only

自動車運転免許証を保持していても、普段運転する機会のない人のこと。休日だけ運転する人を「サンデードライバー」という。これも和製英語。

アクセル
← gas pedal、gas

「アクセル（accel）」は「accelerator（加速装置）」からきた言葉。英語の「gas」は「ガソリン」の意味もある。「アクセルを踏む」は「step on the gas」。

ウィンカー
← turn signal（米）、indicator（英）

方向指示器のこと。英語で「winker」は「ウインク（まばたき）する人」になる。方向指示器が点滅している様子をまばたきにたとえた。

オープンカー
← convertible（米）、roadster（英）

英語で「open car」というとドアが開いている車を連想する。「convertible」は屋根を閉じた状態が基本。「roadster」は屋根がない状態が基本。

クラクション
← horn

「クラクション」はフランスの自動車部品メーカー「クラクソン（klaxon）」からきた言葉。「horn」には「角笛（つのぶえ）」「警笛」などの意味がある。

サイドブレーキ
← hand brake、parking brake

横にあるブレーキから「サイドブレーキ」と呼ばれたが、今では足下にあるタイプも多い。「hand brake」は手で操作するからだが、足で操作する車もある。

ジェットコースター
← roller coaster

加速する様子からジェット機を連想し、坂を滑り降りる「coaster（そり）」をつけた和製英語。英語の「roller」は「足車」「キャスター」の意。

ゴールイン
← break the tape

テープを切ってゴールに入った場合の英語で、「reach the finish line」ともいう。ゴールラインは「finish line」が正しい。

テレビゲーム
← video game

媒体がテレビでもＤＳでもスマートフォンでも「video game」となる。また、ファミリーコンピューターを発売した任天堂にちなんで「Nintendo」ともいう。

シーズンオフ
← off-season

野球は春から夏がシーズンで、それ以外はオフシーズン。オフシーズンの冬を「ストーブ・リーグ」（ストーブの必要な冬）というが、これも和製英語。

ドライブイン
← roadside restaurant

「drive-in」は「自動車で乗り込む」という意味で、車に乗ったまま利用できるレストランや映画などの施設を指す。「サービスエリア」も和製英語。

チアガール
← cheerleader

日本では一般的に「チアガール」というが、男女の区別なく使える「チアリーダー」が正しい。その活動を「チアリーディング」という。

トランプ
← playing cards、cards

英語の「trump」は「（勝利や成功をもたらしてくれる）切り札」を意味する。遊び道具としてのトランプは、「cards」が正しい。

ファインプレー
← good play

ただし、英語ではほぼ死語。その素晴らしいプレーに対していろいろな形容詞をつけて賞賛する。「unbelievable（信じられない）」もよく使う。

ライブ
← concert、(live) show

「live」は「生の」という意味。名詞ではないので、これだけでは英語は通じない。「生放送」は「live broadcast」という。

ランニングホームラン
← inside-the-park home run

アメリカでは球場を「park」という。つまり、球場の守備範囲内（inside）で、ランナーがホームへ生還すること。和製英語のほうが雰囲気が出ている。

アフレコ
（アフターレコーディング）

あとから声だけを収録し直すこと。アフレコは和製英語。世界共通で使われているのは「Automated Dialogue Replacement」の略である「ADR」。

インカレ
（インターカレッジ）

「intercollegiate game」から、大学間の対抗試合を意味する。あるいは、複数の大学の学生で構成されるサークルのこと。

インフレ
（インフレーション）

「inflation」。物価が、ある期間に持続的に上昇する経済現象。「通貨膨張」と訳される。対義語は「デフレ（デフレーション）」。

エアコン
（エア・コンディショナー）

「air conditioner」。室内の空気の温度や湿度などを調整する空調設備。「クーラー」といえばエアコンのこと。ただしエアコンは暖房機能もある。

エアロビ
（エアロビクス）

「aerobic exercise」を「エアロビクス」と呼び、「エアロビ」と略す。音楽に合わせてダンス的な要素を取り入れ、全身の筋肉を使った有酸素運動。

エコ
（エコロジー）

「ecology」は、本来は「生態学」だが、人間と自然環境や社会状況などの相互関係を考える科学として、「エコ」という言葉がさまざまな言葉の接頭辞に使われている。

キャバクラ
（キャバレー＋クラブ）

ホステスが客をもてなす、フランス語由来の「キャバレー（cabaret）」と英語由来の「クラブ（club）」を合成した言葉。女性従業員は「キャバ嬢」という。

エンスト
（エンジンストール）

「engine stall」。「stall」は「失速」「停止」を意味する。「エンジンストップ」の略ではない。「ストップ」は「止める」という意味が強い。

ゲーセン
（ゲームセンター）

「ゲームセンター」は和製英語。正しくは「amusement arcade」「video arcade」などが使用される。若者たちは「ゲーセン」と呼ぶ。

オフレコ
（オフ・ザ・レコード）

「record（記録）」を「off」にすること。つまり、公表しないこと。「オフレコ情報」は非公開情報を意味する。「今の話はオフレコね」などと使う。

コスパ
（コスト・パフォーマンス）

支出した費用と、それによって得られたものとの割合。費用対効果。「コスパがいい」「コスパが高い」「コスパ最高」などと使う。

カーナビ
（カー・ナビゲーション）

正式には「car navigation system」。「navigation」には、乗り物の運行指示という意味がある。この言葉自体「ナビ」と略して使うことが多い。

プラスONE

「コン」がつく言葉は省略されやすい？

コンピュータ社会であるだけに、コンピュータ関連の言葉はどんどん略される。オフコン、スパコン、ファミコン、ポケコン、マイコン、ミニコンなどだ。

また、エアコン、ドラコン、バリコン、マザコン、ラジコン、ロリコン、ミスコン、合コン、オリコン、スポ根、できちゃった婚などもある。

「コン」の響きがよいためか、日本語に馴染みやすいのかもしれない。今後ますます「コン」のつく略語は増えるだろう。

デパ地下
(デパートの地下食料品売り場)

「デパート」は「department store」を短縮した和製英語。その地下の食料品売り場に集客するため戦略を練った結果、「デパ地下」として人気を集めた。

コスプレ
(コスチューム・プレイ)

「costume play」は時代劇や歴史劇を意味する言葉だが、1990年頃から、マンガやアニメなどの登場人物に仮装することを「コスプレ」というようになった。

ママチャリ
(ママ+ちゃりんこ)

「ちゃりんこ」とは、自転車の俗称。縮めて「ちゃり」ともいう。生活用として、荷物用のかごや幼児を乗せる椅子などを取り付けられる仕様になっている。

コピペ
(コピー・アンド・ペースト)

「copy and paste」は文章やデータなどをコピー(複写)し、それを別の場所にペースト(転写)する操作のこと。「それをコピペしておいて」などと使う。

ミーハー
(みいちゃんはあちゃん)

昔の女の子の名前の頭文字に「み」や「は」が多かったことから、若い女の子の言動を軽蔑して言うときに「みいちゃんはあちゃん」といった。その略が「ミーハー」。

コンサバ
(コンサバティブ)

「conservative(保守)」の略で、ファッション用語。保守的なファッション傾向を表す。しきたりに囚われないファッションは「アバンギャルド」など。

リストラ
(リストラクチャリング)

「restructuring」は「再構築」を意味する言葉だが、実際は不採算事業を縮小したり、従業員を解雇したりすることが多かった。

セクハラ
(セクシャル・ハラスメント)

「harassment」は、いろいろな場面での嫌がらせ、いじめのこと。その種類によってモラハラ、パワハラ、ドクハラ、アカハラ、アルハラなどと略される。

合コン
(合同コンパ)

「コンパ」は「コンパニー(company)」の略で、学生などの親睦会のこと。合コンは、男女それぞれのグループが合同で行うコンパ。

ゼネコン
(ゼネラル・コントラクター)

「contractor」は「請負者」の意。総合建設会社を意味する。「スーパーゼネコン」は売上高が1兆円を超えるような大手ゼネコンのこと。

死語になったカタカナ語、いくつわかる？

アッシー	バブル期に流行った。「アッシー君」は車で送り迎えをしてくれる男性、「メッシー君」はご飯を奢（おご）ってくれる男性。
アベック	「〜と一緒に」を意味するフランス語「avec」から。「男女の二人連れ」のこと。「アベックが電車の中でキスしてた」などと使った。
ウーマン・リブ	アメリカで起こり、世界的に広がった女性解放運動のこと。日本でも1970年代に広まった。「Women's Liberation」の略。
オールドミス	婚期を過ぎても結婚しない女性を揶揄（やゆ）した言葉。今、こういう呼び方をしたら時代錯誤もいいところだ。
オバタリアン	横暴で強引で無神経に周囲に迷惑をかける中年おばさんのこと。「battalion」は「大群」を意味する。これと「おばさん」を組み合わせて、堀田かつひこが「オバタリアン」という4コマ漫画を連載し、大流行した。
オヤジギャル	バブル期のOLが、居酒屋で飲んだりギャンブルをしたりとオヤジの趣味に進出し始めた様子を、中尊寺（ちゅうそんじ）ゆつこが漫画『スイートスポット』で描き、流行語になった。
スケ番	「スケ（女のこと）」＋「番長」から。制服のスカート丈が膝下20〜30センチ、木刀や刃物、ヨーヨーなどを所持する。つまり、女子中高生の不良のこと。
ナイスミドル	「nice」＋「middle」。かっこよさと思慮深さを兼ね備えた中年男性をこう呼んだ。同様の中年女性は「ナイスミディ（nice midi）」。
ナウい	「今風の」を意味する若者言葉だった。英語「now」に由来する。1970年頃から1980年頃まで流行したが、その後一気に下火に。対義語の「ダサい」は生き残っている。
ハイカラ	「high collar（丈の高い襟）」からきた言葉。西洋かぶれ（西洋風の身なりや生活様式をする）を意味した。対義語は「蛮（ばん）カラ」。
ハッスル	「hustle」は、「ゴリ押しする」などの意味だが、日本では「張り切る」「とにかく頑張る」といった意味になった。
フィーバー	極度に興奮する、熱狂することを「フィーバーする」といった。1978年に公開され大ヒットした映画「サタデー・ナイト・フィーバー」から流行した。
ボディコン	「Body Conscious」の略。ボディラインを強調した女性服で、ワンピースが主流。80年代当時は「ワンレン、ボディコン」がトレンディーな女性の条件だった。「ワンレン」は「One Length」の略で、一定の長さで切り揃えた髪型のこと。

4 知っていると得するカタカナ語

アウトソーシング（outsourcing）

社内で行っていたある業務を**外部に委託する**、企業のあるビジネス機能を国外に移転させることなど。逆に外から業務委託されるときにも使われる。

用例 **運送関係はアウトソーシングを依頼するつもりです。**

アサイン（assign）

割り当てる。指定する。人を割り振る。

用例 **鈴木様を窓際の席にアサインしてください。**

アライアンス（alliance）

直訳すると「同盟」「縁組み」。日本では**「企業同士が互いの利益のために提携する」**意味で使われる。アライアンスでは相乗効果が期待される。M&A（merger and acquisition＝合併と買収）は合併や買収によって複数の企業が一つになることを指す。

用例 **A社とB社がアライアンスを組んだ。**

アンチヒロイン（antiheroine）

フィクション作品における主人公または準主人公。ヒロイン（聖母や女傑、人格者など）ではないが、**ヒロインと同等に重要な役どころ。**

エスカレーション（escalation）

クレームを受けたとき、下層レベルの担当者で対応しきれない場合に**状況報告を上位に上げること。**

用例 **処理できない問題はエスカレーションを行ってください。**

アジェンダ (agenda)

予定表。会議を円滑に行うために作成するまとめ。検討課題。議題。議事日程。

用例 明日の会議のアジェンダを作成しておいてほしい。

アテンド (attend)

英語の意味は、出席する、参列する、通う、世話をする、などの動詞。日本語では**「接待」「世話」**などの名詞形で使われる。

用例 明日のイベントで鈴木様をアテンドします。

アドバンス (advance)

前進する、進歩する。前払い金。前借り金。

用例 英会話はアドバンス(上級)クラスにした。

イシュー (issue)

課題、問題、論点などの意。ビジネスでは**「論じ、考えるべきテーマ」**の意で使われる。

用例 まずはイシューを特定することが大切です。

イノベーション (innovation)

革新、刷新、新機軸、新制度などの意。日本語では**「技術革新」「新しい活用法」「大きな変化」**などの意味で使われる。

用例 次のイノベーションを提案してください。

イベント・リスク (event risk)

政変やテロ行為など予期せぬ事態によって金融商品の価値が暴落し、**市場に混乱が生じる危険性**。

用例 伸びている業界とはいえ、イベント・リスクはある。

LGBT (エルジービーティー)

レズビアン(lesbian＝女性の同性愛者)、**ゲイ**(gay＝同性愛者)、**バイセクシュアル**(bisexual＝両性愛者)、**トランスジェンダー**(transgender)の頭文字を取ったもの。日本では性的マイノリティ(性的少数者)を指す言葉として使われることが多い。

インスパイア (inspire)

鼓舞する、発憤させる、思想を吹き込む。

用例 このアーティストの作品にインスパイアされました。

インセンティブ (incentive)

刺激、動機、励み、報奨金などの意。目標を達成するための(やる気を起こすための)**外部からの刺激**、あるいは誘因。モチベーション(motivation)も似た意味だが、こちらは自発的動機づけの意味で使われる。

用例 社員の士気を高めるためにインセンティブ旅行を考えている。

ガバナンス (governance)

統治、管理、支配。日本では**「コーポレートガバナンス(企業統治)」**「統治、支配のための体制や方法」の意味で使われることが多い。

用例 わが社は今、ガバナンスの強化に取り組んでいます。

インバウンド (inbound)

「外から中に入り込む」という意味だが、現在は一般的に**外国人の訪日旅行**を指す。アウトバウンド(outbound)は、日本からの海外旅行を指す。ビジネスでは「内向きの」というニュアンスで使われ、顧客が自発的に企業に接触してくることを意味する。

用例 東京オリンピックに向けて、インバウンド対策が重要になってくる。

カンファレンス (conference)

相談、協議、会議、協議会。「カンファレンスが東京で開催される」などと使われる。医療や看護の現場で使われる「カンファレンス」は、患者の治療や支援方法について検討することを指す。

用例 来週、ITカンファレンスに参加します。

エゴサーチ (ego searching)

インターネット上で自分の本名やハンドルネーム、運営しているサイト名やブログ名を検索し、**自分自身の評価を確認する行為**。略して「エゴサ」。

用例 **エゴサで自分の悪口を見つけてしまった。**

エッジ (edge)

刃、鋭さ、縁などの意から、**人を刺激する鋭い感覚**をいうようになった。

用例 **エッジが効いたデザインですね。**

オーガナイザー (organizer)

組織者、創立委員、世話人、主催者など。**組織の元となる人**や、多くの人を集めて組織をつくり上げる人のこと。

用例 **彼はこの組織のオーガナイザーです。**

エビデンス (evidence)

証拠、**根拠**、**証言**、**形跡**などの意。医学・保健医療の分野では、病気や症状に対して効果があることを示す証拠や検証結果、臨床結果を表す言葉。IT用語では作成したプログラムなどが想定どおりに動くことを示す証拠や検証結果を示す言葉。

用例 **打ち合わせ内容のエビデンスを先方に送ってください。**

オーソライズ (authorize)

認可する、正当と認める、権威を与える。

用例 **これはオーソライズされている商品です。**

オール・イン・ワン (all in one)

いくつかの物や機能が**一つにまとめられている形態**をいう。

用例 **この製品はオール・イン・ワンです。**

オルタナティブ (alternative)

二者択一、選択肢など。日本語で使われるときは、「既存のものに取って代わる新しいもの」**「代案」**という意味で使われることが多い。

カウンターパート (counterpart)

対の片方、よく似たもの、**対応相手**。

用例 現地におけるカウンターパート(受け入れ担当者、担当機関)を探す必要があります。

ギミック (gimmick)

仕掛け、トリック、工夫、新案品など。日本では「**あっと驚く仕掛け、戦略**」などの意味。

用例 このギミックで消費者の興味を引こう。

キャッチー (catchy)

人の心を捕らえる、人気を呼びそうな、覚えやすいなどの意。

用例 キャッチーなデザインにしてください。

ギーク (geek)

アメリカの俗語から。**卓越した知識があること**を意味する。元々は奇人、変人、グロテスクな芸を見せる見世物師など、悪い意味で使われていた。「ナード(nerd)」は、ギークと同じく頭がいいが、面白くないヤツ、くそ真面目なヤツなどを意味する俗語として使われる。

キメラ (chimera)

ギリシャ神話の伝説の生物「キマイラ(ライオン、ヤギ、ヘビの頭を持ち、口から火を吐いた)」に由来し、奇怪な幻想、妄想の意から、突然変異などで同一個体内に**異なるDNAをもつまれな遺伝子現象**を指す。「キメラ的世界」などと使う。

グランド・デザイン (grand design)

壮大な図案や設計、**着想、構想**。「都市づくりのグランド・デザイン」などと使う。

コミットメント (commitment)

委託、約束、公約、関わり合いなどの意。「取引先としっかりコミットしてこい」は、「しっかり約束してこい」という意味。「約束」も「責任が伴う確約」を意味する。

クラウド (cloud)

クラウド・コンピューティングとも呼ばれ、コンピューターの利用形態の一つ。**コンピューター(サーバー)の所在地を意識することなく、サービスを利用できる。**「Gmail」や「Yahoo!メール」もクラウドサービスの一つ。

クラウドファンディング (crowdfunding)

「crowd」は群衆、「funding」は資金調達の意。つまり、「こんな物やサービスをつくりたい」「こんなふうに問題を解決したい」といった提案をもつ人が専用のインターネットサイトを通じて、世の中に呼びかけ、**人々から資金を集める**方法。

コア・コンピタンス (core competence)

競合他社を圧倒的に上回るレベルの能力、**自社の核となる技術**や**特色**を意味する。「competence」は、能力、適性、権限などの意。

用例 **コア・コンピタンスがなければ業界内で生き残れません。**

ゲーム・チェンジャー (game changer)

物事の流れや優劣を根底から覆(くつがえ)すような、**新しい可能性や思想をもつ個人や製品、企業**などを指す。元々はスポーツにおいて、試合の流れを一気に変えてしまう選手のことをいった。

用例 **彼は近年まれに見るゲーム・チェンジャーですね。**

コラテラル・ダメージ (collateral damage)

二次的な(副次的な)被害のこと。転じて、「戦争などで民間人が受ける被害」や「政治的に受ける被害、犠牲」などで使われる。

ソフト・ランディング (soft landing)

軟着陸。ゆっくり着陸すること。経済では、不況を招かないように、**徐々に成長速度を低下させる**こと。交渉やもめ事では、無理に結論を急がず、よく話し合って結論を出すこと。

用例 **この案件はソフト・ランディングでやってほしい。**

コンプライアンス (compliance)

要求や命令に応じること、従うことから、「**法令遵守**」を意味する。あるいは企業がルールに従って公正・公平に業務を遂行すること。

用例 **企業にコンプライアンスへの適正な対応を求めることになった。**

サイレント・マジョリティ (silent majority)

物言わぬ多数派、静かな多数派。つまり、積極的に発言はしないが大多数の勢力を意味する。対義語は**ノイジー・マイノリティ**(noisy minority)。

ジャイアント・キリング (giant killing)

下位の者が上位の者を負かすこと。**番狂わせ**。「ジャイアント・キラー」はそうした人やチーム。

シンパシー (sympathy)

同情、**同感**、**共鳴**、**共感**などの意。

用例 **あなたとはシンパシーを感じます。**

スキーム (scheme)

計画、事業計画、陰謀、組織、しくみ、一覧表など。ビジネスでは、「**計画を伴う枠組み**」「**枠組みをもった計画**」の意で使われる。

用例 **新商品に対応する事業スキームが必要です。**

ステークホルダー (stakeholder)

掛け金の保管人から、**企業の利害関係者**を意味するようになった。利害関係者は、地域住民、官公庁、研究機関、金融機関、従業員などを含む。

用例 **企業はステークホルダーとコミュニケーションを密に取る必要がある。**

ソリッド (solid)

固体の、**濃い**、**密で堅い**、**中身のある**、**実質的な**、**堅実な**、などの意。「ソリッドタイプの糊」「ソリッドな性格」「2時間ソリッドで(ぶっ続けで)行う」「ソリッドゴールド(純金)」「ソリッドな(良質な)材料」「ソリッドライン(実線)」など、使い方はさまざま。

ストラテジー (strategy)

戦略、**策略**、計画、手順。ある目的を達成するための計画などに使われる。

用例 **この商品を成功させるためにはストラテジーが重要となる。**

デシジョン (decision)

決定、解決、決議文、決心、決断力など。「**デシジョン・テーブル**」とは、さまざまな条件(入力)に対して、どのようにソフトウェアが作動(出力)するのかを決定する表のこと。

スパイラル (spiral)

渦巻きの、螺旋(らせん)の、螺旋状などの意から、渦巻きを描くように状態が進み、**ブレーキがかからない様子**を表す。「デフレ・スパイラル」など。

セグメンテーション (segmentation)

分割、**分裂**などを意味する。ビジネスでは市場をニーズや特徴、行動様式などで**グループ分け**することをいう。

ゼネラリスト (generalist)

「ジェネラリスト」ともいう。**広範な分野の知識や技術、経験をもつ人**のこと。対義語は「スペシャリスト(専門家)」。

ソフト・ターゲット (soft target)

民間人や民間車両、民間の建物などの**警備や監視が手薄で攻撃されやすい標的**。対義語は**ハード・ターゲット**で、軍人や軍事施設などを指す。

ソリューション (solution)

溶解、溶剤、解決、解答。日本では「**問題解決**」「**解決策**」などの意で使われる。

用例 **この課題のソリューションを提案します。**

セミリンガル (semilingual)

2か国語をしゃべることができるが、どちらも言語能力が一定の域に達していない状態をいう。近年はこの呼称が否定的だという意見から、リミテッド・バイリンガル、ダブル・リミテッドと呼ばれるようになった。

ダイバーシティ (diversity)

多様性、雑多。多様な人材を生かし、最大限の能力を発揮させようとする考え方をいう。

用例 **ダイバーシティの尊重が大切です。**

ダブル・スタンダード (double standard)

二重規範、二重基準などと訳される。**対象によって適用する基準を変えること。**

用例 **政治も会社もダブル・スタンダードだ。**

デジタル・ネイティブ (digital natives)

物心ついた頃からデジタル技術やそれを活用したゲーム機、スマートフォン、インターネットなどの環境下で育ち、生活してきた人々のこと。日本では1980年前後生まれ以降の世代を指す。

用例 **デジタル・ネイティブの君たちにはかなわないよ。**

トップヘビー (top-heavy)

上部が重いこと。組織などで**上層部の占める割合が大きいこと。**テニスラケットにも使われる。

用例 **この会社はトップヘビーでよくないといわれます。**

ドラスティック (drastic)

激烈な、思い切った、抜本的な。

用例 **わが社はドラスティックな改革が必要です。**

ニュートラル (neutral)

中立の、戦争に参加しない、中性の、曖昧(あいまい)な、などの意味。

用例 **彼はニュートラルな考え方をする。**

テレワーク (telework)

情報通信技術を活用した、**場所や時間に囚われない働き方**のこと。インターネットなどで連絡を取る在宅勤務や移動中にパソコンなどを使うモバイルワーク、勤務先以外のオフィスでパソコンなどを利用するサテライトオフィス勤務などがある。テレワークで働く人を「**テレワーカー**」という。

ドラフト (draft)

草案、図案、下書きなど。

用例 **この仕様書のドラフト版を見せてください。**

ニュー・ノーマル (new normal)

新たな常態・常識の意。構造的な変化は避けられないことを示唆した言葉。リーマンショックから生まれた言葉。

トランスジェンダー (transgender)

性別違和をもつ人々の総称。心と身体の性が一致しない人。「ジェンダー」とは、社会的性差を指す言葉。医学的には「性同一性障害」といわれることもある。

ニッチ (niche)

適したところ、花瓶などを置くための壁のくぼみ。転じて、**普通には気づきにくいところ。**「ニッチな趣味」などと使う。「ニッチ市場（ニッチ・マーケット）」は、特定のニーズをもつ規模の小さい市場のこと。

用例 **今やニッチ市場の開拓が重要です。**

ノマド (nomad)

遊牧民族、放浪者。転じて、**IT機器を駆使してさまざまな場所で仕事をするスタイル**を指す。「ノマド・ワーキング」「ノマド・ワーカー」など。

パンデミック (pandemic)

伝染病が全国的（世界的）に広がる様。

用例 **新型ウイルスがパンデミックを引き起こす。**

ネゴシエーション（negotiation）

交渉、折衝。「ネゴ」と略すこともある。これを成功させるための技術や手法を「ネゴシエーション・スキル」という。

用例 先方とネゴシエーションしたうえで資料をまとめます。

バイラル（viral）

ウイルス（性）の。**話題や概念がウイルスのように広まっていく様子**をいう言葉。「バイラル・キャンペーン」は、人から人へ広がっていくことを狙う広告手法のこと。

フィックス（fix）

固定する、心に留める、明確にする、決定する、場所や時期を確定する、などの意。ビジネスでは、**仕事の内容や行動を最終決定する**という意味で使われることが多い。

用例 今後の工事スケジュールについてお客様とフィックスしに行きます。

バズワード（buzzword）

もったいぶった言葉、決まり文句。日本ではおもにIT関連業界でみられる流行語のこと。何か新しい重要な概念を表しているようだが、実は明確な定義はなく、人によって思い浮かべる内容がバラバラな新語や造語、フレーズなどを指す。

パラダイム（paradigm）

語形変化表、例、模範、典型。「新しいパラダイムを求めている」などと使う。「パラダイム・シフト」「パラダイム・チェンジ」は、ある時代や分野で当然と考えられていた思想や価値観などが劇的に変化すること。

用例 パラダイム・シフトを起こせるような組織にするべきです。

ハニートラップ (honey trap)

スパイなどが**色仕掛けで対象を誘惑したり、弱みを握って脅迫したりすること**。おもに女性が男性に仕掛ける。「trap」は罠を意味する。

ハレーション (halation)

強い光が当たった部分の周りが白くぼやける現象。転じて、**ほかに悪い影響を及ぼすこと(副作用)**も意味する。

用例 **大臣の発言で地元がハレーションを起こす。**

フェミニスト (feminist)

男女同権主義者、女性解放論者。日本では**女性を大切に扱う男性**を意味することが多いが、その場合の英語は「gallant」となる。

プライオリティ (priority)

優先権、優先順位。

用例 **この仕事はプライオリティが高い。**

プライスレス (priceless)

値踏みのできない、極めて貴重な、とても面白い、などの意。

用例 **子どもからのプレゼントはプライスレスだ。**

ブラッシュアップ (brush-up)

磨き直し、再勉強などの意。**一定のレベルからさらに磨きをかけるとき**に使う。

用例 **留学してダンスをブラッシュアップします。**

ブリーフィング (briefing)

簡潔な司令、要旨の説明、**簡潔な報告、説明会。**

用例 **定例ブリーフィングを行います。**

マスト (must)

「〜せねばならない」の意から、**絶対に必要なこと、欠かせないこと**などの意で使う。「マストアイテム」は欠かせない物。「この二つはマストアイテム」などと使う。

ブルー・オーシャン(blue ocean)戦略

競争の激しい既存市場を「レッド・オーシャン」とし、**競争のない未開拓市場を「ブルー・オーシャン」**として、企業が飽和状態のレッド・オーシャンより、後者のブルー・オーシャンを開拓すべきとする戦略。

フレネミー(frenemy)

「friend(友)」と「enemy(敵)」を組み合わせた造語。**友を装う敵**、あるいはライバルであるとともに友でもある者を意味する。

用例 **フレネミーだとばれると、すぐ人は離れていきますよ。**

プロパー(proper)

適切な、正しい、上品な、美しい、本来の、本物の。日本では**「固有のもの」**という意味で使われることが多い。「プロパーカード」はその会社固有のカード。「プロパー社員」は生え抜きの社員や正社員を意味する。

ブレーンストーミング(brainstorming)

自由に考えを出し合って問題を解決したり、アイデアを出し合ったりする方法。「ブレスト」と略すこともある。

プロパガンダ(propaganda)

国家などが組織的に行う宣伝。情報による大衆操作、世論喚起のこと。

用例 **これは政治的なプロパガンダだ。**

ヘイトスピーチ(hate speech)

個人や集団が抱える**欠点と思われるものを中傷、あるいは差別するなどして煽動(せんどう)する発言、書き込み**のこと。

ペンディング(pending)

未決定の、差し迫った、などの意。日本では**「保留」「先送り」**の意味で使われる。

用例 **この案件はペンディングでお願いします。**

ポテンシャル (potential)

可能性のある、潜在の、などの意。**「潜在能力」「可能性」**の意味で使われる。

用例 **彼女には高いポテンシャルがある。**

マージナル (marginal)

端の、周辺的な、あまり重要でない、限界の、などの意。**「マージナル・コスト」は限界費用**の意。

マイノリティ (minority)

少数派。対義語はマジョリティ（majority＝多数派、過半数）。

用例 **マイノリティの意見も重要です。**

マター (matter)

物質、内容、問題、事柄、困ったこと、重要なことなどの意。日本では人名や役職などのあとにつけて、それらが**管理すべき問題**であることを示す。「人事マター」「それは誰マター？」などと使う。

用例 **製造部マターに詳しい人はいませんか。**

マイルストーン (milestone)

マイル標、里程標、**画期的な（重大な）出来事。**

用例 **このプロジェクトはわが社にとって重要なマイルストーンになるでしょう。**

ミニマリスト (minimalist)

2010年頃から生まれたライフスタイルで、持ち物をできるだけ減らし、**必要最小限の物だけで暮らす人**をいう。それだけでかえって豊かに生きられるという考え方。「minimal（最小限の）」からの造語。

リスクヘッジ (risk hedge)

危険を避けることを意味する。特に投資においては、**損失の危険を回避すること**を指す。「hedge」は生垣、障害、防止策などの意。

用例 **リスクヘッジのために何案か用意しておきましょう。**

ユビキタス (ubiquitous)

ラテン語の「ubique（偏在する、どこにでもある）」が語源で、インターネットなどの情報通信ネットワークに、**いつでも、どこからでもアクセスできるような環境**を指す。

用例 **ユビキタス・ネットワーク社会に順応しなければいけませんね。**

リージョナル (regional)

地域全体の、地方の。「リージョナル・バンク」は地銀（地方銀行）を意味する。

リードタイム (lead time)

所要時間、調達期間。発注から納品まで、あるいは発注から次の発注までの時間のこと。企業ではリードタイムの短縮が求められる。

用例 **当社の配送リードタイムは3日です。**

リスケ (reschedule)

リスケジュールの略。**スケジュールを立て直すこと**、返済可能な計画に変更することを指す。

用例 **リスケをお願いします。**

リソース (resource)

資源、供給物、財源、資産、気晴らし、機転などの意。パソコンでは処理能力、メモリー量などを指す。ビジネスでは、会社の資源である**「ヒト、モノ、カネ」**を指すことが多い。

用例 **新規プロジェクトでリソースを確保します。**

レガシー (legacy)

遺産、遺物。「レガシー・システム」は時代遅れになった古いコンピューター、「レガシー・コスト」は企業などの負の遺産のこと。

用例 **バブルの頃のレガシー・コストが企業の大きな負担になっている。**

リテラシー (literacy)

読み書きの能力。転じて、与えられた材料から必要な情報を引き出し、活用する能力、つまり**応用力**の意で使われる。「金融リテラシー」は、金融についての応用する力を指す。そのほか、「環境リテラシー」「メディアリテラシー」など。

用例 **私は金融リテラシーが低いので、これから勉強していきます。**

リファレンス (reference)

言及すること、**照会、問い合わせ**、参照すること、証明書、参照文、参考文献、関連、委託などの意味がある。

用例 **リファレンスブックどおりにやってみます。**

ワーク・ライフ・バランス (work life balance)

仕事と仕事以外の生活を調和させ、年齢性別を問わず、**誰もが働きやすい環境やしくみをつくること**。つまり生活と仕事の相乗効果を狙った政策。1980年代末から英米で使われ始め、日本でも2006年頃から推進されるようになった。

リマインド (remind)

思い出させる、気づかせる、注意する。

用例 **本日中にリマインドメールをしておきます。**

レイムダック (lame duck)

「足の不自由なアヒル」から、**政治的な影響力を失った政治家**を指すように。まだ人気の残っている落選議員や大統領などを皮肉るときに使われる。

レギュレーション (regulation)

取り締まり、**規制、調節、規則**、条例など。

用例 **社内のレギュレーションに準じていない製品はすぐに製造中止にします。**

ワンストップ (one-stop)

1箇所で用事が足りること。「ワンストップ・サービス」「ワンストップ・ショッピング」など。

TEST-6

カタカナ語で答えよう

問いの意味する単語(カタカナ語)を答えてください。

Q1: 古代ギリシャ奥地の景勝地。牧人の楽園として伝承され、現在は「理想郷(りそうきょう)」の代名詞となった。

Q2: 有利、長所、前進などの意から、「相手と比べて優位な点」を意味するようになった。テニス用語でもおなじみ。

Q3: 取引をする双方に利益(メリット)があること。「○○○○○○の関係で」などと使う。

Q4: 芸術や文学の分野で尊敬する作家や作品に影響を受けて、似たようなアプローチで作品を創作すること。「この作品は黒澤監督映画の○○○○○だ」などと使う。フランス語から。

Q5: 異常接近。転じて、本来は近づいてはいけない場合にすれ違うこと、偶然にすれ違っていたことなどを意味するようになった。

Q6: 目印となるもの、境界標、顕著な(画期的な)事件や出来事。「あの建物は復興の○○○○○○○だ」などと使う。

Q7: 副産物、ある作品から派生することなど。「○○○○○作品」などと使う。また、企業が社内の一部を独立させて別会社をつくることを意味することもある。

答え

Q1:アルカディア　Q2:アドバンテージ　Q3:ウィンウィン　Q4:オマージュ　Q5:ニアミス　Q6:ランドマーク　Q7:スピンオフ

第10章
慣用表現は奥が深い

人々が習慣として長く使ってきた慣用句。その巧みな比喩表現は、膝を打つほど納得するもの、目からウロコが落ちる言葉など多数。

知っておきたい慣用句

長い間、習慣として使われてきた二語以上の成句のこと。

揚げ足を取る

人の言葉尻やちょっとした失敗をとらえて非難したりからかったりする。相撲(すもう)などで相手が技をかけようとして揚げた足を取って倒すことから。

用例 人の揚げ足取りばかり。

顎(あご)が落ちる

とても美味(おい)しいことのたとえ。**「頬が落ちる」「ほっぺたが落ちる」**も同じ意。

用例 顎が落ちるほど美味(うま)い。

顎(あご)で使う

顎をしゃくって相手に指図する。高慢な様子を表現。

用例 部下を顎で使う様子が癪(しゃく)に障(さわ)る。

足が地に着く

「地に足が着く」ともいう。気持ちや考え方が安定しており、堅実な様子。対義語は**「足が地に着いていない」**。

用例 彼女は若いのに足が地に着いている。

足が出る

赤字になること。お金のことを**「お足」**ということから。もう一つの意味は、隠し事が現れる、ぼろが出ること。後者の場合は**「足がつく」**ともいう。

足下(あしもと)に火がつく

身に危険が迫っている状態。自分には関係ないと思っていたのに、思いがけず危険が迫り、慌てている様子。余裕がなくなったときに使う。

足下(あしもと)につけ込む

相手の弱みを利用すること。**「足下につけいる」「足下を見る」**ともいう。

用例 彼は人の足下につけ込んで話を進めるから嫌いだ。

足下にも及ばない

相手が優れていて、力の差がありすぎて、比べものにならない。とてもかなわない。

用例 彼女の語学力には足下にも及ばない。

足を洗う

悪いことをやめる。悪い仲間から離れる。職業、仕事を辞める。対義語は「手を染める」。

用例 あの連中との関係から足を洗った。

足を引っ張る

人の行動や前進を意図的に邪魔する。結果として妨げとなる行動をすること。

用例 彼の仕事の足を引っ張ってしまった。

足が棒になる

長時間歩いたり立ち続けたりして、足が疲れ果てた状態。「足が棒」と表現することも。

用例 朝から歩きすぎて足が棒になった。

頭が上がらない

相手に負い目があったり、圧倒されたりして、対等に振る舞えない状態。何かしらの理由から気持ちや行動が抑えられ、相手に逆らえないときにも使う。

頭が下がる

相手の考えや行動に感服しているときに使う。「畏敬の念を抱く」ともいう。

用例 彼女の尽力には頭が下がる思いです。

頭が古い

考え方が古くさいこと。

用例 彼は若いくせに、意外と頭が古い。

呆気にとられる

意外な事態に驚き、呆れる。「開いた口が塞がらない」「唖然とする」なども同義。

後味が悪い

物事が済んだあとに、不愉快な感情が残る様。スッキリしない状態。対義語は「後味がよい」。

後を引く

いつまでも余韻や余波が続く状態。もっと欲しい感じが残る。

用例 後を引く美味しさだ。

穴を埋める

お金や人員などの欠けた分を補うこと。空白の時間や文章などの抜けた場面を補うこと。

用例 **私が彼女が抜けた穴を埋めます。**

油が乗る

魚や肉の脂肪が多く、美味しそうな様子。調子が出てはかどっている様子。

用例 **今、油が乗ってきたところだから邪魔するな。**

油を売る

無駄話などをして仕事を怠けること。江戸時代、髪油を売る行商人が女性客を相手に世間話をしながら商売をしていたことから生まれた言葉。

油を絞る

失敗をしたときに厳しく叱られること。木で押しつぶして油を採取したことから。

用例 **当番をサボったから、こってりと油を絞られた。**

あられもない

はしたないこと。「あられ」は動詞「あり」に可能の助動詞「れる」がついて名詞化したもの。

用例 **彼女のあられもない姿に驚いた。**

泡を食う

驚き、慌てること。「慌てる」の「あわ」に「泡」の字を当てた。**「泡を食らう」**ともいう。

用例 **泥棒と鉢合わせし、泥棒が泡を食って逃げた。**

網の目をくぐる

捜査網や監視、法律などからうまく逃れること。

用例 **彼は法の網の目をくぐって悪事を働いている。**

息の根を止める

殺すこと。再起できないほど打ちのめすこと。

用例 **今度こそ反対派の息の根を止めてやる。**

板につく

その地位や仕事、衣装などがその人に合ってくること。「板」は板張りの舞台のこと。経験豊富な役者は、足が舞台の板についてよい演技ができることから、「板につく」というように。

用例 **仕事が板についてきた。**

一も二もなく

提示されたことに対して、即座に。とやかく言うまでもなく。

用例 一も二もなく賛成した。

一線を画す

「画す」は「画する」で線を引くこと。境界線を引くことで、違いが明確になること。

用例 この商品は従来品とは一線を画すものだ。

一杯食わす

うまく人を騙すこと。

用例 今度ばかりは一杯食わされてしまった。

糸を引く

操り人形を糸で動かすことから、裏で指図して人を操ること。

用例 裏で糸を引いているヤツがいるはずだ。

色眼鏡で見る

先入観や偏見で人を判断すること。「フィルター越しに見る」などともいう。

色を失う

驚いたり恐れたりして顔色が青ざめること。呆然とすること。

用例 裏切られたと知って色を失った。

色をつける

おまけをつけたり、値引きしたりすること。融通を利かすこと。

用例 仕事料ですが、もう少し色をつけてください。

色をなす

血色を変えること。怒りで顔が赤くなること。

用例 色をなして怒り出した。

浮き足立つ

恐怖や不安から落ち着きがなくなること。「浮き足」は地面や海底に足がつかない状態のこと。つまり、安定性がないことから恐れや不安を抱く様子。「浮き立つ」と間違えないように。

用例 上司が逮捕されて、部下は浮き足立った。

浮き立つ

うれしくて落ち着かなくなること。興奮すること。

用例 もうすぐ彼に会えると心が浮き立った。

後ろ髪を引かれる

後ろから髪の毛をつかまれて前に進めないように、未練が残る様子。思い切れない様子。

用例 後ろ髪を引かれる思い。

後ろ指を指される

本人の知らないところで悪口を言われること。

用例 後ろ指を指されるようなことはしていない。

うだつが上がらない

出世しない、金銭的に恵まれる状態にならないなどの意。「うだつ」とは、梁（はり）の上に立てる小柱で、屋根に押さえつけられていることから生まれた言葉。

用例 いつまでもうだつが上がらないヤツだ。

うつつを抜かす

ある物事に囚われ、夢中になること。「うつつ（現）」とは、現実や本心、正気を意味する。

用例 恋にうつつを抜かしているから成績が落ちるのだ。

腕に覚えがある

自分の腕前、力量に自信をもっていること。「腕には自信がある」ともいう。

用例 日曜大工なら少しは腕に覚えがある。

腕によりをかける

ある程度自信のある腕前を十分に発揮しようと意気込むこと。「より（縒り）」は糸の縒り。

用例 腕によりをかけておせち料理を作る。

倦（う）まず弛（たゆ）まず

途中で投げ出したり気を緩めたりしないこと。

用例 倦まず弛まず、気を引き締めて邁進（まいしん）します。

襟（えり）を正す

衣服の襟を整えることから、真面目な気持ちで対処すること。

用例 襟を正して話を聞く。

お茶を濁（にご）す

その場しのぎに誤魔化（ごまか）すこと。

用例 こら、お茶を濁すな。

お鉢（はち）が回る

順番が回ってくること。

用例 また保護者会の役員のお鉢が回ってきた。

尾ひれをつける

話に余分なことをつけて話したり、誇張して話したりすること。魚の胴に尾やひれ（鰭）といった付属物がつくことから。

用例 みんな、話に尾ひれをつけて話さないように。

音頭を取る

皆の先頭に立って統率・牽引すること。「音頭」は雅楽の首席奏者のこと。転じて、建築や踊りなどで歌やかけ声で皆を指揮する者を「音頭取り」というようになった。

恩に着せる

相手のために行ったかのように見せ、ありがたがらせること。「恩を着せる」ともいう。「恩に着る」は、受けた恩を素直にありがたく思うこと。

恩を売る

相手から感謝されたり、見返りを期待したりして、人を助けるなどの恩を施すこと。

用例 後々のためにA社に恩を売ってておこう。

顔に泥を塗る

相手に恥をかかせる、相手の面目を失わせること。

用例 よくも顔に泥を塗ってくれたな。

顔をつなぐ

忘れられないように、訪問したり参加したりすること。知らない人同士を引き合わせること。「顔つなぎをする」ともいう。

用例 顔つなぎにパーティーに出席しておこう。

舵を取る

物事が誤った方向に進まないように導き、進行させること。「舵」は船の方向を決める装置。

用例 このプロジェクトの舵を取ってくれ。

肩で風を切る

肩をそびやかして、偉そうに、得意そうに歩くこと。

用例 肩で風を切る勢い。

鎌をかける

知りたいことを聞き出すため、相手がしゃべるようにそれとなく誘導すること。

踵(きびす)を返す

引き返すこと。「踵」はかかとのこと。かかとを来た方向に向け変えることから。

用例 急に踵を返して行ってしまった。

釘(くぎ)を刺す

あとで間違いを犯したり言い逃れをしたりしないように念を押すこと。

用例 口外しないようにと釘を刺された。

管(くだ)を巻く

糸を紡ぐ機械の軸を「管」という。その機械を回すときにブンブンと音がすることから、酔っぱらいがくどくど言う様を表すようになった。

口車(くちぐるま)に乗る

人の口先に騙されること。おだてに乗ること。

用例 彼の口車に乗った私が馬鹿だった。

首が回らない

借金などでやりくりができなくなること。

用例 どうにも首が回らなくなったので、仕事を探す。

軍配(ぐんばい)を上げる

相撲(すもう)で行司(ぎょうじ)が勝ったほうの力士に軍配団扇(うちわ)で勝利を指し示すことから、勝利や優勢になったことの判定を下すこと。

用例 どちらの案が採用されるかは彼のほうに軍配が上がったようなものだ。

下駄(げた)を預ける

人に預けた下駄を返してもらうまではどこへも行けないことから、相手に物事の処理などを任せること。

用例 この仕事の処理は君に下駄を預けた。

下駄(げた)を履(は)かせる

下駄を履くと背が高くなることから、実際よりも多く見せる、上乗せすること。

用例 成績に下駄を履かせてもらって合格した。

煙(けむ)に巻く

信じられないことや大げさなことを言って、相手の判断を狂わせること。「けむ」と読む。

用例 煙に巻かれた感じだ。

けりをつける

決着をつけること。古文で「〜けり」などと助動詞「けり」をつけて文を終わらせることが多いことから、結末を迎える意に。

用例 **そろそろこの問題にけりをつけなければ。**

頭（こうべ）を垂（た）れる

うなだれる。謙虚な振る舞いをする。「こうべ」と読む。

用例 **政治家は選挙期間中だけ頭を垂れる。**

ご託（たく）を並べる

自分勝手なことをくどくどと言うこと。「ご託」は「ご託宣（たくせん）」の略。神のお告げの意味が転じてくどくど言う意味になった。

用例 **ご託ばっかり並べて。**

匙（さじ）を投げる

努力しても成功する見込みがないと諦めること。医師がもう治療法がないと、薬を調合する匙を投げ出すことから。

用例 **ここで匙を投げるな。**

三拍子（さんびょうし）揃う

能楽（のうがく）の囃子（はやし）は大鼓（おおつづみ）、小鼓（こつづみ）、太鼓（たいこ）（あるいは笛）の三つで拍子をとることから、三つの条件（すべての条件）が備わっていることをいう。

しのぎを削る

「しのぎ（鎬）」は刀の刃と峰の中間の少し盛り上がったところ。そこが削り取られるほど激しく斬り合うことから、互いに力を出し合って激しく争うことを意味する。

用例 **A君とB君はいつもしのぎを削る間柄だ。**

自腹（じばら）を切る

必ずしも自分で負担する必要のない経費などを自分で払うこと。「身銭（みぜに）を切る」ともいう。

用例 **僕が自腹を切ります。**

白羽（しらは）の矢が立つ

多くのなかから特に選び出されること。

用例 **委員長として白羽の矢が立った。**

しら（白）を切る

「しら」は「知らぬ」の略で、「白」は当て字。知らない振りをすること。

尻尾を出す

隠していたことや誤魔化しがばれること。正体を現すこと。「**ボロを出す**」ともいう。

尻に火がつく

事態が差し迫って、追い詰められた状態になること。

用例 締め切りが迫って、尻に火がついた。

尻を拭う

人の失敗などの後始末をすること。「**尻拭いをする**」ともいう。

用例 なんで私が彼の尻を拭わなければならないのか。

脛に傷もつ

他人からは目につきにくい脛に傷があることから、人に隠しているやましいことや過去があること。

用例 脛に傷もつ身だから、偉そうなことは言えない。

図に乗る

調子に乗る。つけ上がる。「図」は僧が唱える声明の転調のことで、この調子を上手に変えられることを「図に乗る」といったことから。

用例 あんまり図に乗るなよ。

図星を指される

急所を突かれること。ピタリと当てられること。「**図星**」は矢の的の中心の黒点のこと。「**図星を突かれる**」ともいう。

用例 彼は図星を指されて顔色を変えた。

隅に置けない

意外に才能や腕前があって、侮れないこと。

用例 普段はボーッとしているように見えて、実は隅に置けないヤツだ。

反りが合わない

刀の反りが鞘に合わないことから、気心や性質が合わない意に。「**馬が合わない**」は、好みや考え方が合わないことを意味する。

太鼓判を押す

間違いないと請け合うこと。太鼓判(太鼓のように大きい判)を押すことを意味する。転じて確実な保証の意。

用例 彼の実力は私が太鼓判を押します。

高が知れる

「高」は「残高」など数量や金額、程度を表し、それが相手に知れるということは大したことはないということ。

用例 **いくら頑張っても実力は高が知れている。**

高をくくる

程度を安易に予測すること。大丈夫だろうと油断すること。

用例 **高をくくっていると後悔することになりますよ。**

たがが緩む

「たが（箍）」とは、桶や樽などの周囲にはめ、固く締めるための竹などで編んだ輪のこと。転じて、緊張や規律が緩むことを意味する。

立つ瀬がない

「立つ瀬」は立場、世間に対する面目のこと。つまり、立場や面目を失ったりすること。

用例 **それでは間に入った私の立つ瀬がありません。**

棚に上げる

不都合なことは知らぬ顔をして打ち捨てておくこと。

用例 **自分のことは棚に上げて、よくそんなことが言えるな。**

地団駄を踏む

怒ったり悔しがったりして、激しく地面を踏むこと。「地団駄」は「地蹈鞴」が変化したもので、「蹈鞴」は足で踏んで空気を送り込む大型の送風機のこと。

用例 **地団駄を踏み悔しがる。**

壺にはまる

「壺」は大事なところ、急所を意味する。つまり、急所にはまること、急所をつかむこと。**「笑いのツボにはまる」「ツボった」**などとも使う。

つむじを曲げる

ひねくれる。いじける。ひねくれた様子を**「つむじが曲がっている」**という。

用例 **彼女はすぐにつむじを曲げてしまう。**

面の皮が厚い

厚かましい、図々しいこと。**「厚顔無恥」**ともいう。

用例 **いつも人に助けてもらってばかりで、結構彼は面の皮が厚いヤツだ。**

手ぐすねを引く

十分に準備して待ち構えること。「くすね(薬煉)」は、松ヤニを油で煮て練り混ぜたもの。これを弓の弦に塗って強度を高めた。合戦前、くすねを弓の弦に塗って敵を待ち構えたことから生まれた言葉。

用例 **相手をやり込めてやろうと、手ぐすねを引いて待った。**

手を染める

関係を持ち始める、手をつけること。「悪事に手を染める」など、悪いことに使うことが多い。

堂に入る

「堂に升りて室に入らず」を略した言葉。「堂」は客間や表座敷のこと。「室」は奥の間のこと。客間に入った程度では奥のことはわからないという意味だった。「堂に入る」は、奥義を究めていること、学問や技術が身についていることを意味する。

用例 **彼女の堂に入った演技に驚いた。**

峠を越す

「峠」は山の鞍部のことで、ここを通れば多くの道が開けることから、盛りの時期や危険な状態を過ぎることを意味するようになった。

用例 **病気は峠を越したから、退院の目途も立った。**

波風を立てる

面倒なことやもめ事を持ち込むこと。事を荒立てること。

用例 **彼はいつも波風を立てるようなことをする。**

錦を飾る

故郷を離れていた者が、成功して故郷に帰ること。**「故郷へ錦を飾る」**として使うことが多い。「錦」は、金糸銀糸などで美しい模様を織った豪華な織物のこと。そのような美しい着物を着て故郷に帰ることから。

二の足を踏む

一歩進んで、二歩目はためらって足踏みすることから、尻込みをすることを意味する。

二の句が継げない

呆れたり驚いたりして、次に言う言葉が出てこないこと。**「開いた口が塞がらない」**ともいう。

二の舞を演じる

「二の舞」は、雅楽の曲名の一つで、わざと失敗をしながら演じる滑稽な舞から、前の人と同じ失敗を繰り返すことをいうようになった。単に「**二の舞だけは避けてくれ**」などとも使う。

白紙に戻す

元のなかった状態に戻すこと。

用例 今回の仕事は、大変申し訳ありませんが、白紙に戻してください。

拍車をかける

「拍車」とは、馬の腹に当てて速く走らせるための馬具のこと。転じて、物事の進行を早めることをいう。「**拍車がかかる**」ともいう。

用例 異常気象が野菜価格の高騰に拍車をかけた。

旗色が悪い

形勢がよくない、不利なこと。戦場で旗の翻る様子で戦況がわかったことからきた言葉。また、所属を示す旗の色から自分の所属や立場を意味することもある。

用例 コンペではわが社の旗色が悪くなったな。

鼻であしらう

冷淡に扱うこと。「**鼻先であしらう**」ともいう。

花を持たせる

人に名誉や功を譲ること。

用例 ここは若い人に花を持たせよう。

腹をくくる

どんな結果になろうがたじろがないように、決心を固めること。「**腹を決める**」は、単に「決心する」こと。

用例 ここまできたら、腹をくくるしかない。

額を集める

顔を寄せ合って相談する様。「**額を寄せ合う**」「**顔を寄せ合う**」などともいう。

用例 額を集めて相談する。

一泡吹かせる

相手の意表を突いて驚かせ、慌てさせること。

用例 今までやられっぱなしだったから、ここらへんで一泡吹かせてやろう。

一旗揚げる

成功を目指して、新しい事業を始めること。「一旗」は、かつて武士が戦場に旗を掲げて赴いたことから。

用例 一旗揚げるべくニューヨークへ旅立った。

一肌脱ぐ

友人などのために、本気で援助すること。全面的に援助するときは「**諸肌を脱ぐ**」という。

用例 君の夢の実現のためなら一肌脱ぐよ。

筆が立つ

文章を書くことがうまい。「**文才がある**」ともいう。

用例 彼女は筆が立つから、小説家に向いている。

懐が寒い

「懐」には所持金の意味もある。つまり、所持金が少ないこと。対義語は「**懐が暖かい**」。「**懐が寂しい**」ともいう。

用例 今日は懐が寒いので参加できません。

懐に飛び込む

相手に取り入ること。気に入られるようつながりをもつこと。「**懐に入る**」も同じ意味。

用例 相手を知るためには懐に飛び込む必要がある。

懐を肥やす

不正によって利益を上げ、わが物とすること。「**私腹を肥やす**」「**懐を暖める**」ともいう。

用例 彼は懐を肥やしたから、今の地位がある。

腑に落ちる

納得がいく、合点がいくこと。「腑」は内臓、臓腑を意味する。腑には考えや心が宿ると考えられたため、心や性根をも意味する。「**合点がいく**」「**腹に落ちる**」なども同義。納得がいかないときは「**腑に落ちない**」という。現在は、「腑に落ちない」として使うことのほうが多い。

用例 彼をリーダーに任命するなんて、腑に落ちない。

弁が立つ

雄弁、能弁であること。話し方がうまいこと。「弁」には述べる、言葉遣いなどの意味がある。

用例 彼は弁が立つから、いつもいつの間にか丸め込まれる。

棒に振る

今までの努力や成果を無にすること。江戸時代、魚や野菜などを天秤棒で担いで売り歩く人を「棒手振り」といった。その「棒」からきた言葉。「**ふいにする**」ともいう。

用例 彼女は今回の失敗ですべてを棒に振ってしまった。

本腰を入れる

いよいよ真剣になって取り組むこと。語源は男女の営みから。子どもをつくるために真剣にセックスに臨むことを意味した。

用例 そろそろ本腰を入れて頑張ってくれ。

魔が差す

悪魔が心に入り込んだかのように、一瞬、判断を誤ってしまうこと。出来心（急に起こったよくない考え）。

用例 今回の万引きは魔が差したとしかいいようがない。

枕を高くする

安心して寝ること。転じて、安心することも意味する。

用例 心配事がなくなって、ようやく枕を高くして寝られます。

脈がある

見込みがある、期待や希望がもてること。「脈」は「脈拍」の意味。対義語は「**脈がない**」。

骨を惜しむ

苦労することを嫌って怠けること。「**骨身を惜しむ**」ともいう。「**骨身を削る**」はやせ細るほどに苦労すること。

用例 骨を惜しまず働きます。

眉に唾をつける

タヌキやキツネに化かされないためには眉に唾をつけるとよいという言い伝えから生まれた言葉。転じて、騙されないように用心すること。眉に唾をつけるような動作だけで「怪しい」ということを表現することもある。「**眉唾**」「**眉唾もの**」ともいう。

用例 彼の話は眉に唾をつけて聞いたほうがいい。

まんじりともせず

「まんじり」は少しだけ眠ること、ひと眠りの意味。その否定形で使うことがほとんど。一睡もしないこと。

水入らず

内輪の者だけで、他人を交えないこと。**「夫婦水入らず」「親子水入らず」**などという。質が違って解け合わないことを**「油に水」**といったことから、油に水が入らないことを親しい者だけが集まったことに対して使うようになった。

水を差す

うまく行っているときに、脇から邪魔をすること。

用例 **水を差すようで申し訳ありませんが……**

身に余る

自分の身分や業績を超えてよすぎる処遇をされるときに使う。

用例 **身に余る光栄です。**

身も蓋もない

表現があまりにも率直すぎて、風情や味わいがないこと。物を入れる「身」も容器に被せる「蓋」がなければ何も成り立たないことから。

用例 **そんな言い方をされたら、身も蓋もないよ。**

身も世もない

自分のことも世間のことも考えられないこと。ひどく取り乱した状態のときに使う。

用例 **夫を失って、身も世もないほどに泣き崩れた。**

身を粉にする

労力を惜しまず仕事をすること。「粉」は「こ」と読む。

用例 **身を粉にして働く。**

耳に挟む

チラッと聞くこと。偶然に聞くこと。**「小耳に挟む」**ともいう。

用例 **君の噂を耳に挟んだけど、本当ですか。**

虫が好かない

何となく気に食わないこと。道教では人の身体には3匹の虫が棲み、人の行動を監視しているとした。日本では9匹の虫が棲んで人の感情や意識を操っていると考えた。そうしたことから「虫」に関するさまざまな言葉が生まれた。

虫の居所が悪い

ちょっとしたことでも気に障るように機嫌が悪い様子。

用例 **今日は虫の居所が悪い。**

目頭が熱くなる

非常に感動して、涙が浮かんでくること。

目くじらを立てる

些細な欠点を探し出して責めること。「目くじら」は目尻のことで、「目くじり」ともいった。それが「目くじら」に変化した。「鯨」とは何の関係もない。

目と鼻の先

目と鼻の間のように非常に近いこと。

用例 駅は目と鼻の先だ。

目に余る

黙って見ていられないほどひどい状態。

目端が利く

機転が利くこと。その場その場で才知が働くこと。「目鼻が利く」は間違い。

用例 彼はなかなかに目端が利くから助かる。

目鼻がつく

物事のおおよその見通しが立つことを意味する。人形は、目と鼻をつければ大体が完成することから。

用例 目鼻がつくまで頑張る。

弓を引く

反抗する。背くこと。「楯を突く」の場合は議論などで反抗することを意味する。

用例 上司に弓を引くようなことはしたくない。

横車を押す

「横に車を押す」から、前後に動く車を横に押そうとしても簡単には動かないこと。転じて、理屈に合わないことを無理に押し通そうとすることをいう。

埒が明かない

「埒」は馬場にある囲いや仕切りのこと。元は物事の決まりがつくことを「埒が明く」といっていたが、現在は物事が解決しない、進展しない意味で「埒が明かない」を使う。

脇が甘い

相撲で、脇を締めつける力が弱いとまわしを取られやすいことから、つけ込まれやすいことを意味する。

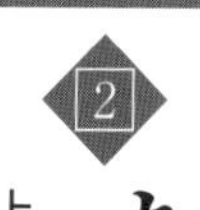

ちょっと難しい慣用句

上級者の慣用句を使えば、さらに一目置かれそう。

威儀を正す

礼儀正しく、重々しい態度をとること。「威儀」とは威厳のある立ち居振る舞い。

用例 明日の授賞式には威儀を正して出席します。

異彩を放つ

多くの人や物のなかで際立って見えること。「異彩」はほかとは違う色彩や光。

用例 彼女の作品はとにかく異彩を放っていた。

引導を渡す

諦めるように最終宣告をすること。「引導」は仏教用語で、死者を浄土へ導き入れること。「印籠を渡す」ではないので注意。

用例 彼にこの仕事はふさわしくない。誰か彼にその引導を渡してくれないかな。

因果を含める

道理を説いて納得させること。やむを得ない状況であることをわからせ、諦めさせること。「因果」は原因と結果。あるいは不運な様子。「含める」は「言い含める」で、納得させるの意。

用例 彼女を諦めるよう、彼に因果を含めた。

煙幕を張る

相手に自分の真意を知られないために誤魔化したり、曖昧な言い方をしたりすること。「煙幕」は戦場で、敵を欺くために味方を隠すように張る煙のこと。「目をくらます（眩ます）」ともいう。

用例 のらりくらりと煙幕を張るような回答だった。

固唾を飲む

事の成り行きを心配して、息を凝らして見守っている様子。

用例 一同は二人の議論を固唾を飲んで見守った。

肝胆相照らす

「肝胆」は肝臓と胆のうのことで、生命にとっては大事なもの。つまり、心の奥底をお互いに照らし合うこと。転じて、お互いに本心を打ち明けて、親しく付き合おうとすることをいう。気心の知れた仲。

用例 あなたと肝胆相照らす仲になりたい。

警鐘を鳴らす

危機にあることを知らしめること。「警鐘」は火事などの災害が起こったときに打ち鳴らす鐘。

用例 環境破壊について、社会に警鐘を鳴らす。

檄を飛ばす

「檄」とは元は味方を激励したり敵に降伏を勧めたりする木札だった。転じて、主張や考えを知らせ、それによって決起を促す意に。現在は、「頑張れ」と励ます意味で使われることが多いが、実は間違い。

用例 選挙演説で憲法改正を唱え、檄を飛ばした。

黒白をつける

事の善悪、是非をはっきりさせること。「こくびゃく」と読む。「黒白を争う」「白黒をつける」ともいう。

用例 次の会議で黒白をつけようと思う。

策に溺れる

「策士策に溺れる」と使う。策を練ることが得意な人は、策を弄しすぎて失敗することがあるというたとえ。「才子才に倒れる」は、自分の才能を過信して、かえって失敗することをいう。

用例 彼はいろいろな仕掛けを考えすぎた。策士策に溺れるとはこのことだ。

思案に余る

いくら考えても、よい案が出てこないこと。「思案に尽きる」ともいう。

用例 思案に余ることがあったら、誰かに相談しなさい。

私腹を肥やす

公の立場や地位を利用して、自分の財産を増やすこと。使い込むこと。「私腹」は自分の財産や利益の意。

用例 会社を利用して私腹を肥やすとは何事か。

耳目を集める

人々、世間の注目（目や耳）を集めること。

用例 一時は世間の耳目を集めたが、すぐに忘れ去られた。

食指が動く

食欲が出ることから転じて、ある物事に対して、欲望や興味が湧いてくることを意味する。

用例 新しい事業を提案されたが、食指が動かなかった。

心血を注ぐ

全力を尽くして行うこと。「心血」は精神と肉体のすべてを意味する。全精力を傾けること。「心血を傾ける」は間違い。

用例 私はこの研究開発に心血を注いできた。

辛酸をなめる

「辛酸」とは、辛いことや苦しい思い。つまり、辛いことや苦しいことを経験すること。

用例 さまざまな辛酸をなめてきた私だから言えることです。

垂涎の的

思わず涎を垂らすほどに欲しい食べ物から転じて、周囲の人々がうらやむほどに欲しいと思うものを意味する。「すいえん」と読まないように。

用例 彼の持っている骨董品は古美術商の垂涎の的だった。

水泡に帰す

努力してきたものが無駄になること。「水の泡」ともいう。

用例 苦労が水泡に帰した。

寸暇を惜しむ

ほんの少しの暇も惜しむこと。

用例 ようやく寸暇を惜しんで勉強する気になってくれた。

相好を崩す

普通の顔から、笑みがこぼれたり、破顔したりとにこやかな表情になること。「相好」は、顔形、表情の意。「そうごう」と読む。

用例 子どものことを褒められて、思わず相好を崩した。

頭角を現す

学問やスポーツなどの各分野で、群を抜いて優れた様子が明らかになること。頭の先（頭角）が目立ってくることから。

用例 目立たなかった彼女が今年になって頭角を現した。

流れに棹さす

「棹」は、舟を進めるために使う長い棒。船頭がこの棒を使うことを「棹さす」という。つまり、流れに乗って勢いをつけること。「流れに逆らう」という意味ではないので注意する。

用例 順調に事が運んで、まるで流れに棹さすようだ。

寝首を掻く

眠っているところを襲って首を切ることから、油断している人を卑劣な手段で陥れること。

用例 彼はお人好しだから、寝首を掻かれやすい。

範を垂れる

手本を示すこと。「範」は手本のこと。「率先垂範」ともいう。

矛を収める

争いや攻撃を中止すること。「矛」は「鉾」とも書く。長柄の先に剣をつけた武器。

用例 いったん矛を収めて冷静になってくれ。

矛先を向ける

攻撃目標とすること。攻撃の対象とすること。

用例 私のほうに話の矛先を向けられて驚いた。

ほぞを噛む

「ほぞ（臍）」はへそのこと。自分のへそを噛むことはできないが、それでも噛もうとすることから転じて、どうにもならないことを後悔することを意味する。

用例 もう過ぎてしまったことだが、思い出してもほぞを噛む思いだ。

ほぞを固める

決意を固める、覚悟を決めること。人が決心をするときは、腹に力を入れてへそを固くすることから。**「腹を決める」「腹を固める」「腹をくくる」**ともいう。

用例 ほぞを固めて転職したが、やはり大変だ。

槍玉に挙げる

「槍玉」は槍を手玉のように自由自在に操ること。「槍玉に挙げる」は槍で人を突き刺し、そのまま高く挙げる様子から転じて、大勢のなかから一人を選び出し、攻撃や非難の対象にすること。

用例 マスコミはいつも特定の人を槍玉に挙げる。

意味を間違えやすい言葉

正しいと思い込んで使っている言葉は意外に多い。テレビなどで使われる言葉でも鵜呑みにできないものもあります。

圧巻

○ほかのもの、全体のなかでも優れている。

×すごい。壮観。

雨模様

○雨が降りそうな様子。

×雨の降る様子。

＊読みは「あめもよう」でもＯＫ。

おもむろに(徐に)

○落ち着いて、ゆっくりとした動作。

×急に。不意に。

＊「徐」はゆっくりという意味がある。

御の字

○大いにありがたい。非常に満足。

×一応納得できる。

＊この試験で60点取れれば御の字だ。

割愛する

○惜しいと思うものを手放す。カットする。

×不必要なものを切り捨てる。

辛党

○酒好きな人。

×辛い食べ物が好きな人。

＊「甘党」は、酒よりも甘い食べ物が好きな人。

閑話休題

○それはさておき。本題に戻す。

×話を本筋から脇へそらす。

＊無駄話はやめて本題に戻すときに使う。

号泣する

○大声を上げて泣くこと。

×激しく泣く。

＊「号」には、大声で叫ぶという意味がある。

姑息

○一時の間に合わせに物事をする。

×卑怯な。

＊「姑息な手段」は一時しのぎの手段の意。

さわりの部分

○最も感動的な部分。話の要点。

×話などの最初の部分。

＊義太夫節の最大の聞かせどころの意が転じて。

敷居が高い
○不義理などがあって、その人の家に行きにくい。

×高級すぎて入りにくい。

失笑する
○こらえきれず、吹き出して笑う。

×笑いも出ないくらいに呆れる。

＊「失」にはうっかり外へ出てしまう意味がある。

すべからく
○当然そうしたほうがよい。ぜひそうすべき。

×すべて。みんな。

世間ずれ
○ずる賢くなっている。

×世の中の考えから外れている。

＊世渡りしてきた結果ずる賢くなったという意。

ぞっとしない
○面白くない。感心しない。

×恐ろしくない。

＊「ぞっとする」は恐ろしいこと。

他力本願
○仏の力によって救済されること。

×自分では何もせずに他人に頼る。

＊「他力」は阿弥陀如来の力を意味する。

陳腐
○ありふれている。平凡。古くさい。

×つまらない。くだらない。

＊「陳」も「腐」も「古い」という意味がある。

手をこまねく
○何もせずに傍観している。

×準備して待ち構える。

＊「こまねく」は腕組みをするという意。

天地無用
○上下を逆にしてはいけない。

×上下を気にしないでよい。

＊運送する荷物に表示する言葉。

煮詰まる
○議論などが結論を出す段階になる。

×結論が出せない状態になる。

＊「行き詰まる」と混同しやすい。

にやける
○男が女のようになまめかしい様子をする。

×ニヤニヤと笑う。

やおら
○ゆっくり。静かに身を動かす様。

×急に。いきなり。

＊「徐ら」と書くことから、「徐に」と同義。

うっかりやってしまう二重表現

「馬から落馬する」などの二重表現はうっかりやってしまいがちですが、ちょっと恥ずかしい。気をつけましょう。

あらかじめ予約する → 予約する 「予約」は前もって約束すること。「あらかじめ」は不要。	ＩＴ技術 → IT Information Technologyで、すでに「技術」という言葉が入っている。
遺産を残す → 遺産がある 「遺産」は残された財産、残す財産のこと。「残す」がダブるので。	石つぶて → つぶて 「つぶて(礫)」は小石のこと。「石」がダブるので「つぶて」のみに。
一番最初に → 最初に 「最初」は一番初めのこと。つまり、「最初に」か「一番に」にする。	今現在 → 現在 「現在」は今のことだから、「現在」か「今」のみにする。
いまだ未解決 → 未解決 「未解決」は、未(いま)だ解決しないこと。「いまだ(未だ)」は不要。	炎天下の下(もと) → 炎天下 「炎天下」は炎天の空の下の意。「炎天下の下」「炎天下のなか」は誤り。
エンドウ豆 → エンドウ 「エンドウ(豌豆)」のみでいわゆるエンドウ豆を指している。	思いがけないハプニング → ハプニング 「ハプニング」は思いがけない出来事のこと。「思いがけない」は不要。

凱旋帰国 **→ 凱旋** 「凱旋」には「帰ってくる」という意味が込められている。	**各家庭ごと** **→ 各家庭** 「各」には「一つひとつ」「個々」の意味があるので、「ごと」は不要。
過半数を超える **→ 過半数になる** 「過半数」は半数を超えること。「過半数になる」が正しい。	**享年70歳** **→ 享年70** 「享年70歳」は「年」と「歳」がダブルので「享年70」が正しい。
挙式を挙げる **→ 挙式する** 「挙式」は式を挙げること。「挙式する」のみでよい。	**古来からの** **→ 古来** 「古来」自体に「〜から」「〜より」という意味が含まれている。
酒の肴 **→ 肴** 酒に添えるものが「肴」。「酒の」は不要。「酒肴」は酒と肴の意。	**時速80キロのスピード** **→ 時速80キロ** 「時速80キロ」はスピードを表している。「スピード」は不要。
射程距離に入る **→ 射程に入る** 「射程」は弾丸などが届く距離のこと。「射程内」ともいう。	**すべて一任する** **→ 一任する** 「一任」はすべてを任せること。「すべて」は不要。
互いに交換する **→ 交換する** 「交換」は互いにやり取りすること。つまり、「互いに」は不要。	**満天の星空** **→ 満天の星** 「満天」は空いっぱいのこと。「空いっぱいの星空」はおかしい。

ちょっと一息

言い間違えが多い言葉

似た慣用句と混同したり、単に言葉の順序を間違えたり。意味を考えると正解が自ずとわかります。

愛想を振りまく

→ 愛嬌を振りまく

「愛想」は人に接する態度。「愛嬌」は相手を喜ばせるような言動。

合いの手を打つ

→ 合いの手を入れる

相手の話の間に動作や言葉を挟むこと。「相づちを打つ」と混同しない。

青田刈り

→ 青田買い

大学などを卒業する前に内定を出し、新入社員として採用を決めること。

明るみになる

→ 明るみに出る

隠されていたものが明るいところに出ること。「明らかになる」はOK。

足下をすくわれる

→ 足をすくわれる

「足下を見られる」と混同しない。卑劣な手段で失敗させられること。

怒り心頭に達する

→ 怒り心頭に発する

「心頭」の「頭」は「辺り」などの意。心のなか辺りから発すること。

上や下への大騒ぎ

→ 上を下への大騒ぎ

上のものを下に、下のものを上にすることから、「上や下」は間違い。

うる覚え

→ うろ覚え

「うろ」は「洞」「空」「虚」で空洞を表す。「うる」は間違い。

押しも押されぬ

→ 押しも押されもせぬ

「押すに押されぬ」と混同しがち。意味は同じで、揺るぎないこと。

汚名挽回

→ 汚名返上

「挽回」は元に戻すことだから、「汚名挽回」は変。「名誉挽回」はOK。

思いもつかない

→ 思いもよらない

想定外のこと。「思いつかない」と混同しないこと。

眉をしかめる

→ 顔をしかめる

不満や不機嫌な表情を表す。「眉をひそめる」と混同しない。

極めつけ

→ 極めつき

定評がある。世間で認められていること。「極めつけ」は誤り。

しかめつらしい

→ しかつめらしい

「鹿爪らしい」で、もっともらしいこと。「しかめっ面」と混同しない。

上にも置かぬ

→ 下にも置かぬ

丁寧にもてなして、下座に置くことはしないという意味。

雪辱を晴らす

→ 雪辱を果たす

「雪辱」は前に受けた恥を雪ぐ(拭い去ること)こと。「晴らす」は誤り。

飛ぶ鳥跡を濁さず

→ 立つ鳥跡を濁さず

立ち去る者は後片付けをしてから去るべきという戒めの言葉。

取りつく暇もない

→ 取りつく島もない

船で海に出て立ち寄る島もなく途方に暮れることから。

目覚めが悪い

→ 寝覚めが悪い

眠りから覚めたときの気分が悪いこと。「目覚め」は誤り。

熱にうなされる

→ 熱に浮かされる

高熱のためうわごとを言うこと。「熱が出てうなされる」はOK。

間が持たない

→ 間が持てない

会話が途切れたりして気まずい時間ができること。「持たない」は誤り。

的を得る

→ 的を射る

「当を得る(道理にかなっている)」と混同しない。的は射るもの。

TEST-7

慣用句を完成させよう

空欄に漢字を入れてください。

Q1: 同じ年代の友人の突然の死は（　　）につまされる。

Q2: 彼女もきれいだが、
彼女の母は（　　）をかけてきれいだ。

Q3: 昔世話したからと、いつまでも（　　）に
着せる態度が嫌らしい。

Q4: 大規模なリストラで、多くの家族が（　　）に
迷うことになる。

Q5: 彼女とはすっかり（　　）の置けない間柄になった。

Q6: 彼のマジックは（　　）はだしで素晴らしい。

Q7: （　　）にかけて育てた社員がやめてしまって
ショックだ。

答え

Q1：身　Q2：輪　Q3：恩　Q4：路頭　Q5：気　Q6：玄人　Q7：手塩

第11章 比喩として使いたいことわざ

一人の機知、多くの人の知恵などから生まれたことわざは、長い歴史と民衆の共感があって、長く伝えられてきました。

ビジネスシーンで使えることわざ

打ち合わせの席などで何気なくことわざを使えると、評価が上がる。

浅い川も深く渡れ

浅い川でも深い川と同じように用心して渡れ。つまり、**些細なことでも用心が必要。**

蟻(あり)の思いも天に届く

蟻のような小さな虫でも努力すれば願いは天まで届く。**一心に努力すれば、希望は叶えられる。**

案ずるより産むが易(やす)し

始める前からあれこれ心配するより、実際にやってみれば、案外たやすくできるものだ。**取り越し苦労をするな**ということ。

言うは易(やす)く行うは難(かた)し

口で言うのは簡単だが、実行となると口で言うほど簡単ではない。

怒りは敵と思え

徳川家康の遺訓(いくん)にある言葉。怒ると自分の身を滅ぼすことになるため、慎むべきという戒め。

一日(いちにち)暖めて十日(とおか)冷やす

植物を一日だけ日光に当てて暖め、十日間は冷やすと成長にはよくない。**一日は勤勉、十日は怠けると何の役にも立たない**というたとえに。

生き馬の目を抜く

生きた馬の目玉ですら抜き取ってしまうほど素早く、ずる賢い。つまり、他人を出し抜いて利益を得ようとする様。**油断も隙もないこと。**

用例 **生き馬の目を抜くような世の中、正直者が馬鹿を見る。**

石の上にも三年

我慢強く頑張っていれば、いつかは報われることのたとえ。「三年」は「長い間」あるいは言葉どおり「三年」を意味する。この言葉を使うとき、「三年」を押しつけるニュアンスにならないように気をつけたほうがよい場合もある。**「継続は力なり」**という言葉もある。

用例 **石の上にも三年の気持ちで励んでほしい。**

一将功なりて万骨枯る

一人の将軍の功名の陰には、多くの兵士がいる。功績を挙げた人の陰には、それを**支えた人たちの努力や犠牲がある**ことを忘れてはならない。

一を聞いて十を知る

物事の一端から、その全体像を理解すること。その能力。**『論語』の一節から。**

用例 **彼女は幼い頃から利発で、一を聞いて十を知るような子でした。**

井の中の蛙大海を知らず

井戸の中に棲むカエルは、大きな海があることを知らないことから、狭い世界に生きて広い世界のことを知らない、見識が狭いことをいう。**世間知らず**も意味する。

用例 **この程度の知識で得意になっていては、井の中の蛙大海を知らずになってしまいます。**

絵に描いた餅

どんなに上手に描かれた餅でも、見るだけで食べられないことから、実際には何の役にも立たないことのたとえ。**「画餅に帰す」**ともいう。

用例 **この案は素晴らしいが、所詮は絵に描いた餅でしかないよ。**

頭の上の蠅を追え

自分の頭の上の蠅さえ追えないのに、人の世話を焼こうとするな。まずは**自分のことをしっかりせよ**という戒め。

用例 **僕のことを心配するよりは、まずは自分の頭の上の蠅を追ったほうがいい。**

一銭を笑う者は一銭に泣く

「一銭」はわずかな金額を意味する。わずかな金額でも、**お金を粗末にしてはならない**ことの戒め。**「一円を笑う者は一円に泣く」**ともいう。

思う念力岩をも通す

どんなことも一心に思いを込めてやれば、岩のような**大きな障害があっても、乗り越えられる**こと。

隗より始めよ

「隗」とは中国・燕の王に仕える者の名。王が隗に人材を集める方法を尋ねたとき、「まず隗（自分）を優遇しなさい。凡庸な私でさえ大切にされるのだから、私以上に優れた人物が応募してくるでしょう」と述べたことから、大事を始めるときは手近なことから始めよ、まず**言い出した人から実行しろ**、という意味で「隗より始めよ」といわれるようになった。

用例 **隗より始めよというように、まずは自分からこの仕事をやろうと思います。**

禍福はあざなえる縄のごとし

「禍福」は災いと福。「あざなう（糾う）」は糸をより合わせること。つまり、**幸福と不幸は表裏一体**で、より合わせた縄のように交互に来ること。

危急存亡の秋

生き残れるか滅びるかの瀬戸際のこと。中国・三国時代、諸葛亮が魏との戦いに向かうとき、「今天下三分して、益州疲弊す。此れ誠に危急存亡の秋なり」と言ったとされる。「秋」は「とき」と読み、「時」を表す。

用例 **わが社は今、危急存亡の秋だ。**

鶏口となるも牛後となるなかれ

「鶏口」は鶏のくちばし、「牛後」は牛の尻。中国の戦国時代、弁論家の蘇秦が、強大な秦に対抗する6か国の王に、強大なものに服従する(牛後)よりも、弱小でもその長(鶏口)として立ち向かうべきだと唱えたことから、**大きな集団のなかで下にいるよりも、小さな集団でも一番になるほうがよい**ことを表す。**「鶏口牛後」**ともいう。

弘法筆を選ばず

書家としても有名な**弘法大師**はどんな筆でも美しく書くことから、本当の名人は道具の良し悪しに左右されないこと。**「弘法(に)も筆の誤り」**は、どんな名人でも失敗することはあるという意味。

用例 **高いラケットに変えたからといって、テニスが上手くなるわけじゃない。**弘法筆を選ばずだ。

将を射んと欲すれば先ず馬を射よ

敵の大将を討ち果たすためには、まずその大将が乗っている馬を射ればよいということ。転じて、**目的を達成するためには、周辺の物事から片付けていくほうが早道**を意味するようになった。

先んずれば人を制す

何事も人より先に行えば、有利な立場に立てるようになること。

用例 **先んずれば人を制すで、彼より先に彼女を誘おうと思う。**

勝負は時の運

勝ち負けは、そのときの運で、力がある者、才能がある者が勝つとは限らない。**実力どおりの結果が出るとは限らない**こと。

心頭滅却すれば火もまた涼し

「心頭」は心、「滅却」は消し去ること。心に雑念がなければ、火さえ涼しく感じられることが転じて、心の持ち方一つで、どんな苦痛も苦痛と感じなくなるということ。**無心の境地**を**「心頭滅却」**ということもある。

急いては事を仕損じる

何事も焦ってやると失敗しがちだから、落ち着いて行動することという戒めの言葉。類義語に**「急がば回れ」「短気は損気」「待てば海路の日和あり」**などがある。

船頭多くして船山へ登る

船一艘に船頭が何人もいたら、いろいろな指図が出て船は山に登ってしまうという皮肉から、**指図する人が多いと見当違いが起きやすい**ことを意味するようになった。

損して得取れ

一時的に損をしても、将来的には大きな利益になって返ってくるという考え方。

大事の前の小事

大きなことを成し遂げようとするときに、小さなことを軽んじるような**油断は禁物**という戒め。

治にいて乱を忘れず

「治」は平和な世の中のこと。平和なときでも、世の中が乱れたときのことを忘れず、**万が一のときのための用心や心構え**をしておくようにという戒め。「治」は「地」と間違えないように。

鉄は熱いうちに打て

鉄は熱して熱いうちは、打つといろいろな形に変化することから、**物事は時機を逃さないうちに実行すべき**だという考え。

用例 **鉄は熱いうちに打てというように、幼児教育のうちから英語を学んだほうがいいね。**

名を捨てて実を取る

名誉や体裁(名)は人に譲って、中身や実利を取ったほうが賢いということ。対義語に**「得を取るより名を取れ」**がある。

用例 **憧れの職業に就こうと何年も頑張ってきたけど、生活は苦しくなるばかりで。名を捨てて実を取ることを考えればよかった。**

泣いて馬謖を斬る

中国・三国時代の蜀の武将・**馬謖**は**諸葛亮の愛弟子**だったが、命令に背いたことで魏に惨敗したため、諸葛亮は軍律どおり、馬謖を処刑した。処刑に当たり諸葛亮は涙したという。この故事から、たとえ**愛する者であっても、違反した者は厳しく処分する**ことを意味するたとえになった。

為せば成る為さねば成らぬ何事も

江戸時代の米沢藩主・**上杉鷹山**が家臣などに示した教訓。「**成らぬは人の為さぬなりけり**」という続きがあり、「何事もやればできる。やらなければできない。できないのはやろうとしないからだ」を意味する。

敗軍の将は兵を語らず

戦いに敗れた将軍は、戦いの経緯や武勇などを語る立場にはないことから、**失敗した者は弁解するべきではない**という意味に。

用例 惨敗です。敗軍の将、兵を語らずです。

背水の陣

中国の漢の名将・韓信がわざと川を背にして陣を取り、味方に退却できないという決死の覚悟をさせて戦ったという故事から、**一歩もあとに引けないような切羽詰まった状況**を表す言葉になった。

用例 今回は背水の陣だ。もうあとがない。

李下に冠を正さず

スモモ（李）の木の下で曲がった冠をかぶり直していると、スモモの実を盗んでいると誤解される恐れがあるから、そのような行為はしないほうがいいという言葉。**誤解を招くような行動は慎むこと**という戒め。

禍を転じて福と為す

「禍」は「災い」とも書く。災難や失敗も上手に利用できれば、逆に自分に有利にすることができるという意味。類義語に「**失敗は成功の母**」「**失敗は成功のもと**」「**七転び八起き**」などがある。

用例 禍転じて福と為すよう努力します。

人間関係で使えることわざ

打ち合わせの席などで何気なくことわざを使えると、評価が上がる。

氏より育ち

「氏」とは家の格式のこと。**人間にとって大切なのは、家柄よりも教育や環境**だということ。

用例 **彼は家柄もいいしお金持ちだけど、人柄がちょっと……。やはり氏より育ちだ。**

驕る平家は久しからず

『平家物語』に、「驕れる人も久しからず、ただ春の夜の夢のごとし」とあることからきた言葉。平家は清盛の時代から絶大な権力を握り、栄華を極めたが、その天下も長くは続かなかった。栄えていても、**思い上がっているといずれは滅びる**ことのたとえとして使われる。

縁は異なもの味なもの

男女の縁(結びつき)は、不思議で面白く、うまくできているということ。『江戸いろはかるた』には「縁は異なもの」がある。類義語に**「合縁奇縁」**がある。

恩を仇で返す

恩を受けた人に対して、感謝するどころか、逆に恨んだり害を加えたりすること。類義語に**「後足で砂をかける」「飼い犬に手を噛まれる」「獅子身中の虫」「軒を貸して母屋を取られる」**など。

用例 **あれだけ親切にしてやったのに、恩を仇で返された。**

踊る阿呆に見る阿呆

徳島の**阿波踊り**の歌の一節。「同じ阿呆なら踊らにゃ損損」と続く。**踊るほうも見るほうも似たようなものだ**というたとえに使われる。

枯れ木も山の賑わい

はげ山は殺風景でつまらない。たとえ枯れ木でもあったほうが山に趣を添えてくれる。つまり、**役に立たない者でも、いないよりはいたほうがまし**というたとえに使われる。

用例 **役に立つかわかりませんが、枯れ木も山の賑わいと思って使ってください。**

君子危うきに近寄らず

「君子」は知識や教養のある立派な人のこと。そういう人は**危険なことはしない**ことを意味する。上司などがイライラしているときに、上司には近づくなという意味で「君子危うきに近寄らずだよ」と使うことがあるが誤り。こういう場合は「**触らぬ神に祟りなし**」が適切。

紺屋の白袴

白い袴を紺色に染める紺屋が、仕事に忙しく自分の袴は染めていないことから、他人のためにばかり働いて、**自分のことは疎かになっていることを**いう。「紺屋」は「こうや」と読む。

用例 **歯医者のくせに、自分の歯は入れ歯だ。紺屋の白袴だね。**

子を持って知る親の恩

自分が親の立場になって初めて、子育ての大変さを知り、親の愛情をありがたく思うようになること。類義語に「**親の心子知らず**」がある。

獅子身中の虫

獅子（ライオン）の体内に寄生して獅子を死に至らしめる虫のこと。転じて、組織などの内部にいて**味方と見せかけて害をもたらしたり、恩を仇で返したりする者**のたとえとして使われる。

用例 **選挙で負けたのは、獅子身中の虫がいたからにちがいない。**

朱に交われば赤くなる

中国のことわざ「墨に近づけば必ず黒く、朱に近づけば必ず赤くなる」からきた言葉。人は関わる**相手や環境に影響されて、良くも悪くもなる**ということ。

用例 悪い友達と付き合うと、朱に交われば赤くなるで、よくない結果になってしまうよ。

袖振り合うも多生の縁

知らない人と道で袖が触れ合うぐらいのことからできた縁も**前世からの深い因縁がある**からという意味。「多生」は何度も生まれ変わること。「袖触れ合うも多少の縁」と誤って覚えがち。

敵に塩を送る

戦国時代、駿河の**今川氏真**と甲斐の**武田信玄**との関係が悪化したため、今川氏真は甲斐への塩の供給を中止する。これを知った信玄のライバル、越後の**上杉謙信**が甲斐に塩を送ったことから、「**敵に塩を送る**」という言葉が生まれた。つまり、**敵が苦しんでいるときに、その苦境を救う**こと。

用例 ライバル会社が被災して困っている。こんなときは敵に塩を送るべきだ。

出る杭は打たれる

並べて打った杭が1本だけ高くなっていれば、それを打って他と長さを揃える。転じて、**頭角を現す人は、妬みなどから非難されたり邪魔をされたりする**こと。

用例 出る杭は打たれるもので、昨年活躍した彼が、周囲の嫉妬から今年は活躍の場を奪われた。

虎の威を借る狐

虎に食われそうになった狐が「私は天帝から百獣の王に任命された。私を食べたら天帝から罰が下る。嘘だと思うなら私についてこい」と言うので、虎がついていくと、行き会う動物たちが皆逃げていく。虎は自分を恐れて逃げ出したことに気づかず、狐の話を信じてしまう。この故事から、**他人の権勢を笠に着て威張る小物のこと**をいうようになった。「威を借る」は権力を利用すること。

天は人の上に人を造らず

「人の下に人を造らず」と続く。**福沢諭吉の『学問のすすめ』**の冒頭の言葉。身分の上下や家柄、職業、貧富などに左右されず、**人間はすべて平等**であるべきということ。

遠くて近きは男女の仲

清少納言の『枕草子』に「遠くて近きもの、極楽、舟の道、男女の仲」という一文がある。男と女は遠く離れているように見えても、意外と結びつきやすいということ。

長いものには巻かれろ

力のある者には逆らわず、従ったほうがよいということのたとえ。

用例 上司は「長いものには巻かれろ」主義だ。

人を呪わば穴二つ

人を呪って殺せば、自分も恨みを買って殺され、墓穴が二つ必要になる意味から、人に害を与えれば、やがて自分も害を受けることになるというたとえ。類義語に「**因果応報**」がある。

物言えば唇寒し秋の風

松尾芭蕉の句。口を開くと秋の冷たい風が唇に触れて、寒々とした気分になることから、**余計なことを言うと災いを招く**、あるいは人の悪口を言えば後味の悪い思いをするなどのたとえに使われる。

類は友を呼ぶ

気の合うものや**似た者同士が自然に集まること**。「類」は同じ仲間のこと。

用例 なぜか私の周りには山好きが集まる。類は友を呼ぶのかな。

寄らば大樹の陰

権力や精力のある人についていたほうが安心できるし、利益にもなるということ。

用例 寄らば大樹の陰という考え方が嫌いだ。

日常生活で使えることわざ

日常会話にことわざを入れれば、会話がさらに趣のあるものに。

頭隠して尻隠さず

追われたキジ（雉）が草むらに頭を突っ込んで隠れても、尾は丸見えになっていることから、悪事や欠点などを**全部隠したつもりでも、周囲にはちゃんと見えている**ことを嘲笑っていう言葉。『江戸いろはかるた』の一つ。

石橋を叩いて渡る

頑丈な石橋をも叩いて安全性を確かめてから渡るように、用心の上に用心を重ねることをいう。「**浅い川も深く渡れ**」「**転ばぬ先の杖**」「**念には念を入れよ**」など類義語は多い。

用例 彼は石橋を叩いて渡るほど慎重だ。

一寸先は闇の世

間近な未来も予測できない状況。**次に何が起こるか予測がつかないことのたとえ**。「一寸先は闇」ともいう。

用例 一寸先は闇だから、努力しても無駄だ。

一寸の虫にも五分の魂

「一寸」は約3センチ。そんな小さな虫にさえ、身体の半分（五分）の魂があるという意味から、**小さく弱い者にも意地や根性があるという意味**。弱者を侮っている人を戒める言葉。

用例 子どもだからといって馬鹿にしてはいけない。一寸の虫にも五分の魂だ。

縁の下の力持ち

人目につかないところで、人を支えるために援助や努力をしていること、そのような人のこと。

鬼の居ぬ間に洗濯

怖い人やうるさい人（鬼）がいない間に、くつろいで息抜きをすることのたとえ。「洗濯」は「命の洗濯」を意味する。

鬼の霍乱

普段は非常に丈夫な人、誰もが丈夫だと思っている人が、珍しく病気になること。「霍乱」は「撹乱」ではなく、日射病や食中毒を意味する言葉。

用例 彼が病欠とは、鬼の霍乱だね。

溺れる者は藁をもつかむ

溺れたときに、藁をつかんででも助かろうと必死になることから、万策尽きたときに、頼りにならないものにまですがろうとすること。「藁にもすがる思い」なども使う。

風が吹けば桶屋が儲かる

江戸時代の浮世草子から出た話。大風で土埃が立つ→土埃が目に入って、盲人が増える→盲人は三味線を買う→三味線に使うネコの皮が必要になり、ネコが殺される→ネコが減ればネズミが増える→ネズミは桶をかじる→桶の需要が増えて桶屋が儲かる。このように最初の出来事が巡り巡って意外なことに影響が及ぶことを表す言葉。期待しても当てにはできないことも意味する。

火中の栗を拾う

フランスの詩人ラ・フォンテーヌの寓話から生まれたことわざ。ずる賢いサルにおだてられたネコが囲炉裏の中で焼けている栗を拾って火傷をし、栗はサルに食べられてしまうという話から、人にそそのかされて、他人のために危険を冒すことを意味する。

用例 彼の問題だから、あなたが火中の栗を拾う必要はありません。

河童(かっぱ)の川(かわ)流(なが)れ

泳ぎの達人である河童でも川に押し流されることがあるという意味から、**名人や達人でも油断をすると軽率なミスを犯すことがある**というたとえ。「**猿も木から落ちる**」「**弘法も筆の誤り**」などの類義語がある。

果報(かほう)は寝て待て

「果報」は運に恵まれて幸福なこと。運は人の力ではどうにもできないことだから、焦らず待つように。類義語は「**待てば海路の日和(ひより)あり**」など。

用例 試験が終わった。あとは果報は寝て待てだ。

木で鼻をくくる

「くくる(括る)」は「こくる」が転じたもので、「こする」を意味する。つまり、**鼻をかむとき木でこすることから、非常に素っ気ない態度、**冷淡な態度を意味するようになった。

用例 木で鼻をくくるような言い方をされ、それ以上話ができなくなった。

漁夫(ぎょふ)の利(り)

中国の故事から。ハマグリが殻を開けて日向(ひなた)ぼっこをしていると、シギが飛んできてハマグリの肉を食べようとしたので、ハマグリは殻を閉じてシギのくちばしを挟んだ。その状態で両者譲らず、たまたま通りかかった漁師が両者を生け捕りにして食したという。つまり、**争っている二者の間に第三者が入って利益を横取りすること。**

木を見て森を見ず

小さなことに囚われて、全体を見渡せないこと。些細なことに気を取られていると、全体を見失うことを戒める言葉。

用例 監督は木を見て森を見ずでは駄目だ。

怪我(けが)の功名(こうみょう)

「怪我」は不測の事態やミス、「功名」は手柄を立てて名を上げること。**失敗や過失が、偶然によい結果をもたらすこと**を意味する。

用例 今回の発見は怪我の功名からだった。

後悔先に立たず

終わったこと、**過ぎ去ったことを悔やんでもすでに遅いこと**。そのようなことがないようにという戒めの言葉。

郷に入っては郷に従え

「郷」とは村里のこと。新しい土地や町に来たら、**その土地や町の習慣などに従うべきということ**。「入って」は「いって」と読む。

虎穴に入らずんば虎子を得ず

虎の子を得るためには、虎の住む穴に危険を冒して入らなければならないことから、**危険を避けていては、大きな成功はない**ということをたとえた。「虎子」は「虎児」とも書く。対義語は「**石橋を叩いて渡る**」「**命あっての物種**」など。

転ばぬ先の杖

「先」は時間的に前を意味する。転ばない前から杖は用意しておくこと。つまり、**万が一に備えての準備が大切**という意味。

砂上の楼閣

「楼閣」は高く立派な建物。砂の上に建てられた楼閣は、すぐに崩れてしまうことから、**長く維持できない、実現不可能なこと**を意味する。キリスト教の『新約聖書』にある言葉が由来。

用例 **この計画は、結局砂上の楼閣だった。**

三十六計逃げるに如かず

「三十六計」は中国古代の兵法にある36種類の計略のこと。いろいろな計略法があっても、**逃げるが勝ち**ということもある。

雌雄を決する

戦って勝ち負けを決めること。中国・三国時代、長年の戦いに嫌気が差した**項羽**が**劉邦**に対して一騎打ちの戦いを望んで言った言葉から。

用例 **決勝戦で雌雄を決することになった。**

少年老(お)い易(やす)く学(がく)成(な)り難(がた)し

人は若いうちはまだまだ人生は長いと思っているが、すぐに年をとってしまうから、若いうちから時間を惜しんで勉学に励まないと何も学べないまま終わってしまうということ。つまり、**若いうちから勉学に励め**という戒め。

白河夜船(しらかわよふね)

京都見物をしたと嘘をついた人が、白河のことを聞かれ、川の名前と思い込み、「夜に船で通ったから知らない」と答えて嘘がばれたという話から、何もわからないほど眠り込む、知ったかぶりをすることをいうようになった。

用例 **昨夜近所で火事があったらしいが、白河夜船でまったく気づかなかった。**

知らぬが仏(ほとけ)

知ってしまえば腹が立ったり悩んだりすることもあるだろうが、知らなければ仏のように心穏やかでいられることから、**本人だけが知らない様子。事情を周囲に知られていないからと責任逃れする**ときにも使う。『江戸いろはかるた』の一つ。

用例 **誰にも気づかれなかったから、知らぬが仏を決め込んだ。**

好きこそ物の上手(じょうず)なれ

好きなことなら人は熱心に努力するので上達が早いこと。対義語は「**下手(へた)の横好(よこず)き**」。

過ぎたるは猶(なお)及ばざるが如(ごと)し

何事も度が過ぎることは足りないこと（及ばないこと）と同じくらいよくないこと。**やり過ぎはよくないこと。**

青天(せいてん)の霹靂(へきれき)

「青天」は青く晴れ渡った空。「霹靂」は激しい雷鳴のこと。晴れた空に突然激しい雷鳴がとどろくことから、**予想もしなかったような事件や変化が突然起こる**ことをいう。

用例 **A社と提携が実現したとは、青天の霹靂だ。**

背に腹は替えられぬ

五臓六腑が収まっている腹は、背中を犠牲にしても守らなければならないことから、**大きなことをするためには小さな犠牲は致し方ない**ということのたとえ。『江戸いろはかるた』の一つ。

用例 **ライバルに助けてもらうなんて、プライドが傷つくが、切羽詰まっているから背に腹は替えられなくなった。**

善は急げ

よいと思ったことはすぐに実行すべきだということ。類義語に「**思い立ったが吉日**」がある。

備えあれば憂いなし

普段から準備をしておけば、いざというときに心配がないこと。類義語は「**転ばぬ先の杖**」など。

対岸の火事

向こう岸（対岸）で起きている火事はこちらの岸まで及ぶ心配がないことから、自分には何も関係がないことを意味する。「他山の石」と混同しやすいので注意。

用例 **今回の事故は、対岸の火事だと済ますべきではないと思います。**

他山の石

よその山から出た粗悪な石も、自分の宝石を磨くのに利用できることから、**他人の誤った言動が自分の人格を育てる助けになる**ことを意味する。

用例 **今回の事態を他山の石として、わが社の組織づくりに生かしたい。**

蛇足

中国の故事から。ヘビの絵を早く描く競争をしたとき、真っ先に仕上げた者がヘビに足まで描いてしまい、結局負けてしまった。転じて、**なくてもよい無駄なこと、余計なもの**を「蛇足」というようになった。

用例 **蛇足かもしれませんが、私の意見を述べてよいでしょうか。**

棚から牡丹餅

棚から落ちてきた牡丹餅が、ちょうど開いていた口に収まることから、**思いがけない幸運が舞い込むこと。**

用例 **彼は棚から牡丹餅が落ちてくることしか考えていない。**

天網恢々疎にして漏らさず

中国の『老子』や『魏書』にある言葉。「天網」は天に張り巡らす網。「恢々」は広く大きい様。「疎」は目が粗い様。つまり、悪人を捕らえるために張り巡らせた網の目が粗くても、悪人は一人も取り逃さないこと。転じて、**悪いことをすれば、必ず報いがあること**を意味する。

用例 **ついにあの政治家が逮捕された。やはり天網恢々疎にして漏らさずだ。**

毒を以て毒を制す

毒に当たった病人を別の毒を用いて治療することから、**悪を制するために別の悪を利用**すること。

灯台下暗し

「灯台」は岬などにある灯台ではなく、昔の燭台のこと。その灯台は周囲を照らしても、真下は影になって暗いことから、人は**身近なことに案外気がつかない**ことのたとえになった。

塗炭の苦しみ

「塗」は泥、「炭」は火を意味する。つまり、泥にまみれ、火に焼かれるほどの**耐えがたい苦しみ。**

用例 **従軍記者は塗炭の苦しみを味わった。**

捕らぬ狸の皮算用

まだタヌキを捕らえていないうちから、タヌキの皮を売っていくら儲けるかを計算することから、**実際に手に入るかどうかわからないものに期待して、いろいろと計画を練ったり、儲けを計算したりすること。**「算用」は金銭の額や数量を計算すること。

用例 **来年のお年玉で何を買おうかと考えるなんて、捕らぬ狸の皮算用だよ。**

鳶が鷹を生む

鳶を平凡なもの、鷹を優れたものにたとえ、平凡な両親から優れた子どもが生まれることをいう。「とび」は「とんび」ともいう。

用例 あの秀才が彼の子ども？ まさに鳶が鷹を生むだね。

泣きっ面に蜂

泣いてむくんだ顔をさらに蜂が刺すことから、不運、不幸が重なることを意味する。

用例 スマホを忘れてしまって彼女に遅れるという連絡もできないし、仕事では上司に叱られるし、まさに泣きっ面に蜂だよ。

煮え湯を飲まされる

熱湯を飲み頃だと勧められて飲んだら、ひどく熱い思いをすることから、信頼している人に裏切られて、ひどい目に遭うことを意味する。

用例 親友と思っていたのに、秘密をばらされて、煮え湯を飲まされた思いだ。

二兎を追う者は一兎をも得ず

二羽のウサギを同時に捕まえようとして、結局一羽も捕まえられないことから、**同時に二つのことをうまくやろうと欲を出しても、結局はどちらも失敗する**ことを意味する。

用例 こっちの仕事でも成功したいし、あちらの仕事にも首を突っ込みたいしでは、二兎を追う者は一兎をも得ずになってしまうよ。

人間到る処青山あり

「人間」は「じんかん」とも読み、人の住む世界（世の中）を意味する。「青山」は墓地のこと。**人はどこで死んでも墓地とするところはある**から、故郷を出て大いに活躍すべきことを表す。幕末に尊皇攘夷論を唱えた僧・**月性**の言葉。

濡れ手で粟

濡れた手で粟をつかむと、たくさんの粟粒がくっついてくることから、**苦労もなしに多くの利益を得る**ことを意味する。

人間万事塞翁が馬

「塞翁」は砦(塞)に住む老人(翁)のこと。あるとき、老人の馬が逃げ出した。そして、その馬がほかの良馬を連れて戻ってきた。老人の息子が馬から落ちてけがをした。戦争が始まって近隣の若者は戦争に駆り出されたが、息子はけがのおかげで戦争に行かずに済んだ。こうした変化のたびに老人は「災いが幸福につながる」「幸福が災いにつながる」と予言した。この故事から、**世の中の幸・不幸は予測できないもので、安易に一喜一憂すべきでない**とする戒めを意味する。

用例 **今日はバッグを盗まれたけど、宝くじが当たった。これぞ人間万事塞翁が馬だね。**

猫に小判

猫に小判を与えても、その価値がわからないことから、**価値のわからない人に大切な物を与えても何の役にも立たない**ことを意味する。類義語に**「豚に真珠」「犬に論語」**などがある。

用例 **彼にこんな貴重な絵画を渡すなんて、猫に小判というものだ。**

能ある鷹は爪を隠す

有能な鷹は、獲物に気づかれないように普段は鋭い爪を隠していることから、**本当に才能のある人は、それをひけらかしたりしない**ということ。

用例 **彼女がこんなに書道が上手だったなんて、能ある鷹は爪を隠すだね。**

馬脚を現す

芝居で馬の足(馬脚)に扮する役者が、うっかり自分の足を見せてしまうことから、**隠していた本性や悪事がばれてしまう**ことを意味するように。類義語に**「化けの皮が剥がれる」**がある。

用例 **ついに馬脚を現したな。**

貧すれば鈍する

貧乏をすると、毎日毎日生活のことばかり考えてしまい、**賢明な人でも愚かになり、高潔さが失われてしまう**こと。

用例 **彼があのように変わるなんて。貧すれば鈍するとはこのことだ。**

瓢箪から駒が出る

「駒」とは馬のこと。瓢箪から馬が出るなど、あり得ないことだ。そのように思いもかけないこと、あり得ないことが起こることをいう。また、冗談が現実になることを意味することもある。**「瓢箪から駒」**ともいう。

用例 **彼が営業成績でトップになるなんて、瓢箪から駒としかいいようがない。**

笛吹けど踊らず

踊らせようとして笛を吹いても、誰も踊り出さなかったことから、**いろいろと準備をしても、それに応じる人がいないこと。**キリスト教の『新約聖書』にある言葉から。

覆水盆に返らず

妻に愛想を尽かされ出て行かれた中国の太公望が出世すると、元妻が復縁を求めてきた。太公望は盆の水をこぼして、「この水を元に戻せたら応じよう」と言った。**一度してしまった失敗は取り返しがつかないこと**のたとえになった。「覆水」はこぼれた水のこと。

用例 **仕事でとんでもないミスをしてしまい、取引先を失ってしまった。非常につらいけど、覆水盆に返らずだ。**

坊主憎けりゃ袈裟まで憎い

その人を憎く思う気持ちが高じると、**その人に関わるすべての物事が憎くなること。**

馬子にも衣装

「馬子」は荷物や人を乗せた馬を引く仕事をする子ども。馬子でも羽織袴を着れば立派に見えることから、**身なりを整えることで立派に見えること**を意味する。

まな板の鯉

まな板に乗せられた鯉は、調理されるのを待つだけの状態。転じて、自分の力ではどうすることもできず、**相手のなすがままの状態**をいう。

真綿で首を絞める

真綿は柔らかいが、引っ張っても千切れないくらいに強い。つまり、**じわじわと遠回しに責めていく**ことを意味する。

用例 **真綿で首を絞めるように妻から責められた。**

ミイラ取りがミイラになる

「ミイラ」は死体に塗る薬のこと。これを塗って死体が腐るのを防いだ。この薬を取りに行った者が砂漠で倒れ、自分がミイラになってしまった。転じて、**人を連れ戻しに行った者が、目的を果たせず、そこに留まってしまう**こと。また、**説得しようとして逆に説得されてしまう**こと。

身から出た錆

刀身から出た錆が刀を腐らせてしまうことから、自分の言動が原因で苦しんだり悩んだりすることをいう。『江戸いろはかるた』の一つ。「**自業自得**」「**因果応報**」ともいう。

用例 **こんな結果になるとは、身から出た錆だ。**

昔取った杵柄

「杵柄」は脱穀や餅つきに用いる杵の握る部分のこと。若い頃に身に付けた腕前はなかなか衰えないこと。

用例 **テニスは得意です。昔取った杵柄ですから。**

目から鼻へ抜ける

目で見たものを素早く嗅ぎ分けることから、**非常に賢いこと、抜け目のないこと**を意味する。

用例 **目から鼻へ抜けるような女性だ。**

餅は餅屋

餅は餅屋がついたものが一番美味しいことから、何事も**素人は専門家にはかなわない**こと。

諸刃の剣

両方の縁が切れるようになっている剣は、自分も傷つけてしまう危険がある。転じて、**非常に役立つ一方、損害をもたらす恐れもある**こと。

柳に雪折れなし

柳の枝はしなやかで、**雪がその上に積もっても折れることがない**。反対に硬い枝は雪の重みで折れることもある。

用例 彼女は柳に雪折れなしのような人だ。

藪から棒

「藪（草木が茂っている場所）から突然棒を突き出す」の略。**予期せぬことが突然起こること**。出し抜け。

用例 藪から棒に何を言い出すかと思えば。

病膏肓に入る

「膏」は心臓の下の部分、「肓」は横隔膜の上の部分。この部分は薬も針も届かない治療が困難な場所。そこに病気が入り込むとは、治療のしようがないとされた。転じて、**趣味が高じて、手がつけられない状態**をいう。

用例 グッズを購入したり追っかけたり、彼のアイドルへの傾倒は病膏肓に入っている。

渡りに船

橋のない川をどうやって渡ろうかと考えていたときに、ちょうど目の前に船が着いたことから、困っているときに都合よく助けとなる人が現れたり、環境が整ったりすること。

用例 渡りに船とはよく言ったものだ。

渡る世間に鬼はなし

世の中は、鬼のように無慈悲な人ばかりではない。親切で人情の厚い人もいるということ。類義語に**「捨てる神あれば拾う神あり」**がある。

割れ鍋に綴じ蓋

「割れ鍋」は壊れた鍋のこと。「綴じ蓋」は壊れた部分を修理した蓋のこと。この二つを夫婦にたとえた。壊れた鍋には修理した蓋が釣り合うように、**どんな人にもふさわしい配偶者がいる**ものだということを表す。『江戸いろはかるた』の一つ。

用例 割れ鍋に綴じ蓋という言葉があるように、彼と私は相性がピッタリ。

ウィットに富んだ表現を考えよう

面白い表現は、身の回りやニュースなどのなかにたくさん転がっています。それを自分流にアレンジするのが楽しい。

【OS】 これからは社会人としてのOSをインストールしなければ。
【阿片】 スマホは21世紀の阿片(あへん)だ。
【浮島】 ぽっかり浮島のように記憶が残っている。
【雲丹(うに)】 彼は雲丹のように刺々(とげとげ)しいヤツだ。
【海】 彼女は今、スキャンダルの海に沈んでいる。
【浦島太郎】 久しぶりにこの町に帰ってきた。まるで浦島太郎になったようだ。
【ガラス】 彼の心はガラスのように脆(もろ)い。
【間欠泉(かんけつせん)】 情熱が間欠泉のように湧き上がった。
【霧】 うっすらと霧が立ちこめているような心境だ。
【空気】 空気が抜けるようにやる気を失った。
【首から下】 彼女はいつも首から下で考える。
【剛毛】 心臓に剛毛が生えているようで、大したもんだ。
【コロンブスの卵】 よくこれを思いついたな。まるでコロンブスの卵だ。
【砂漠】 今この商売をすることは、砂漠で砂を売るようなものです。
【双六(すごろく)】 行ったり来たりしながら、双六の上がりを目指す。
【ゼンマイ仕掛け】 ゼンマイ仕掛けのような夢を見ていました。
【血】 体から血を奪われていくような感じがした。
【デジタル化】 デジタル化の奔流に溺れかかっているよ。
【点線】 ヨーロッパの国境が実線から点線になった。
【ドラえもん】 国際社会にはドラえもんはいない。
【ナイフ】 ヤツに本音のナイフを突き立ててやったよ。
【ハムレット】 ここは思案のしどころだ。まるでハムレットのような心境だよ。
【半減期】 人のエネルギーにも半減期がある。
【風船】 風の吹くまま風船のように飛んでいきたい。
【伏流水(ふくりゅうすい)】 怒りが伏流水のように湧き上がってきた。
【へその緒】 僕にとってはへその緒のようなもので、自分では切り離せないものだ。
【北極星】 彼は北極星のように方向を指し示してくれる存在だ。
【魔術師】 彼女はガラス細工の魔術師だ。
【横綱級】 このズワイガニは横綱級の美味(うま)さだ。
【羅針盤】 君にとっての人生の羅針盤とは何ですか。

第12章

季節・自然・暮らしを表す言葉

美しい四季、厳しい自然と向き合ってきた日本だからこそ生まれた、趣のある言葉。その風情を楽しむ、寄り添う心が表れています。

新年を表す言葉

希望と期待に満ちて迎える新年。言葉もおめでたい。

おせち（御節）料理

かつては**節会**(せちえ)（宮廷で行われた公式行事）や**節句**につくられる料理だったが、現在は正月料理を指す。神様にお供えして食べたもので、「**御節供**(おせちく)」と呼んでいた。それが略されて「おせち」になった。

お年玉

正月に**年神様**を迎えるために供えられた**鏡餅**がお下がりとして子どもに与えられ、その餅が「**御歳玉**(おとしだま)」と呼ばれたことが由来とされる。あるいは「**年の初めのありがたい賜物**(たまもの)」から「**年賜**(としだま)」になり変化したという説など諸説ある。お年玉に金品を贈るようになったのは室町時代からといわれる。

獅子舞(ししまい)

インド→中国→日本へと伝わった。**獅子はライオン**のこと。獅子が**人の頭を噛む**ことで、**邪気を食べ、悪魔払いをする**と考えられた。

鏡開き(かがみびらき)

昔の鏡（青銅製の丸形）の形に似ていることから「鏡餅(かがみもち)」といわれる。年神様の居場所になっていて、それを**開いて、食べることでその力を授けてもらう**という意味がある。「割る」という表現は縁起が悪いので、**末広がりを意味する「開く」**になった。

注連飾り(しめかざり)

注連縄(しめなわ)は、糸の字の象形をなす**紙垂**(しで)**をつけた縄**のこと。注連縄には、不浄なものや災いが入り込まないように結界を張る意味がある。こうした意味から、正月に飾られるようになった。

元日、元旦

元日は1月1日のこと。**元旦は厳密には元日の朝**のこと。「旦」は、太陽が地平線から出る様子を表した漢字。

一年の計は元旦にあり

新しい**一年の目標や計画は、その年の元旦に立てる**ことで、その一年が有意義になるということ。戦国武将・毛利元就の言葉。また、中国の書物『月令広義』には「一日の計は晨にあり　一年の計は春にあり　一生の計は勤にあり　一家の計は身にあり」という言葉がある。

一富士二鷹三茄子

初夢(新年に最初に見る夢)に見るもののなかで、縁起がよいものとされる順番のこと。**一は富士山、二は愛鷹山、三は初茄子**。その由来は諸説ある。

雑煮

古来、餅は日本人にとって祝い事や特別の日に食べる食べ物だった。そのため、新年には**年神様にお供えをし、それをお雑煮にして食べる**風習となった。

人日の節句

陰暦1月7日が**最初の節句**。この日は正月最後の日で、**七草がゆを食べ**、今年1年の豊作と無病息災を祈る。中国では1月1日は鶏の日、2日は狗(犬)の日、3日は猪(豚)の日、4日は羊の日、5日は牛の日、6日は馬の日として、それぞれの動物を当てはめた占いを行い、その日にはその動物を殺さないようにしていた。そして、7日は人の日(人日)として、人を大切にし、犯罪者に対する刑罰も行わないようにしていたという。

宝船

七福神(恵比寿、大黒天、福禄寿、毘沙門天、布袋、寿老人、弁財天)を乗せた船。この絵を枕の下に置いて寝ると、よい初夢が見られるといわれる。

松の内

正月飾りの**松飾り(門松)を飾っておく期間**ということで「**松の内**」という。一般的に現在では1月7日までをいう。松の内が過ぎると、松飾りを外す。「**松が開ける**」「**松がとれる**」ともいう。

春を表す言葉

芽吹きの季節。春を待つ気持ちが言葉に表れる。

青梅雨（あおつゆ）

梅雨のこと。春の季語。青々とした木々の葉や春の草花を連想しながら用いる。単に「梅雨」というよりも風情を感じる。

お水取り（おみずとり）

正式には**「修二会（しゅにえ）」**。東大寺二月堂で毎年3月1日から14日まで行われる行事で、**春を告げる行事**といわれる。若狭井（わかさい）という井戸から観音様にお供えするお香水（こうずい）を汲み上げる儀式。

磯開き（いそびらき）

磯物（その地方の海藻や貝類など）**の採取を解禁**すること。春の季語。磯の水も温（ぬる）んで、春の訪れを感じさせる。

陽炎（かげろう）

よく晴れた日に、光が屈折して、道路のアスファルトの上や車の屋根の上などに立ち上る**もやもやとした揺らめき**のこと。**蜃気楼（しんきろう）**を意味することも。春の季語だが、夏に多く見られる。

木の芽時（きのめどき）

木々の新芽が一斉に吹き出す頃。早春。この時期は精神的にバランスを崩しやすいといわれ、「木の芽時だからね」などと言葉が交わされることもしばしば。

暮れなずむ

日が暮れかけてから暗くなるまでの間。「なずむ（泥む）」は、物事が停滞すること。「暮れなずむ春の空」などと使う。

東風（こち）

春から夏にかけて**東から吹いてくる風**。春の季語。この風が吹くと寒さが緩むといわれる。菅原道真（すがわらのみちざね）の歌「東風吹かば匂ひ起こせよ梅の花　主（あるじ）なしとて春な忘れそ*」は有名。

＊『拾遺和歌集』『大鏡』『源平盛衰記』などでは「忘るな」、『宝物集』『十訓集』『古今著門集』『太平記』などでは「忘れそ」になっていて、どちらが正しいかは不明。

啓蟄（けいちつ）

二十四節気の一つ。3月6日頃。「啓」は開く、「蟄」は虫などが土の中に閉じこもることを意味する。つまり、大地が暖まり、**冬ごもりの虫が這い出てくること**。

朧月夜（おぼろづきよ）

「朧」とはぼんやりしている、はっきりしないという意味。朧月夜は、**春の夜に月が霞んでいる情景**。霧や靄に包まれて霞んで見える春の夜の月を朧月ともいう。**「春は朧」**は、薄く曇ってぼんやりした景色を意味する。

緑雨（りょくう）

新緑の季節に降る雨。緑が雨に映えて美しい様子。

三寒四温（さんかんしおん）

寒い日が3日続き、そのあとに4日ほど暖かい日が続く現象。本来は冬に使われる言葉だったが、現在は春先にこのような現象が起こることから、春先に使われるようになった。

潮干潟（しおひがた）

潮が引いて現れた干潟のこと。特に春の大潮に、潮が大きく引いた遠浅の干潟を指すことが多い。潮干潟では潮干狩りの人々で賑わうことになる。

下萌え（したもえ）

春になり、**枯れ草に隠れるように、草の芽が地中から出始める**こと。「下」は枯れ草の下を意味する。**草萌え**ともいう。

春暁（しゅんぎょう）

春の明け方。孟浩然の「春暁」という漢詩の第一句が**「春眠暁を覚えず」**。

春霖（しゅんりん）

「霖」は**しとしとと長く降り続く雨**を指すことから、春に静かに降る長雨を意味する。同様に「霖」を用いた秋に降る長雨は「秋霖」。

節分（せつぶん）

元々は**「節分」**とは**季節を分ける**立春、立夏、立秋、立冬という各季節の始まりの日の前日のことだったが、立春は特に一年の始まりとして尊ばれ、**立春（2月4日）の前の日**を「節分」とするようになった。

草履道（ぞうりみち）

小林一茶が詠んだ「蝶とぶや信濃の奥の**草履道**」から。春になると、ぬかるんでいた田や畑、道などが乾いて、砂埃（すなぼこり）が立つようになる。それを一茶は「草履道」と呼んだ。

端午（たんご）の節句

5月5日が端午の節句。奈良時代には邪気や魔物を祓（はら）うとされた菖蒲（しょうぶ）を湯に入れた**菖蒲湯**に浴した。江戸時代には男子の節句となり、鎧（よろい）や兜（かぶと）を飾ったり、鯉のぼりを立てたりして男子の誕生や成長を祝った。

名残雪（なごりゆき）

「名残の雪」は、春になっても消え残っている雪、春に入ってから降る雪をいう。「名残雪」という言葉は、フォークシンガーのイルカの歌「なごり雪」から生まれた言葉。これが大ヒットしたことから、40年後にようやく気象協会から「季節の言葉」として認められたという。

野焼き

冬の間にたまった**枯れ草や枯れ野を春先に燃やすこと**。その灰は肥料となる。春の季語。

八十八夜

立春から数えて八十八日目に当たる日。5月2日頃。「夜」は「日」と同義。この頃から気候が安定し、茶摘みなどの農作業の目安とされた。八十八夜に摘み取られるお茶は不老長寿の縁起物の新茶として珍重される。

花嵐（はなあらし）

桜の花の季節に強く吹きつける風をいい、その風で桜の花が一斉に舞い散る様子も指す。

花衣（はなごろも）

お花見に着ていく女性の晴れ着のこと。元禄時代には、花見小袖（はなみこそで）が流行した。

春麗（はるうら）ら

春の麗らかな様子。「麗らか」は**日が柔らかく、のどかに晴れ**ている様子で、春の季語。

春告げ草（はるつげぐさ）

梅のこと。春を告げる花として親しまれている。盆栽としても人気。

春一番

元々は長崎県あたりの漁師が使っていた言葉とされ、春先の強風による漁師の遭難をきっかけに、**立春を過ぎて最初に吹く強い南風**を呼ぶようになったといわれる。

春はあけぼの

清少納言(せいしょうなごん)の随筆『**枕草子**(まくらのそうし)』の冒頭の一節「**春はあけぼの**。やうやう白くなりゆく山際、少し明かりて、紫だちたる雲の細くたなびきたる。」は有名。清少納言は「春は明け方(曙(あけぼの))がよい」とした。

雲雀(ひばり)

ヒバリは春の空高く舞い上がり、のどかにさえずる。上がるヒバリを**揚雲雀**(あげひばり)、落ちるヒバリを**落雲雀**(おちひばり)という。

水温む(ぬるむ)

春になって、**池や川の水が温かく感じられるようになること**。「水温む春」などと使う。

桃の節句

陰暦の**3月3日**が最初の巳(み)の日＝上巳(じょうし)で、中国では厄払いや禊(みそ)ぎ(からだを洗い清める)を行っていた(**上巳節**(じょうしせつ))。この頃は桃の花が咲く頃で、**桃の節句**ともいう。平安時代に貴族の子女の間で流行っていた人形遊びが、**ひな祭り**につながった。

山笑う(やまわらう)

草木が芽吹き、花が咲き、鳥がさえずる**春の山**を「山笑う」と形容した。正岡子規(まさおかしき)の句に「故郷やどちらを見ても**山笑ふ**」というのがある。

雪割草(ゆきわりそう)

雪の残っているところに、**雪を割るようにして咲き出す**ことからこの名がついた。

忘れ霜(わすれじも)

春の終わり頃に、急に気温が低下し、**忘れていたかのように霜が降りること**。

夏を表す言葉

新緑から真夏、晩夏まで、夏の風情は移りゆく。

青梅（あおうめ）

梅雨の頃、まだ**熟さない梅の実（青梅）がたわわに**なる。これを収穫して梅酒や梅酢を作る。夏目漱石の句に「**青梅**や空しき籠（かご）に雨の糸」がある。

青葉

青葉若葉ともいうように、若葉が青々と勢いよく成長し、その生命力を感じる時節。江戸時代、山口素堂（やまぐちそどう）の句「**目に青葉山ほととぎす初鰹（はつがつお）**」は有名。

朝顔市（あさがおいち）

夏になると朝顔市が開かれる。**行灯（あんどん）仕立て**（数本の支柱を立て、針金などを数段取り付けたもの）の鉢が並ぶ。**加賀千代女（かがのちよじょ）**の句「**朝顔に釣瓶（つるべ）とられてもらい水**」は有名。

油照り（あぶらでり）

空はうっすらと雲に覆われ、薄日がじりじりと照りつけ、**脂汗（あぶらあせ）がにじみ出てくるような暑さ**のこと。風はほとんどない。

打ち水（うちみず）

暑さを和らげて、**涼を取る**目的で行われる打ち水（路地や玄関先、庭先に水を撒くこと）は、ヒートアイランド対策としても推奨されている。

空蝉（うつせみ）

セミの抜け殻のこと。この世（現世）に生きている人、つまり「**現（うつ）し身**」が転じて「**空せ身**」になり、魂の抜け殻という反対の意味になったという。

縁台将棋（えんだいしょうぎ）

縁台に将棋盤を出して将棋を指すこと。**路地や庭先に縁台を出して将棋に興じる**庶民の姿は、昭和時代の映画やマンガなどでよく描かれた。

遠雷（えんらい）

遠くのほうで鳴る雷のこと。**立松和平**（たてまつわへい）の小説『遠雷』からつくられた映画のタイトルとしても記憶に残る。

お中元

中国では道教の思想により「上元（1月15日）」「**中元（7月15日）**」「下元（10月15日）」は重要な祭日だった。それぞれの「元」は3人の帝の誕生日。中国の中元の日には**盂蘭盆会**（うらぼんえ）も行われていたため、日本でも**お盆の行事とお盆の進物のやり取りが結びつき**、現在のようなお中元の習慣になった。

蚊帳（かや）

夏に蚊などの害虫から守るために**布団を囲むように吊された網**のこと。江戸時代に庶民にまで普及したが、昭和後期から網戸や空調設備が普及したことで、すたれていった。

蚊遣火（かやりび）

ヨモギの葉や松葉などを火にくべて、**いぶした煙で蚊を追い払う**風習。江戸庶民の夏の風物詩だった。現在では除虫菊を原料とした**蚊取り線香**がその役目となった。

薫風（くんぷう）（風薫る）

「薫」は**よい香り**を表す。新緑が茂るなか、その若葉の香りをのせてさわやかに吹き抜けてくるような、**初夏に吹く南風**のこと。さまざまな南風のなかでも清々しさを感じさせる風。

雲の峰

夏真っ盛り、**そびえ立つ山並みのように沸き立つ雲**のこと。**積乱雲（入道雲）**。松尾芭蕉の句に「ひらひらとあぐる扇や**雲の峰**」とある。

入道雲（にゅうどうぐも）

積乱雲の別名。**雷雲**（らいうん）ともいう。入道とは、仏門に入った人だけでなく坊主頭の人に対していう場合もあり、もくもくと雲が積み重なっていく様子は、**入道が空に立ちはだかるよう**に見えることから。

青嵐（せいらん）

初夏に吹くやや強い風。青々と葉が茂った**草木を揺するような強さ**から、「嵐」と表現される。

精霊流し

初盆に、**死者の魂を弔って送る行事**で、長崎県で行われる風習が有名。盆提灯や造花などで飾った**精霊舟**を川や海に流す。長崎出身の歌手・**さだまさし**が作詞作曲した**「精霊流し」**は大ヒットした。

走馬灯

影絵が回転しながら映るように二重の枠で細工された**回り灯籠**のこと。さまざまな情景が鮮やかに脳裏を過ぎ去っていく様子を「走馬灯のように……」と表現する。

大文字焼き

お盆に祖先の霊を送るために、**「大」の字をかたどった文字を松明の炎で描く**行事。京都の五山送り火が有名。

梅雨

梅の実が熟す頃に降ることから梅雨と表記し、読みは「露」からとったという説や、かび(黴)が発生する時期に降ることから「黴雨」というなど諸説あり。

七夕

織女星(織姫＝縫製の仕事)と牽牛星(彦星＝農業の仕事)は一年に一度、**7月7日**に天の川を挟んで最も光り輝くことから、中国では7月7日に機織りや縫製が上達するように祈る風習が生まれた(**七夕の節句**)。日本でも、**棚機津女**が機で織った布を神に納めて無病息災や豊作を願うという風習があり、やがてこの行事が7月7日に行われるようになった。そこで、「たなばた」が「七夕」に当てられたといわれる。江戸時代になると短冊に願い事を書いて笹竹に吊すようになった。

早乙女

田植えをする女性のこと。古くから、女性の生殖力が稲に霊的な影響を及ぼすと考えられていたため、田植え神事には女性が揃いの姿で一列に並んで苗を植えた。**「夏は来ぬ」**という歌にも早乙女が登場する。

土用の丑の日

「土用」は暦の雑節の一つで、各季節にあるが、思い浮かべるのはやはり夏。夏の土用の丑の日には、暑い夏を乗り切るために**栄養価の高い鰻を食べる風習**がある。

土用干し

夏の土用の時期に衣類や書籍などを**虫干し**する風習。**田の土用干し**は、田の水をいったん抜くことで、再度水を入れたときに稲が水を勢いよく吸って穂を実らせるようにと行う。

飛んで火に入る夏の虫

燈火を目がけて飛んでくる夏の虫が、そのまま焼かれて死んでしまうことから、**自ら危険なところ(災い)に身を投じる**ことをいう。

夏霞

霞といえば春を連想するが、夏に発生する霞もある。夕立があった翌日などによく見られる。

夏越の祓え

半年分の汚れを落とす行事(厄落とし)。旧暦の6月頃(現在は6月30日頃)に行われる。方法は、**茅の輪くぐり**。そのまた半年後の12月末には「**年越しの祓え**」が行われる。

火取虫

夏の夜、**燈火に集まってくる虫**のこと。蛾やコガネムシなど。夏ならではの光景。

夏の果て

夏の終わりのこと。暑さでうんざりしていた夏も、帰省やレジャーが終わり、一抹の寂しさを感じる。

逃げ水

蜃気楼の一種。風がなく晴れた暑い日に、**舗装された道路の遠くに水があるように見える現象**。近づいても水はなく、さらにまた遠くに見えることから、「逃げ水」といわれる。

日暮

カナカナと鳴くセミ。日暮れ時に鳴くことから、「**日を暮れさせるもの**」としてこの名がついた。秋の季語だが、実際には梅雨頃から鳴き始める。

麦秋（ばくしゅう）

麦の穂が実り、収穫期を迎えた初夏の季節のこと。「麦の秋」ともいう。**麦にとっての「収穫の秋」**であることから。収穫を終える頃には梅雨（つゆ）が始まるので、二毛作の農家にとっては麦秋は短い。

半夏生（はんげしょう）

カラスビシャクの茎は**半夏（はんげ）という生薬（しょうやく）**になる。この草が生える頃を半夏生といい、雑節の一つ。現在では7月2日頃。この頃に降る雨は大雨になることが多く、**半夏雨（はんげあめ）**という。

初鰹（はつがつお）

春から初夏にかけて、**黒潮に乗って太平洋を北上する**のが初鰹で、初夏の味覚として愛されている。逆に、秋に三陸辺りから関東以南へ南下してくるのが**戻り鰹**。戻り鰹は脂がのっているが、初鰹はサッパリしているのが特徴。

富士詣（ふじもうで）

山開き後、修験（しゅげん）のいでたちで富士山に登り、**頂上の浅間（せんげん）神社に参詣（さんけい）**すること。

夕凪（ゆうなぎ）

「凪」とは**風力0メートル**の状態。つまり、無風。沿岸では、天気のよい日中は**海風**（海から陸地へ吹く風）が吹くが、夕方に海風から**陸風**（陸地から海へ吹く風）に切り替わるとき、無風状態になる。これを夕凪という。季語は晩夏。

振舞水（ふるまいみず）

うだるような暑さのなか、通行人が自由に飲めるように、屋外に出しておく水のこと。古くは**水を湛（たた）えた桶や釜を出し、往来の人に飲ませ**、喜ばれた。

短夜（みじかよ）

夜明けが早い夏の夜のこと。春分の日から徐々に昼の時間が長くなり、夏至で最も夜が短くなる。その短さを惜しむ言葉。

麦嵐（むぎあらし）

「麦の秋風」ともいう。初夏の**麦の収穫の頃**だから、麦にとっては「秋」の時期。その頃に吹き渡る風。「嵐」とつくが、さわやかな風のこと。麦嵐がやむ頃に麦の刈り取りが行われる。

蛍狩り（ほたるがり）

夏の夜、納涼を兼ねて、蛍を捕まえたり、観賞したりすること。「蛍見（ほたるみ）」ともいう。

藪入り（やぶいり）

商家の**奉公人や結婚した女性が実家に帰省すること**を「**藪入り**」といった。江戸時代の藪入りは正月と盆だったため、現在では正月休みと盆休みに吸収される形となった。

夕涼み

夏の夕暮れ時に、戸外で涼を取りながら楽しむこと。ビアガーデンや屋形船でお酒を楽しんだり、花火大会に出かけたり、縁台将棋を楽しんだりと、人それぞれの楽しみ方がある。

花氷（はなごおり）

切り花を水に入れて凍らせたもの。**氷柱花（ひょうちゅうか）**ともいう。イベントやパーティーなどで飾られ、美しさを愛（め）でながら涼も取れるというもの。

山滴る（やましたたる）

若葉から濃い緑になった木々に覆われた山を表現した季語。美しさや鮮やかさがあふれるばかりといった情景を表す。

浴衣（ゆかた）

平安時代の「**湯帷子（ゆかたびら）**」が由来。「ゆかたびら」が「ゆかた」に。漢字は当て字。貴族は蒸し風呂に入るとき、湯帷子（麻の単衣（ひとえ））を着用した。安土桃山時代頃からは肌の水分を取る目的で湯上がりに着て、江戸時代からは庶民が通常に着用するように。

水見舞い（みずみまい）

台風や洪水などで**水害に遭った人を気づかって見舞う**こと。夏の季語。

山開き

雪山などで、**その年に初めて登山や入山を許されること**。初日には安全祈願の神事などが行われる。

病葉（わくらば）

夏の青葉に混じった、**病気や虫のために赤や黄色に変色した葉っぱ**のこと。健康な緑の葉のなかの病葉に俳人や趣味人は趣を感じるようだ。

秋を表す言葉

食欲の秋、読書の秋、スポーツの秋。秋の彩りは美しい。

秋渇き（あきがわき）

食欲がなかった夏を越して、**飢え乾くように食べ物が美味しく感じられる秋**を意味する。食べても食べても食欲がなくならない状態を表現する。

朝霧（あさぎり）

朝に立つ霧で、秋には細かな水の粒子が白い煙のように立ちこめる。春のこのような状態は「**春霞**（はるがすみ）」と呼ぶ。**霞は**「**たなびく**」、**霧は**「**立ちこめる**」と使う。

居待月（いまちづき）

旧暦18日の月。月の出は立待月（たちまちづき）（旧暦17日の月）よりもさらに遅くなることから、立って待つのが疲れると、**月が出るのを座って待つ**ことから名づけられた。

秋茄子は嫁に食わすな（あきなす）

憎らしい嫁に**美味（お）しい秋茄子**を食べさせるのはもったいない、あるいは大事な嫁に**体を冷やす秋茄子**は食べさせるな、または秋茄子は種が少ないことから、**子種ができなくなる**かもしれないので嫁に食べさせるな、といった3種類の解釈ができることわざ。

秋の日は釣瓶落とし（つるべ）

井戸の中に下ろす縄の先につけた桶が滑り落ちるように、**秋の日が急速に暮れてしまう様**を表したことわざ。

稲雀（いなすずめ）

実った稲に群がる雀のこと。農家にとっては困りものだが、秋の風情を感じさせる。

秋深し

秋の深まる頃。**晩秋**を意味する言葉。物寂しい情景がイメージできる。**松尾芭蕉**の句「**秋深き隣は何をする人ぞ**」は有名。

一葉落ちて天下の秋を知る

落葉の早い青桐（あおぎり）の葉が一枚落ちるのを見て秋の訪れを察するように、**わずかな前兆から、その後に起こることをいち早く察する**ことを意味する。

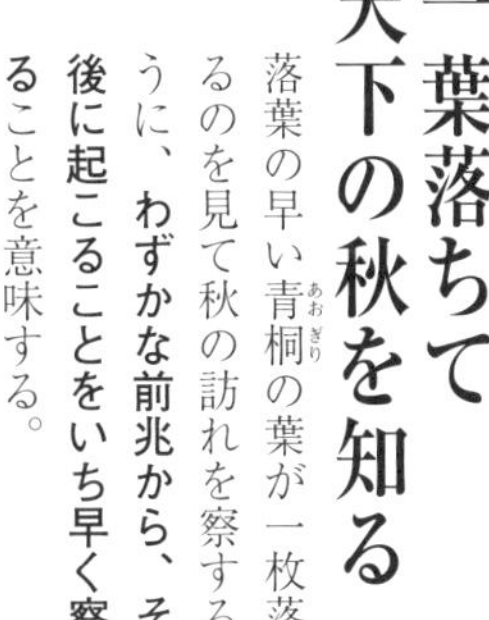
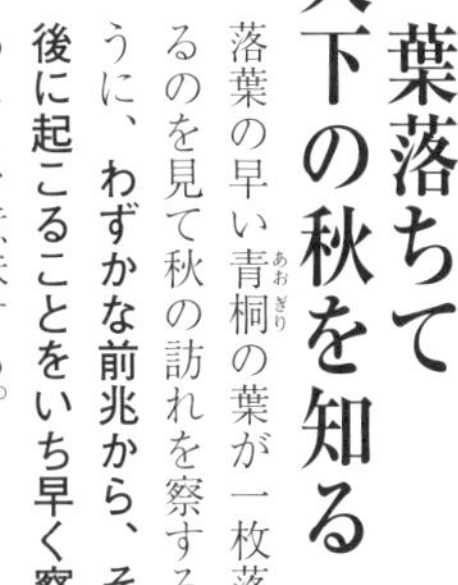

芋煮会（いもにかい）

河川敷などで**サトイモを大鍋で煮込んで料理**する。東北地方の秋の風物詩。

鰯雲（いわしぐも）

魚の鱗（うろこ）のように群がり、広がっている雲のこと。この雲が出ると、イワシの大漁があるといわれた。**鱗雲（うろこぐも）、鯖雲（さばぐも）**ともいう。

菊の節句

古来、**9月9日を重陽（ちょうよう）の節句**と定め、不老長寿や繁栄を願う行事を行った。菊は、古来より薬草としても用いられ、**不老長寿の力**があるとされる。日本では平安時代に貴族の宮中行事として取り入れられ、江戸時代に五節句の一つとなった。

菊人形

頭や手足は人形、**体は菊の花**で作られる。物語や芝居の登場人物、歴史上の人物、その年話題の人物や事柄などを題材にした**等身大の人形**。近年は、菊人形展の開催は減少している。

落ち鮎（あゆ）

秋になると**産卵のために川を下る鮎**が見られるようになる。これを**落ち鮎、下り鮎**という。鮎の旬は夏といわれるが、子持ちの秋の落ち鮎も美味。

刈田（かりた）

稲を刈り取ったあとの田んぼ。畦（あぜ）には刈り取った稲が干され、籾殻（もみがら）の袋が積まれるなど、秋の深まりを感じさせる風景。

女心と秋の空

変わりやすい秋の空模様のように、**女性の心も移ろいやすい**ということわざ。

案山子（かかし）

鳥などの**害獣を追い払うために**田や畑に立てる人形や仕掛け。「**鳥威し**（とりおどし）」ともいう。

小春日和（こはるびより）

晩秋から初冬にかけての、**暖かく穏やかな晴天**をいう。この頃の**気候と陽気が春と似ている**ため、「小春」と呼ぶ。

門火（かどび）

盂蘭盆（うらぼん）のときに、**死者の魂を迎え、送るために、家の門口や寺の門前で焚く火**のこと。「**迎え火**」「**送り火**」ともいう。秋の季語だが、新暦の8月13～16日に行うことが多い。

鎌祝い（かまいわい）

稲刈りで使った**鎌を清め、床（とこ）の間（ま）などに飾ってお赤飯や餅を供える**行事。現在は機械が稲刈りをするようになったため、その代わりの慰労会などを行う家が多いようだ。

十三夜（じゅうさんや）

旧暦の**13日目の月**。最も美しい中秋の名月は旧暦8月15日の十五夜だが、9月13日の十三夜も美しく、**後（のち）の月**とも呼ばれる。この日は豆や栗を供えて月見をすることから、**豆名月（まめめいげつ）、栗名月（くりめいげつ）**ともいう。

秋刀魚（さんま）

文字どおり、**旬が秋で、形が刀を連想させる**ことから「秋刀魚」に。江戸時代は季語ではなかった。晩秋の季語になったのは現代に入ってから。

食欲の秋

実りの季節で食材も豊富に揃い、夏の疲れや体の不調を取り戻していくのに絶好の季節。「食欲の秋」には、**冬に備える**という意味もある。

鳴子（なるこ）

鳴子は、音を出す道具で、「**鳥威し**（とりおどし）」の一種。田畑に仕掛けた縄を遠くにいる人が引っ張ると、ガラガラと音が鳴り、穀物を狙う野鳥などが追い払われる。

読書の秋

中国・唐代の歌人・**韓愈**（かんゆ）が詠んだ詩に「**燈火親しむべし**」という一節がある。この詩は「秋は灯りの下で読書をするにはちょうどよい季節」という内容。ここから「読書の秋」の由来の一つといわれるようになった。

立待月（たちまちづき）

旧暦17日の月。十六夜（いざよい）よりさらに月の出が遅くなるので、**月の出を立って待つ**ことから。

寝待月（ねまちづき）

旧暦19日の月。居待月（いまちづき）よりさらに月の出が遅くなり、**月が出るのを寝て待つ**という意味から。同じ意味で体を横たえることから「**臥待月**（ふしまちづき）」の表現もある。

月見

おもに満月を眺めて楽しむこと。「**観月**」ともいう。8月の十五夜（じゅうごや）（**中秋の名月**（ちゅうしゅうのめいげつ））と9月の十三夜（じゅうさんや）に行われることが多い。

照葉（てりは）

葉が紅葉して、美しく照り輝く様。**照り紅葉**（てりもみじ）ともいう。真っ青な空を背景に照り輝く紅葉はことのほか美しい。

野分（のわき）

風が秋の野の草を吹き分けるようにして通ることから野分といわれる。一般的には9月上旬に吹く台風を表現する言葉として使われる。野分のあとにからりと晴れ上がることを「**野分晴れ**（のわきばれ）」という。

天高く馬肥（こ）ゆる秋

空気が澄んで、空も高く感じられ、馬も肥えるほどに収穫のある秋。**秋の快適な気候を表す**。

二百十日（にひゃくとおか）

雑節の一つ。**立春から２１０日目**で、9月1日頃。台風の多い日、風の強い日といわれる。農家にとっては厄日。

身に沁（し）む

秋の冷気や物寂しさが、体に深く沁みるように感じること。感傷的な雰囲気を表す。

山粧（よそお）う

紅葉で美しく彩られた山の姿をいう季語。

冬を表す言葉

寒さを乗り切る知恵と、寒さを楽しむ気持ちが現れる。

息白し（いきしろし）

冬場気温が低く、**吐く息が白く見える**。冬らしい光景だ。

竈猫（かじけねこ）

ネコは寒さを嫌う。昔は、冬は炬燵（こたつ）に入ったり、竈（かまど）に潜ったりして、**灰だらけになるネコ**が見られた。「かじけ」はかまどのこと。**かまど猫**ともいう。昨今はかまどがほとんど見られないから、灰だらけになるネコも滅多に見られない。

凍鶴（いてづる）

風雪に耐えながら、**鶴が首を後ろの羽根に埋（うず）めて一本足で立っている様子**から、凍（い）てつく寒さを表現。

木枯らし（こがらし）

「凩（こがらし）」とも書き、元は「木嵐」という説もある。秋から冬の始めに吹く**強く冷たい北風**のことで、木の葉をすべて落とし、枯らせてしまうほどの風であることから。

凍み豆腐（し）

凍り豆腐（こおりどうふ）のこと。**高野（こうや）豆腐**ともいう。冬の季語。寒中、豆腐を屋外で凍らせて乾かした保存食。元々は高野山で開発された伝統製法といわれる。

埋み火（うずみび）

炉や火鉢などに入っている**灰に埋めた炭火**のこと。**いけ火、いけ炭**ともいう。灰の中で火を持続し続けることから、**秘めた恋**などにたとえられる。

寒参り（かんまいり）

小寒と大寒を合わせた30日間、毎晩神社や寺院に参拝すること。一年で最も寒い時期に、白衣に鉢巻きを締め、鈴を振りながら行う苦行。

大晦日（おおみそか）

旧暦では、**毎月最終日を「晦日（みそか）」**といった。「みそ」は「三十」で、「みそか」は**「三十日」**だった。**「大つごもり」**ともいうが、「つごもり」は「晦日」の別称で、**「月隠り（つきごもり）」**が転じたものといわれる。年神様をお迎えする行事を行う。

お歳暮（せいぼ）

本来は、**「正月にやってくる年神様にお供えするもの」**として、文字どおり**「年（歳）の暮れ」**に贈っていたもの。その品は、塩鮭や鰤（ぶり）、餅など年越しに必要なもの、かつ日持ちのするものだった。転じて、世話になった人に対して感謝の意を表するために**「歳暮周り」**を行い、このときに贈る贈答品を「お歳暮」と呼ぶようになった。

御神渡（おみわたり）

諏訪大社の祭神が上社（かみしゃ）から下社（しもしゃ）へ諏訪湖を渡った跡のように、氷が持ち上げられる現象。その亀裂の方向や出来具合で、その年の豊凶を占った。一般に、結氷の早い年は豊作、遅い年は不作。御神渡ができた方向が下社方面のときは豊作、天竜川方面は不作といわれる。

風花（かざはな）

花びらが舞うように降る雪。晴れた空から降ってくる雪を形容することが多い。

細氷（さいひょう）

ダイヤモンドダストのこと。大気中の水蒸気が昇華して、氷の結晶となって降る様子。

寒木瓜（かんぼけ）

ボケの花は3月から4月にかけて咲くが、**寒木瓜は11月から12月頃に咲く**。前者は春の季語、後者は冬の季語。

銀花（ぎんか）

雪の結晶が花のように見えることから、雪の別称に。ほかに、雪は**「天花（てんか）」**（天から降ってくる花）、**「六花（りっか）」**（六角形の雪の結晶）なども風流に呼ばれる。

樹氷（じゅひょう）

霧の粒が木の幹や枝に付着し、そのまま凍った現象。風の当たるほうに大きく成長し、さまざまな形に変化するので、**スノーモンスター**とも呼ばれる。**蔵王（ざおう）**の樹氷が有名。

炬燵（こたつ）

昔は囲炉裏の上にやぐらを組んで、布団を掛けていた。それが**掘り炬燵**になり、江戸時代には**腰掛け炬燵**、**置き炬燵**も現れた。熱源は木炭で、電気式が普及し始めたのは昭和の高度成長期になってから。冬には欠かせない暖房器具だった。

木の葉雨（このはあめ）

風もないのに、木の葉がハラハラと切れ目なく**雨のように散り続ける様子**を表す言葉。冬の季語。この荒涼とした風景を、命の終わりにたとえることもある。

底冷え

体の芯まで冷える、あるいはそれほど寒い様子。

鮭冬葉（さけとば）

秋鮭を半身に下ろして皮付きのまま縦に細く切り、海水で洗って潮風に当てて干したもの。北海道や東北地方の名産。

七福神巡り（しちふくじんめぐり）

江戸時代に広まった風習で、**七福神を祀っている寺社を巡る**こと。それによって七福神からの加護を受け、福を授かるといわれる。**期間は松の内**（正月飾りを飾っておく期間）がよいとされる。

師走（しわす）

12月の異称。僧（師）がお経を上げるために東西を馳せることから「師走」になったなどの説がある。

山眠る（やまねむる）

静まりかえった冬の山を表す。小林一茶は「君が世や風治りて（かぜなおりて）**山ねむる**」と詠んだ。

小寒、大寒（しょうかん、だいかん）

小寒（寒の入り）は二十四節気（にじゅうしせっき）の23番目で、1月5日頃。その後15日で大寒に入る。**大寒**は二十四節気の最後で、1月20日頃。**最も寒い時期**で、最低気温が観測されるのもこの頃。

冬至（とうじ）

二十四節気の22番目。12月22日頃。**一年のうちで昼が最も短く、夜が最も長い日**。この日に無病息災を祈って柚子湯（ゆずゆ）に入ったりカボチャや小豆（あずき）を使った粥（かゆ）を食べたりする。

煤（すす）払い

大掃除のこと。正月に**年神様を迎えるため**家の中を掃き清める。元々は12月13日（正月事を始める日）に神棚や仏壇の掃除だけを行っていた。昔は**炊事に薪（まき）を使用していたため、家中が煤で汚れた**ことから、「煤払い」。

除夜（じょや）の鐘

古い年を除き去り、新年を迎える日を「**除日（じょじつ）**」といい、その夜を「**除夜**」という。つまり、**大晦日の夜**。大晦日の深夜0時を挟む時間帯に寺院の梵鐘（ぼんしょう）を108回つくのが習わし。

垂氷（たるひ）

つらら（氷柱）のこと。家の軒や木の枝などから水のしずくが垂れ、氷となる。

冬萌（ふゆもえ）

冬枯れのなかにも、木の芽や草の芽が萌え出している様子。冬の間でも、植物は春に向けて芽を出す準備を始めている。

鰤（ぶり）起こし

ブリが獲れる時期に鳴る雷のこと。特に石川県や富山県で使われる言葉。北陸では11月半ばから12月にかけて、雷を伴った猛烈な風が吹き荒れる日があり、この時期より日本海側でブリが獲れ始めることからいわれるようになった。

冬至南瓜（とうじかぼちゃ）

カボチャの旬は夏だが、昔は保存して冬にも食べた。冬にカボチャを食べると風邪予防になり、また、中風（ちゅうふう）（手足のしびれや麻痺（まひ）状態）の予防にもなるということで、**冬を乗り越えられるために食べる**風習があった。

年惜（としお）しむ

年末に、**終わろうとする一年を惜しむ**気持ち。今年もいろいろなことがあったなあと、感慨深くなる様子。

年越しそば

江戸時代中期には商家で**月の末日に三十日（みそか）そばを食べる**風習があり、これが大晦日の年越しそばになったとされる。

雨、風を表す言葉

激しく降る雨、しとしと降る雨、雨の表情もさまざま。**にわか雨**、**通り雨**、**夕立**、**ゲリラ豪雨**を含む。

狐の嫁入り(きつねのよめいり)

夜間に無数に連なる怪しい提灯(ちょうちん)(火)の群れを、狐が婚礼のために灯す提灯にたとえて「狐の嫁入り」と呼ぶ。日が照っているのに急に降る**天気雨**が、**狐火のように怪しい**ことから呼ばれるようになった。

驟雨(しゅうう)

「驟」は、速い、急に、突然、俄(にわ)か、走る、といった意味をもつことから、**急に降り出す雨**のこと。

ゲリラ豪雨

ゲリラ(奇襲)のように、**突然襲う豪雨**のこと。気象用語では「局地的大雨」。ゲリラ豪雨は気象用語ではなく、マスコミが使い始めて広まった。

小糠雨(こぬかあめ)

「糠(ぬか)」は玄米を精白する際に出る**米糠**(こめぬか)のことで、それくらい細かいことを表す。そこに「小」がついて、さらに小さく細かい様子から、とても**細かな雨**を表現する言葉に。

慈雨(じう)

「慈」は仏教用語にもあり、情けをかける意、**恵み**の意でもある。日照りが続いたあとに降る雨は天からの恵み。雨が降ることのありがたさを表す。

村雨(むらさめ)

群れをなすように集中して降ることから、**「群雨」が転じて村雨**に。ちなみに**『南総里見八犬伝(なんそうさとみはっけんでん)』**に登場する村雨という刀は、人を斬ったあとに刃についた鮮血を洗い落とすありさまが村雨のようだということでその名がついたという。

時雨（しぐれ）

降ったりやんだりする雨のこと。秋から冬にかけてこのような雨が降ることが多いことから、冬の季語になった。

篠突く雨（しのつくあめ）

激しく降る雨のこと。篠（しの）とは篠竹（しのだけ）のことで、**群生する細い竹**。それを束ねたもので突き下ろすように、雨が激しく降る様子から表現された言葉。

土砂降り（どしゃぶり）

突然降り出した激しい雨のこと。土砂をはね飛ばすように降る雨からきているという説と、「どさくさ」（突然の出来事や急用などで混乱している状態）からきているという説がある。

通り雨

通り過ぎるように、サッと降って、すぐにやむ雨。雲が移動し、雨も移動していく感じ。**驟雨（しゅうう）**ともいう。

にわか雨

急に降り出して、すぐにやむ雨。**驟雨（しゅうう）**ともいう。

夕立（ゆうだち）

驟雨（しゅうう）の一種。**午後から夕方にかけて、特に夏に発生する**にわか雨をいう。

貝寄風（かいよせ）

旧暦2月20日頃に吹く**強い西風**。貝を海岸に吹き寄せてしまうほど強い風を意味する。

疾風（しっぷう）

急に吹いて、さっと通り過ぎたらすぐに治まるような強い風のこと。「**はやて**」とも読む。

順風（じゅんぷう）

元々は船が進んでいく方向に吹く風＝**追い風**をいい、物事が順調に進むことのたとえにも。

つむじ風（かぜ）

竜巻ほどではないが**渦を巻いて吹き上げる強い風**。頭のつむじのような渦巻き状を表現。

山背（やませ）

背は古くは風を意味する説があり、山を背にして吹くのではなく、**山を越えてくる風**のこと。

月、暦を表す言葉

月の満ち欠けを愛で、詩や俳句に詠いたくなる。

雨月（うげつ）

十五夜の月が雨で見えない状態。**5月（旧暦）**の異称でもある。江戸時代の短編小説『**雨月物語**』は有名。

下弦の月、上弦の月（かげんのつき、じょうげんのつき）

新月から満月にかけて見える月で、別名が**弓張月**。弦を張っているように見えるから、弦月ともいう。弦が上になっていれば**上弦**、弦が下になっていれば**下弦**となる。

薄月（うすづき）

薄い雲に遮られて、ほのかに照る月のこと。秋を表す。春の**朧月**に似ている。

偃月（えんげつ）

丸の半分が欠けた半円形の月。**半月**、**弓張月**のこと。

煙月（えんげつ）

煙がかかったように**かすんで見える月**。

風待月（かぜまちづき）

6月（旧暦）の異称。現在の7月頃で、蒸し暑く、そろそろ**風が待ち遠しい季節**を表す。

寒月（かんげつ）

冬の寒い夜に冴え渡った月。煌々と冴えて寒そうに見える。

暁月（ぎょうげつ）

明け方の月。夜明けに残る月。

傾月（けいげつ）

西の空に傾いた月。沈みかけた月。**落月**ともいう。

月華（げっか）

月と花。あるいは月の光。

弄月（ろうげつ）

「弄」は「弄ぶ（もてあそぶ）」から。つまり、**月を眺めて楽しむ**様子。

月輪（げつりん）

月の異名。形が輪のように丸いことから。月の輪。「がちりん」とも読む。

幻月（げんげつ）

月の左右に**別に月があるように見える**現象。

新月（しんげつ）

月が太陽と同方向にあるため、太陽の明るさに隠れて月が見えない状態。別名「**朔**（さく）」といい、朔の日、つまり**新月の日を「朔日（さくじつ）」**という。「ついたち」とも読む。見え始めたときの月を「**三日月**」といい、この日から遡って「朔」の日(月の始まりの日)を決めていた。

弦月（げんげつ）

半月を文学的に表現した。弓に弦（つる）を張っているように見えることから。

孤月（こげつ）

孤独そうに見える月。もの寂しく見える月。

月に叢雲（つきにむらくも）

「**月に叢雲、花に風**」と使う。名月の夜なのに、雲がかかって月が見えず、満開の花は風が散らしてしまう様子から、**よいことには邪魔が入りやすい**ことを意味することわざ。「叢雲」は「**群雲**」とも書き、群がり集まった雲のこと。

残月（ざんげつ）

明け方まで空に残っている月。**有明(夜明け)の月**。

風月（ふうげつ）

心地よい風と美しい月を表現する言葉。心を和らげるものとしての、自然界の風物。

星月夜（ほしづきよ）

晴れた空に、**星の光が月のように明るく見える夜**のこと。

望月（もちづき）

満月のこと。陰暦十五夜の月。

色を表す日本の趣ある言葉

色を表す言葉は、日本ならではの情緒ある表現で命名されています。その言葉から、得もいわれぬ風情が感じられます。

■赤系	
茜色（あかねいろ）	茜草の根で染めた暗い赤色。夕暮れに見られる茜空に形容される。
梅重（うめがさね）	紅い梅の花が重なり合ったような明るい赤。平安時代の襲装束（かさねしょうぞく）に由来した名。
海老茶（えびちゃ）	伊勢海老の殻のように赤みを帯びた茶色。
臙脂色（えんじいろ）	黒みを帯びた深く艶（つや）やかな紅色。
乙女色（おとめいろ）	乙女椿の花のような、黄色みを含んだ淡い赤色。
韓紅（からくれない）（唐紅）	紅花で染めた紅赤色。在原業平（ありわらのなりひら）の「からくれなゐに水くくるとは」は有名。
珊瑚色（さんごいろ）	紅い珊瑚を粉末にした顔料の色。英語ではコーラルという。
赤銅色（しゃくどういろ）	金属の赤銅のような、暗い赤色。「赤銅色に日焼けした」などと使う。
撫子色（なでしこいろ）	ナデシコの花のような少し紫みのあるピンクに近い色。
緋色（ひいろ）	やや黄色みのある鮮やかな赤色。平安時代から用いられた色の名。
弁柄色（べんがらいろ）	暗い赤みを帯びた茶色。弁柄とは赤色の顔料の一つ。
桃色（ももいろ）	桃の花のような淡い赤色。日常的にはピンクとして親しまれている。
■黄・橙（だいだい）系	
飴色（あめいろ）	水飴のように、深みのある橙色（だいだいいろ）。現在の水飴は無色透明だが、古くからの水飴は橙色だった。
浅黄（うすき）	赤みの淡い黄色。浅葱色（あさぎいろ）とは違う。
芥子色（からしいろ）	カラシナの種を粉にして練ってつくったカラシのような、やや鈍い黄色。
小麦色（こむぎいろ）	小麦の殻粒のような柔らかい赤みのある黄色。きれいに日焼けした肌を形容するときに使う。

橙色（だいだいいろ）	赤と黄色の中間色。熟したダイダイの実の色から。
麦藁色（むぎわらいろ）	麦藁のように赤みを帯びて、くすんだ黄色。麦わら帽子の色。英語ではストロー。
山吹色（やまぶきいろ）	茶がかった赤みの深い黄色の山吹の花から。金色に近い黄色。
■青系	
藍色（あいいろ）	暗い青色。藍は青色染料のなかでも最古のものの一つ。
浅葱色（あさぎいろ）	薄い藍色。浅葱は、アサツキのことで、その薄いネギの葉の色にちなんだ。
群青色（ぐんじょういろ）	紫がかった深い青色。日本画材の「群青」から。
紺（こん）	藍染めのなかで最も濃い色。英語はネイビーブルー。
紺碧（こんぺき）	深く濃い青色。真夏の日差しの強い青空を「紺碧の空」という。
水色	澄んだ水をイメージした淡い青色。
瑠璃色（るりいろ）	濃い紫がかった冴えた青色。「瑠璃」は仏教の七宝（しっぽう）（金、銀、瑠璃、玻璃（はり）、硨磲（しゃこ）、珊瑚（さんご）、瑪瑙（めのう））の一つ。
■緑系	
鶯色（うぐいすいろ）	ウグイスの羽のように暗く、くすんだ黄緑色。江戸時代に流行（はや）った。
新橋色（しんばしいろ）	明治の終わり頃から新橋芸者の間で流行った鮮やかな青緑色。
深緑（ふかみどり）	青みと黒みの強い緑色。
萌黄色（もえぎいろ）	早春に萌え出る若葉のような黄緑色。
山鳩色（やまばといろ）	山鳩の羽のような灰色みを帯びた鈍い黄緑色。
緑青（ろくしょう）	胴にできるサビのような、明るく鈍い青緑色。
若草色（わかくさいろ）	早春に芽吹く若草のように、鮮やかな黄緑。
■紫系	
江戸紫（えどむらさき）	濃い青みを帯びた紫。武蔵野に自生するムラサキ草（そう）を使って染めたことから。
小紫（こむらさき）	コムラサキの実のように、渋めの濃い紫色。

藤色（ふじいろ）	藤の花のように青みを帯びた紫色。
藤紫（ふじむらさき）	藤の花のように明るい青紫色。高貴な色の象徴。
若紫（わかむらさき）	明るい赤みのある紫色。『源氏物語』でも出てくる色。
■茶系	
亜麻色（あまいろ）	亜麻（リネンのこと）を紡いだ糸の色のような黄色がかった薄茶色。
黄土色（おうどいろ）	顔料の黄土のように赤みがかった黄色。
柿渋色（かきしぶいろ）	灰色がかった茶色。色づく前の柿の実を搾った柿渋で染められた色。
狐色（きつねいろ）	キツネの毛色に似て、赤みを帯びた黄褐色。
金茶（きんちゃ）	金色がかった明るい茶色。山吹色に近い。
團十郎茶（だんじゅうろうちゃ）	赤みの薄い茶色。江戸時代の歌舞伎役者・市川團十郎が代々用いた成田屋（なりたや）の茶色。
百塩茶（ももしおちゃ）	赤みの強い焦茶色。チョコレート色。
利休茶（りきゅうちゃ）	色褪（あ）せた挽き茶のような薄茶色。桃山時代の茶人・千利休（せんのりきゅう）が好んだ色という。
■黒・白系	
薄墨色（うすずみいろ）	墨を薄めたような灰色。
卯の花色（うのはないろ）	卯の花のように、わずかに黄みがかった白色。
生成色（きなりいろ）	晒（さら）す前の木綿のように少し赤みがかった白色。
銀鼠（ぎんねず）	銀色のようで、青みを帯びた明るい灰色。
漆黒（しっこく）	黒漆を塗った漆器のように艶のある黒色。
鉛色（なまりいろ）	鉛のように少し青みを帯びた灰色。「鉛色の空」などと使う。
鈍色（にびいろ）	鈍いねずみ色。濃い灰色。平安貴族には欠かせない色だった。
濡羽色（ぬればいろ）	「髪はカラスの濡羽色」のように、カラスの羽のような艶のある黒。
鼠色（ねずみいろ）	灰色系全般を指す。

第13章 大和言葉で品格アップ!

大和言葉とは何か。実ははっきりとした定義はありません。本書では、古来、日本に伝わる言語を大ざっぱに「大和言葉」と表現しています。

言葉を美しく飾る和の言葉

美しく修飾するにふさわしい和の形容詞や形容動詞。

敢（あ）えない

解説 ①あっけない様子。はかない様子。②期待外れで、拍子抜けな感じ。

用例 ①敢えない最期でした。②敢えなく1回戦負けとなった。

あからさま

解説 「あからさまなり」から、元々は急に何かが起こることを表した言葉。転じて、①包み隠さない、露骨な様。②急に物事が起こること。

用例 ①あからさまに嫌な顔をする。

あしざま

解説 「悪（あ）し様（ざま）なり」は悪いようだという意味。転じて、事実を曲げて悪く言ったり解釈したりすること。

用例 彼のことをあしざまに言う。

あられもない

解説 あり得ないという意味から、とんでもない、ふさわしくないといった意味になる。おもに女性の場合に使われる。

用例 その女性のあられもない姿に驚いた。

如何(いかん)ともしがたい

解説 「いかに」が変化した「いかん」は疑いを問う言葉。これに否定の言葉を続けたもの。どうにもならない。どうすることもできない。

用例 残念ですが、私の力では、いかんともしがたいです。

いぎたない

解説 寝汚(いぎたな)い。つまり、だらしなく眠りこけている様子。寝ている姿にしか使わない言葉。

用例 普段は素敵なのに、寝姿はいぎたなくてガッカリです。

いたいけな

解説 「いたいけ」は「幼気」と書き、幼くていじらしい、かわいらしい様子を表す。「頑是(がんぜ)ない」も同様の意味で使われる。

用例 親を亡くした子どものいたいけな姿に胸が痛んだ。

いたたまれない

解説 居(い)た堪(たま)れない。つまり、平静な気持ちでいられず、じっとしていられないこと。我慢できない。

用例 恥ずかしくて、いたたまれなくなる。

いぶかしい

解説 訝しい。疑わしい。「いぶかしがる」は、怪しく感じる様子のこと。古典では、心が晴れない、(様子を)知りたい、などの意で使われた。

用例 あの話にはいぶかしい点が多すぎる。

言わずと知れた

解説 すでに多くの人が知っているから、言わなくてもわかる、それでも言っておいたほうがいいときに使う。「言わずもがな」も同様。

用例 この仕事が大切なことは言わずと知れたことです。

得難い

解説 得ることが難しい。なかなか手に入れることができない。その対象は物でも人でもよい。人の場合は、その人に敬意を表して使う。

用例 彼はわが社にとって得難い人材だ。

えげつない

解説 露骨で下品な様。人に度を過ごして迷惑や不快感を与える様子。嫌らしい、図々しいなどの意味でも使われる。元は京言葉*。

用例 えげつないことを言うなあ。

得も言われぬ

解説 言葉では言い表せないほど。形容しがたい。褒め称えるときなどに使うことが多い。

用例 花嫁は得も言われぬ美しさですね。

*京言葉は「町方言葉」と「御所言葉」に分けられる。前者は西陣織関係の職人言葉や花街特有の言葉など。後者は宮中や宮家などで用いられた。

おざなり

解説 御座なり。表面的に形ばかりを取り繕った言動のこと。つまり、場当たり的な対応のこと。

用例 おざなりな教育ではいけない。

おぼつかない

解説 覚束ない。はっきりしない。疑わしい。頼りない。「おぼ」は「おぼろげ」など、はっきりしない様。

用例 この成績では、合格はおぼつかないでしょう。

おもはゆい

解説 面映ゆい。相手と顔を合わせると、まぶしくて顔が向けられないという意味から、きまりが悪い、照れくさいの意になった。

用例 そんなに褒められては、おもはゆい。

かぐわしい

解説 香しい、芳しい、馨しい。心を引かれる素晴らしい香りを表現するときに使う。また、「芳しい」は好ましい状況のときにも使う。

用例 このお茶は本当にかぐわしい。

かまびすしい

解説 喧しい。古代日本では「かしがまし」といわれていたのが転じた。うるさい、やかましい、騒々しいなどの意。

用例 あの女性たちのおしゃべりはかまびすしい。

口はばったい

解説 「口幅（くちはば）ったい」と書く。言うことが身の程知らず。生意気な様。自分のことを棚に上げて、建前を言うときなどに使う。

用例 **口はばったいことを申し上げますが。**

稀有（けう）な

解説 「希有（けう）」とも書く。めったにない。とても珍しい。非常にまれな。つまり、ただ事ではないほどのケースに使う。

用例 **彼のような正直者は稀有な存在です。**

けたたましい

解説 古語では「突然のことでビックリする」などの意味。魂が消えてしまうほどの驚きを表す。転じて、騒がしい、大げさを意味するように。

用例 **けたたましい音。けたたましい人。**

剣呑（けんのん）な

解説 「剣難」（剣で殺傷される災難）が変化し、危険な感じがする、不安を覚えるなどの意味になった。

用例 **事件が多発して、付近は剣呑な雰囲気だ。**

小賢（こざか）しい

解説 利口ぶって生意気な様子。悪賢い、ずる賢い様。よい意味には使われない。

用例 **小賢しい感じが小憎（こにく）らしい。**

こそばゆい

解説 ①むずむずした感じ。くすぐられたような感じ。②実力以上に評価されてきまりが悪い様。

用例 ①背中がこそばゆい。②そんなに褒めないで。こそばゆいです。

この上もない

解説 最上、最高の意。「最高の喜び」と言うより、「この上もない喜び」と言ったほうが丁寧で、相手がうれしく感じる。

用例 お越しいただき、この上もない喜びです。

しかつめらしい

解説 「当然そうであるような」の意から、真面目くさる、堅苦しい感じがする、もったいぶっているなどの意味で使われるようになった。

用例 しかつめらしい表情をしている。

然るべき

解説 ①そうするのが当然。②適当な。ふさわしい。やや堅い、真面目な雰囲気のときに使う。

用例 ①同行なさるのが然るべきです。②然るべき筋にお願いする。

如才ない

解説 「如才」は、いい加減、手抜かりの意。「如才ない」で、手抜かりがない、愛想がいいの意。褒めている場合と、皮肉る場合がある。

用例 彼の態度は、何というか、如才ないよね。

せちがらい

解説 世知辛い。「世知」は、元々は仏教用語で、「世俗の知恵」を意味する。転じて、金銭に細かいことを示す。

用例 せちがらい世の中は、生きにくい。

詮ない

解説 「詮」は、やったことに見合う効果やその甲斐のこと。「詮」がない、つまり何かをしても報われず、無駄なことを表す。

用例 それをしたとしても、詮ないことです。

造作もない

解説 「造作」は物を作ること。転じて、手間や面倒なことを意味する。「造作もない」で、大した手間も面倒もなく、たやすい様。

用例 その程度のことは、造作もないことです。

ぞんざい

解説 ①物事を雑に扱う様。投げやり。②不作法な様。「ぞんざい」を強調して、「いけぞんざい」ということもある。

用例 ①その品をぞんざいに扱わないで。②ぞんざいなヤツ。

そこはかとない

解説 ①どこがどうということはない。はっきりしないが、そう感じられる様。②とりとめもない。③際限がない。

用例 ①そこはかとなく花の匂いがする。

つましい

解説 倹しい。倹約をしている。質素な暮らしぶり。「つつましい（慎ましい）」は、謙虚に振る舞う様子、礼儀正しい様子。

用例 彼の生活はつましいものです。

名に し負う

解説 「名に負う」を強めた感じ。その名とともに評判とされるものを意味する。

用例 富士山は、名にし負う美しさだ。

なまじ

解説 「なまじい」が変化。「なまじっか」と同じ。①無理に何かをしようとする様。②中途半端、いい加減な状態。

用例 ①なまじ手を出したばっかりに。②なまじお金があるばっかりに。

なまなかな

解説 生半な。中途半端、どっちつかずな状態を表す。「生半可」も同じ意味。

用例 そんななまなかな考えでは、どちらもうまくいかないでしょう。

にべもない

解説 「にべ」とは、にかわ（膠）の材料として使われた海水魚。「にべもない」で、愛想がないこと、素っ気ないことを意味するようになった。

用例 お金を貸してくれるよう頼んだが、にべもなく断られた。

のっぴきならない

解説 「退っ引きならない」と書く。引き下がることも、避けることもできない。つまり、進退窮まって、どうすることもできない状態。

用例 のっぴきならない立場に置かれてしまいました。

凡庸な

解説 平凡な。人並みな。特徴がなく、つまらない様子を表す言葉。下げる評価のときに使う。

用例 今回の作品は凡庸だね。

まがまがしい

解説 禍々しい。①縁起が悪い。不吉な。②けしからぬ。③本当らしい。現在はおもに①の意味合いで使われる。

用例 ①まがまがしい言い伝えがある。

まごうことなき

解説 動詞「紛う」は、よく似ていて取り違えること。「紛うことなき」は、ほかのものと取り違えることがない、疑いようがない、の意。

用例 これはまごうことなき事実です。

まどろっこしい

解説 「まどろっこい」は、何かをする動作がのろく、イライラする様。「まどろこしい」ともいう。

用例 あなたの話はまどろっこしくて、うんざりします。

ままならない

解説 「まま」は、あるがまま、見たままのこと。つまり、思い通りにならない、自由にならないことを意味する。

用例 この世は、ままならないことばかりだ。

まめまめしい

解説 忠実忠実しい。つまり、とても誠実で真面目な様。怠けず、よく働くこと。

用例 彼女は本当にまめまめしく働いてくれます。

水際立つ

解説 「水際」は、陸地と海や川の境界線。それほどに差がはっきりとしていることから、ひときわ目立った様子。褒め言葉として使う。

用例 今日は水際立った活躍を見せた。

むせかえるような

解説 「噎せ返る」は、ひどくむせるという意味から、熱気やにおいなどでムンムンしたり、エネルギーが満ちあふれている様子などに使う。

用例 花の香りでむせかえるようです。

睦まじい

解説 「仲睦まじい」ともいう。仲良く、親密で、心が通じ合っている様子。夫婦や恋人同士、家族関係などに使うことが多い。

用例 あの親子は本当に睦まじい。

② 状況や様態を表す和の言葉

いにしえの言葉を使うと、ひと呼吸置いた雰囲気に。

あまつさえ

解説 ①そのうえ。おまけに。好ましくない状態が重なるときに使う。②事もあろうに。あろうことか。

用例 ①去年は父を亡くし、あまつさえ、今年は母を亡くしました。

いささか

解説 ①少し。②（下の打ち消しの語を伴って）少しも。

用例 ①その言い方は、いささかおかしいとは思いませんか。②自分の信念は、いささかなりとも揺るぎません。

一も二もなく

解説 あれこれ言うまでもなく。異議なく。無条件で。

用例 そのお話、一も二もなくお受けします。

用例 一も二もなく、この仕事を引き受けてほしい。

いやが上にも

解説 「いや」は「弥」と書き、状態が段々はなはだしくなる様子をいう。つまり、ただでさえはなはだしいのに、さらに、という状態。

用例 いやが上にも戦意が高まります。

いやも応もなく

解説 「いや」は否、嫌、厭＝No、「応」＝Yesで、いやであろうがなかろうが関係なく、を意味する。「いやが応でも」「否応なく」ともいう。

用例 いやも応もなく、やるだけです。

得てして

解説 元々は「得意として」を意味していたが、現在は「ややもすると」「ともすれば」などの意で使われる。あまりよいことには使わない。

用例 得てして失敗するかもしれない。

おっつけ

解説 追っ付け、押っ付け。すぐに、ただちにを意味する。相撲の技からきている言葉。話し言葉で使われる。

用例 おっつけ行きますから、待っていてください。

返す返すも

解説 ①ある動作を繰り返す。重ね重ね。くれぐれも。②過ぎたことを悔やむ。つくづく。③念には念を入れて。

用例 ②あの失敗が返す返すも悔しい。③返す返すも書いておきます。

重ね重ね

解説 何度も何度も繰り返す様。感じ入っているときなど、心情を伝えるときに使う。

用例 重ね重ねお詫び申し上げます。

後生大事に

解説 「後生」は、死んで後の世に生まれ変わること。「後生大事に」は、非常に大切にすることの意。「後生だから」と哀願する使い方もある。

用例 その本を後生大事に持っている。

ことほどさように

解説 ある事柄を説明したあとに、「そういうことだから、こうなのです」と結論を言うときに使う。否定的な内容に使うことが多い。

用例 ことほどさよう（事程左様）に、人間とは不可思議な生き物だ。

こともあろうに

解説 よりにもよって。最も悪い結論や困った状態のときに使う。

用例 あれだけ言っておいたのに、こともあろうにその指示を無視して行動するとは。

四六時中

解説 1日が12刻（とき）であった頃は「終日」のことを「二六時中」といった。それを現在の24時間に直して「四六時中」に。一日中、日夜の意。

用例 四六時中、そのことを考えています。

そぞろに

解説 これといった理由もない様、そわそわする様。「そぞろ歩く」は、これといった考えもなく歩き回ること。

用例 結婚式が間近で、気もそぞろになってしまう。

たわわに

解説 動詞の「たわむ」の語幹の繰り返し「たわたわ」から転じたとされる。つまり、枝が重さできしむ様を表す。

用例 たわわに実った柿の実を収穫しました。

つつがなく

解説 「つつが」は「恙」で、病気や災難、憂いを意味する。つまり、「つつがない」は、憂いがない、平穏無事な状態のこと。

用例 つつがなくお過ごしでしょうか。

なおざり

解説 等閑(なおざり)。何もしないで、距離を置いておくこと。本気ではない、手を抜いている様。

用例 その問題をなおざりにしないでほしい。

なかんずく

解説 就中(なかんずく)。「中に就きて」から転じた。多くの事項のなかから、とりわけ。殊に。特に。

用例 学問は重要だが、なかんずく語学は重要だ。

一入（ひとしお）

解説 元々は染め物を染め汁に浸す回数をいう。転じて、いっそう、ひときわ、などの意味に。

用例 同窓会で懐かしい面々に会い、感動も一入でした。

日もすがら

解説 終日（ひもすがら）。朝から晩まで。古くは「ひねもす」といった。「すがら」は始めから終わりまで途切れることがないこと。

用例 日もすがらパソコンに向かって仕事をして疲れました。

曲がりなりにも

解説 「曲がりなり」は曲がっている姿。つまり、不良品や不完全な姿を現す。転じて、不十分とはいえ、最低の条件を満たしている様。

用例 曲がりなりにも一国一城の主（あるじ）です。

むげに

解説 無下（むげ）に。すっかり、むやみやたらに、などの意味で使われていたが、現在は、冷淡な様、素っ気ない様に使われる。

用例 恩があるから、むげには断れません。

むべなるかな

解説 「むべ」は「宜」で、秋に赤紫の実をつけるアケビ科の低木。「もっともなことだなあ」というときに使う。

用例 なるほど、むべなるかな、だな。

もっけの幸い

解説 「もっけ」とは「もののけ(物の怪)」のこと。つまり、妖怪。意外な幸せの訪れを意味する。「しめしめ」「やった！」などの感情。

用例 こんなことになるなんて、もっけの幸いです。

ややもすれば

解説 「やや」は、ほんの少しを意味する。どうかすると。ともすれば。ある状況になりやすいときに使う。

用例 ややもすれば、簡単なほうに走りやすい。

ゆくりなく

解説 「ゆくりなし(思いがけない、不意だ)」の連用形。思いがけず。不意に。お祝いの品などをいただき、礼状を出すときなどに使う。

用例 ゆくりなくもお祝いをいただき、感謝の念に堪えません。

杳(よう)として

解説 「杳」は、暗くてよくわからない様、事情がはっきりしない様。転じて、否定を強調するときに使われる。

用例 海外旅行に出かけたまま、兄の消息は杳として知れない。

よしなに

解説 うまい具合になるように。曖昧(あいまい)にお願いするときに使う。神話の時代、出産祝いに駆けつけた「四人の信濃(しなの)に計らう」故事から生まれた。

用例 よしなにお伝えください。

動作や心の動きを表す和の言葉

興奮した動作も、落ち着いた動作も、和の言葉で風情あるものに。

いきり立つ

解説 湯や油が煮えたぎるように、急に怒る。感情がこみ上げてきて興奮する。「いきり」は「熱り」と書く。

用例 その言動に対して、さすがにいきり立った。

いさめる

解説 諫(いさ)める。①会議が紛糾したり、争いが起こっているときなどに、興奮している人を落ち着かせること。②たしなめる。③忠告する。

用例 ①彼女がいさめてくれたおかげで、その場が丸く収まった。

痛(いた)み入(い)る

解説 ①相手の親切や好意に恐縮する。②相手の厚かましさなどに呆れる。丁寧なあいさつをするときに①の意味で使われることが多い。

用例 ①お心遣い、痛み入ります。②彼の図々しさには痛み入った。

一目置く

解説 囲碁で、弱い者が相手より先に石を一つ置いて勝負を始めることから、相手の能力を認めて敬意を払うことを意味するように。

用例 彼女には一目置いているのだ。

色めき立つ

解説 緊張や興奮で落ち着きがなくなる。動揺し始める。「色めく」には、美しくなる、華やかになるなどの意味もある。

用例 突然の社長の解任報道に一同は色めき立った。

色をなす

解説 怒って血色を変える様子。怒って顔が紅潮する様子。「色を失う」は、心配や恐怖で顔色が青くなること。

用例 そんなことで色をなすなど、大人げない。

うろたえる

解説 狼狽える。つまり、狼狽する、慌てて取り乱すといった意味。狼狽して、うろうろ歩き回るような状態。

用例 本心を見透かされて、うろたえてしまった。

折り合いをつける

解説 古語の「折る」には「主張を引っ込める」という意味がある。「折り合い」は、主張を引っ込めて和解することを意味する。

用例 彼と話し合って、折り合いをつけてきます。

糊口（ここう）をしのぐ

解説 やっとのことで暮らしを立てていく。貧しい暮らしぶりを表す。「糊（のり）」は粥（かゆ）のことで、「糊口」は、粥を口にすることを意味する。

用例 ここのところ、糊口をしのいでいます。

こみ上げてくるものがある

解説 何かがいっぱいになってあふれ出してしまう状態から、感動で心を動かされたときに使う。

用例 今回の行動が素晴らしすぎて、こみ上げてくるものがあります。

愁眉（しゅうび）を開く

解説 「愁眉」とは、憂いを含んだ眉のこと。そうした眉を「開く」ことから、心配がなくなって、ホッとした顔つきになることを意味する。

用例 問題が解決して、愁眉を開いた。

世故（せこ）に長（た）ける

解説 「世故」とは世間の事情や習慣のこと。「長ける」は、あることにすぐれていること。つまり、世間の事情によく通じていること。

用例 彼女は世故に長けているので、アドバイスを受けるといい。

瀬踏（せぶ）みする

解説 川を渡るときに足を入れて水深を測ることを「瀬踏み」という。転じて、物事を始める前に試してみることを意味する。

用例 まずは相手の意向を瀬踏みしておきましょう。

棚上げにする

解説「棚上げ」は、一時商品を市場へ出さない、一時的に未処理にしておくことを意味する。

用例 とりあえず、この問題は棚上げにしておきましょう。

たなごころを返す

解説 掌を返す。「手のひらを返す」ともいう。態度を簡単に変える、急変させるなどの意味に使われる。悪い意味で使われることが多い。

用例 たなごころを返すように態度を変えた。

手向ける

解説 ①神仏に供え物をすること。その供え物を「手向け」という。②旅立つ人や別れていく人に言葉を贈る。

用例 ①仏壇に花を手向ける。②卒業生に送辞を手向ける。

たゆたう

解説 ①定めなく動くこと。②心が動揺し、ためらうこと。

用例 ①船が波間にたゆたう。②気持ちがたゆたい、どうしていいかわからない。

茶々を入れる

解説 茶を入れて一服することから、水を差す、邪魔をするなどの意味になった。「茶化す」は、からかう、冷やかすを意味する。

用例 真面目な話だから、茶々を入れないでください。

取りなす

解説 取り成す。対立する二者の間に立って、事態がうまく進むように取りはからうこと。仲介する。

用例 あの二人をうまく取りなしてくれ。

泥のように眠る

解説 疲れ果て、正体もなく、ぐっすりと眠りこける。ちょっとやそっとでは起きない様子。

用例 あまりに疲れ果て、泥のように眠ってしまった。

習い性となる

解説 「習い、性となる」と区切る。習慣（習い）が、その人の生まれつきの性質のようになること。つまり、身に付いた習慣、習性のこと。

用例 長く続けていたら、いつの間にか習い性になった。

抜きん出る

解説 ①他と比べてひときわ秀でていることを表す。飛び抜けて優秀なこと。②群れなどから抜け出る、離れること。

用例 ①抜きん出た才能だ。②群れから抜きん出た。

はばかる

解説 憚る。「はばかりながら……」は、「出過ぎたことですが」の意。①悩む。②はびこる。③遠慮する。気兼ねする。④大きな顔をする。

用例 ④憎まれっ子世にはばかるとはよく言ったものだ。

含むところがある

解説 「含むところ」とは、心の奥底で密かに思っていることを指す。思っていることをはっきり言えないときなどに使う。

用例 何か含むところがある言い方ですね。

待ったをかける

解説 囲碁や将棋、相撲(すもう)などの勝負事で、緊迫した状態で対戦相手に「待った！」と猶予を願い出ること。転じて、物事の進行を一時止めること。

用例 その印刷に待ったをかけてくれ。

全(まっと)うする

解説 「まったくする」が変化した。完全に終わらせる。果たすべきことを最後までやる。

用例 彼女は天寿を全うしました。

まどろむ

解説 微睡(まどろ)む。眠気を催して、少しの間、うとうとすること。寝入ること。昼寝や仮眠を表現することもある。

用例 木陰で休んでいたら、まどろんでしまいました。

むしばむ

解説 蝕(むしば)む。「虫が食(は)む」から。①虫が食って物を損なうこと。②虫が食うように病気が少しずつ身体や心を冒していくこと。

用例 ②母の身体は病にむしばまれ、やせ衰えてしまいました。

風情を感じさせる和の名詞

味も素っ気もない言葉が、和の言葉で息を吹き返す。

うたかた

解説 泡沫（うたかた）。水面にできる泡のこと。転じて、消えやすく、はかない物事にたとえて使われる。

用例 夢はうたかたのごとく消えてしまいました。

絵空事（えそらごと）

解説 「空言」は、嘘、偽りを表す。それに美化や誇張がつきものの「絵」を加えて、現実にはあり得ないことを意味する。

用例 あなたのおっしゃることは絵空事に過ぎません。

オウム返し

解説 オウムは人の言葉を上手に真似ることから、人の言ったとおりに言い返すことを意味する。

用例 オウム返しに答えるばかりだ。

落としどころ

解説　意見や要望の妥協点、着地点を意味する。双方で納得できる話し合いの末に見出すもの。

用例　よく話し合って、落としどころを探してください。

折り紙付き

解説　「折り紙」は書画や刀剣などにつける鑑定保証の紙のこと。つまり、確かなものを「折り紙付き」というようになった。

用例　彼女の仕事の速さは折り紙付きです。

かりそめ

解説　仮初め（かりそめ）。①その場限り。②ふとしたこと。重大でないこと。③おろそか。軽々しい。

用例　①かりそめの恋。③かりそめにもそんなことはできません。

極楽（ごくらく）とんぼ

解説　のんきに生活している者をとんぼにたとえた。職に就かず、自由気ままに過ごしている人をいう。

用例　彼は極楽とんぼのように生きている。

心映え（こころばえ）

解説　①心のありよう。心構え。②人の性質。③心の表れとしての言動やしぐさ。④趣向。風情。⑤意味。わけ。

用例　彼女の心映えの深く、清々（すがすが）しい様子に感動しました。

来し方行く末（こしかたゆくすえ）

解説 「来し方」はここまで来た方向。「行く末」はこれから行く方向。つまり、過去と未来を意味する。

用例 来し方行く末に思いを巡らせているのです。

潮時（しおどき）

解説 元々は潮が満ち引きするときを意味した。転じて、物事を始めたり終えたりするのに適当な時期。「やめる頃合い」の意での使用は誤り。

用例 今が、ピッチャー交代の潮時です。

仕切り直し

解説 相撲（すもう）の立ち合いのときに、両力士の呼吸が合わず、仕切りをやり直すことから、交渉事などをやり直すことを意味するようになった。

用例 何度仕切り直しをしても、難局を切り抜けられなかった。

したり顔（がお）

解説 動詞「する」に、完了の助動詞「たり」がついた。やってやったぞと言わんばかりの得意そうな顔つき。自慢げな様。

用例 彼はいつも、したり顔で過去の自慢をする。

序の口（じょのくち）

解説 相撲の番付の最下位に当たる力士の階級を「序の口」という。転じて、はじめの、出だしの、簡単な、などを意味する。

用例 この程度のことは序の口だと思ってください。

すずなり

解説 鈴生り。小さな鈴をたくさんつないでつけている神楽鈴のように、たくさん連なっていることを意味する。雀とは関係ない。

用例 電線に雀がすずなりになっている。

すねかじり

解説 脛齧り。「親のすねをかじる」とは、親の働きをネズミのようにかじってしまうこと。つまり、親の金を当てにして、自活できない人。

用例 ヤツはいつまで経ってもすねかじりだ。

手綱さばき

解説 乗馬で馬を操る手綱さばきが巧みな人は、馬の能力も引き出せることから、人を動かしたり、統括したりする腕前をいうようになった。

用例 彼の手綱さばきには、いつも感服する。

付け焼き刃

解説 刀鍛冶が、切れ味のよくない刀に鋼を足したものを「付け焼き刃」といったことから、間に合わせ、その場しのぎを意味するようになった。

用例 付け焼き刃の試験勉強では駄目だ。

泥縄式

解説 泥棒を捕らえてから、泥棒にかけるための縄をなうことから、事が起きてから慌てて準備することを意味する。

用例 いつもの泥縄式で、行き当たりばったりのやり方をする。

なりわい

解説 生業。職業。生計を立てていくための仕事。「成り＝生産」、「はひ＝賑わう」に由来するという。

用例 私の親は郷里で洋服店をなりわいとしています。

生え抜き

解説 ①その土地に生まれ、ずっとそこで育つこと。生粋。②最初からそこに所属し、今に至っている人やこと。

用例 ①生え抜きの江戸っ子。②彼は生え抜きの社員だ。

左うちわ

解説 利き手でない左手でうちわを使う姿は、ゆったりした生活を送っているように見えることから、豊かで気楽な生活を送ることを意味する。

用例 これだけあれば、左うちわで暮らせる。

人いきれ

解説 人熱れ。「熱れる」の名詞形で、蒸れるような熱気を意味する。人が多く集まり、そこから出る熱気やにおいでむんむんする状態。

用例 群衆の人いきれで、汗が流れ出た。

人となり

解説 生まれつきの性格や、持ち前の性格、さらには環境で身に付けた性格まで含める。

用例 彼の人となりを教えてほしいのですが……

風来坊（ふうらいぼう）

解説 囚われなく旅を続けている人。どこからともなくやってくる人。風は四方八方から吹くことから。

用例 彼はまるで風来坊のようだ。

まがいもの

解説 紛（まが）い物。本物によく似てはいるが、本物ではないもの。つまり、偽物のこと。

用例 まがいものをつかまされてしまいました。

身の程（みのほど）

解説 自分の身分や能力などの程度。分際（ぶんざい）。「身の程をわきまえる」は、自分の立場を理解すること。

用例 もっと身の程をわきまえて振る舞ってほしいですね。

夢うつつ

解説 うつつ（現）は、現実のこと。夢かうつつか信じられないほどに頭がぼーっとしてしまう状態。

用例 彼女は夢うつつな目をしていました。

四方山話（よもやまばなし）

解説 「四方」は四方八方のこと。「四方山」は、あちらこちらの山を意味する。つまり、さまざまな話、世間話や雑談のこと。

用例 四方山話なら休憩時間にしてください。

男女の気持ち、雰囲気を表す和の言葉

悲しい気持ちもうれしい気持ちも、艶やかに感じられる。

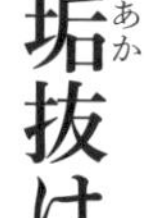

垢抜けた（あかぬけた）

解説 容姿が美しく、態度がスマートで、都会風におしゃれな感じになることを「垢抜ける」という。洗練された女性に使うことが多い。

用例 すっかり垢抜けて、素敵な女性になりましたね。

艶やか（あでやか）

解説 目を引くような華やかさと美しさ、色気のある女性をいう。「あで（艶）」は「貴（あて）」からの転だったことから、高貴さも含まれる。

用例 彼女の艶やかな振り袖姿に目を奪われました。

偉丈夫（いじょうふ）

解説 「いじょうぶ」とも読む。身体が大きく頑丈（がんじょう）、頼もしく見える男の人をいう。一丈は約170センチで、成人男子を「丈夫」といった。

用例 彼は偉丈夫だから、この仕事にはおすすめです。

いなせ

解説 江戸時代、日本橋の魚河岸（うおがし）の男性が髪を「鯔背銀杏（*いなせいちょう）」に結っていたことから、粋で威勢がよい男性を「いなせ」というようになった。

用例 彼はいなせなお兄さんだ。

うぶ

解説 初心（うぶ）。「生まれたて」という意味から、純情な、世間ずれしていない、などの意味になった。

用例 彼女はうぶだから、あんまりからかわないように。

逢瀬（おうせ）

解説 「逢」は人と人が会うこと、「瀬」はその機会や場所を表す。おもに付き合っている男女が会うことに使われる。

用例 二人は密かに逢瀬を重ねていたね。

奥ゆかしい

解説 「ゆかしい」は、落ち着いた美しさを表す。「奥」がついて、慎み深さも表す。品があり、落ち着いた美しさを漂わせる女性に使われる。

用例 彼女のような奥ゆかしい女性になってほしい。

男前（おとこまえ）

解説 見た目のよい男、男っぷりがよいなどの意味に使われる。現代ではハンサムから、イケメンが多く使われるようになった。

用例 彼は見た目も、行動も男前だね。

＊ボラは「鯔」と書き、つくりの「甾」は「油」を意味する。ボラの幼魚「イナ」には脂肪がたくさんあることから、「イナ」も「鯔」と書く。

首っ丈（くびったけ）

解説 首丈（くびたけ）は、足から首までの丈（長さ）。首まで浸かることを「首っ丈」といい、人や物事に夢中になってしまうことを意味するようになった。

用例 **私は彼に首っ丈です。**

小町（こまち）

解説 平安時代の歌人・小野小町（おののこまち）は絶世の美女とされる。その言い伝えから、美しい女性を「小町」と呼ぶようになった。

用例 **彼女はわが町の〇〇小町だ。**

しどけない

解説 身なりがだらしない様子。しまりがない様子。「しど」は元々、方法や態度を意味する言葉だった。

用例 **そのしどけない姿をどうにかしてほしい。**

品（しな）をつくる

解説 女性が媚（こ）びたり、色っぽい動作をしたりして性的魅力を発揮すること。「品」は気取ったしぐさや、なまめかしいしぐさを意味する。

用例 **彼女の品をつくる態度が鼻につく。**

すげない

解説 素気（すげ）ない。愛想がない。思いやりがない。「そっけない」も「素っ気ない」と書き、同じ意味。

用例 **デートの誘いをすげなく断られた。**

鈴(すず)を転(ころ)がすような

解説 美しい声を形容する言葉。鈴を転がすように美しく澄んだ声を意味する。

用例 **彼女の声は、鈴を転がすようで癒されます。**

ぞっこん

解説 「心底」を意味した「底根(そここん)」が「そっこん」になり、「ぞっこん」になったといわれる。つまり、心の底からを意味する。

用例 **僕は彼女にぞっこん惚れ込んでいます。**

袖(そで)にする

解説 異性を冷たくあしらうこと。すげなくすること。語源は、袖を振って追い払うことからなど、諸説ある。

用例 **彼は彼女に袖にされたらしい。**

たおやか

解説 しなやかで優しい感じ。優雅で美しい振る舞い。折れそうで折れないしなやかさがある。おもに女性を表現するときに使う。

用例 **彼女のたおやかな身のこなしに惚れました。**

つぶらな

解説 円(つぶ)らな。小さくて丸い様。くりくりして丸い様子。「つぶらな瞳」として使う。幼女や若い女性に使われる言葉。

用例 **彼女のつぶらな瞳に見つめられた。**

つれない

解説 ①素っ気ない。薄情な。②よそよそしい。

用例 ①つれない素振りだったから、振られたかも。②つれない振りをしてすれ違った。

なれそめ

解説 馴(な)れ初(そ)め。親しくなったきっかけ。「馴れ」は、親しみの気持ちをもつようになることを意味する。

用例 あなたたち二人のなれそめを教えてください。

苦(にが)み走(ばし)った

解説 苦味のあるものを口にすると、顔をしかめる。そんな引き締まった顔つきが凛々(りり)しく感じさせることから、渋い魅力のある男性に使う。

用例 苦み走ったいい男ですね。

花のかんばせ

解説 「かんばせ」は「顔」と書く。顔つきを意味する言葉だが、その一語で華やかさ、美しさを表している。

用例 彼女の花のかんばせに見惚れました。

はんなり

解説 京言葉の副詞。語源は「花なり」あるいは「花あり」とされる。落ち着いた華やかさと上品さを表す。

用例 舞妓さんははんなりとしていて素敵ですね。

秘め事（ひめごと）

解説　隠して人に知らせないこと。転じて、男女の関係を指すことが多い。「秘めやか」は人目に立たないように隠す様。「秘めやかな恋」など。

用例　彼との秘め事がばれてしまった。

紅差し指（べにさしゆび）

解説　古くは、紅（頬紅や口紅）を薬指でつけていたことから、薬指を紅差し指というようになった。

用例　紅差し指に婚約指輪をつける。

益荒男（ますらお）

解説　勇気のある強い男、たくましい男のこと。武士や侍、漁師などにも使われる。対して、なよなよと優美な女性を「手弱女（たおやめ）」という。

用例　彼は益荒男というにふさわしい体つきだ。

水も滴る（したたる）いい男（女）

解説　美男美女を形容するときに使う言葉。「水も滴る」は、みずみずしくて魅力にあふれている様を表す。

用例　水も滴るいい男とは、まさに彼のことだ。

見目麗しい（みめうるわしい）

解説　「見目」は見た目。つまり、見た目が美しいこと。「麗しい」は、気品もあって美しい様子を表す言葉。

用例　彼は本当に見目麗しく、憧れる存在です。

雅やか

解説 「雅」の「みや」は「宮」。つまり宮廷のこと。「雅やか」は宮廷風に上品で優美な様を表す。
用例 彼女の立ち居振る舞いは何とも雅やかですね。

むくつけき

解説 「むくつけし」の転用。古くは恐ろしい、気味が悪いなどの意味があったが、現在は、無骨な、不作法なという意味に使われる。
用例 むくつけき大男で、私にはちょっと無理。

めくるめく

解説 目眩く。目がくらむ、めまいがするの意から、その魅力に惹かれて、理性を失うような様子を意味するようになった。
用例 めくるめくような恋をした。

女々しい

解説 態度や性格が、意気地がない、女のようだ、など、男性に対して使われる。反対語は「雄々しい」。これも男性に対して使われる。
用例 彼の女々しいところが嫌いです。

紅葉を散らす

解説 女性が恥じらって顔を赤くする様。怒りで顔が赤くなるときにも使われる。
用例 彼女は恥ずかしさから紅葉を散らした。

柳腰（やなぎごし）

解説 柳のように細くしなやかな腰つきのこと。美人の腰をたとえていう。江戸時代から使われるようになったようだ。

用例 古いようだけど、彼女は柳腰でたおやかだ。

柔肌（やわはだ）

解説 きめ細かく、柔らかな女性の肌。特に若い女性に対して使う。「玉の肌」も似たような意味。

用例 柔肌のあつき血潮に触れも見で（与謝野晶子）

遣（や）らずの雨

解説 帰ろうとする人を引き留めるように降ってくる雨のこと。逢瀬（おうせ）を楽しんでいる男女にとって、切ない気持ちを込めた言葉。

用例 遣らずの雨ですね。帰るなと言っているようだ。

夢見心地（ゆめみごこち）

解説 夢を見ているような、うっとりとした心地。恍惚（こうこつ）とした状態。「夢心地」ともいう。

用例 相思相愛になれて、夢見心地です。

わりない

解説 「理（わり）無い」と書く。理性や分別を超えて親しい様子。一般的に男女関係で「わりない仲」と使われる。

用例 彼と彼女はわりない仲です。

和の言葉に言い換えてみよう

和の言葉に言い換えるだけで印象がずいぶん変わる。

相手を立てる→花を持たせる

解説 きれいな花を持たせる意味から、相手を喜ばせるために、手柄や勝ちを相手に譲ること。

用例 今回は彼女に花を持たせよう。

明らかにする→つまびらかにする

解説 「詳らか」「審らか」と書く。細かい点まではっきりさせること。

用例 事の真相をつまびらかにする。

呆(あき)れてものも言えない→何をか言わんや

解説 何を言おうか、いや、言うことは何もない。つまり、呆れて何も言えないという反語表現。

用例 今回の失態は何をか言わんやだ。

圧倒される→気圧(けお)される

解説 相手の勢いに押されること。気分的に圧倒されること。

用例 立派な建物を前にして気圧された。

あらすじ、概略→あらまし

解説 事柄の大体のところを意味する。古語では願望や期待も意味した。

用例 以上が今回の事のあらましです。

案外、意外と→思いの外(ほか)

解説 考えていたこと、予想していたことと違っている様子。

用例 思いの外、早く到着したね。

いい加減に→徒や疎かに

解説「徒」は中身がない、「疎か」はいい加減なこと。この語のあとに打ち消しの反語をつける。

用例このチャンス、徒や疎かにはできない。

行き止まり→袋小路

解説袋には入り口が一つあるだけ。つまり、通り抜けできない道のこと。

用例話し合いが袋小路に陥った。

イケメン→二枚目、男前

解説美男子のこと。「二枚目」は芝居小屋に掲げられた看板の二枚目が美男子だったことから。

用例彼は二枚目だし、生き方も男前だね。

いただき物→お持たせ

解説来客が持参したお土産やプレゼントのことを、来客を敬っていう言葉。

用例お持たせで失礼ですが、どうぞ。

一面を知る→垣間見る

解説平安貴族が垣根の合間からのぞき見ることから転じた。意外性を発見したときに使う。

用例彼の意外な才能を垣間見ました。

いつかは→追い追い

解説時が経つにつれて、物事が少しずつ変わっていく様子。そのうち。

用例その苦しみは追い追い消えるでしょう。

一杯→一献

解説杯一杯のお酒のこと。目上の人や来客にお酒を振る舞うときに使う。

用例まずは一献差し上げます。

裏表なく→陰日向なく

解説「陰日向」は、日の当たるところと当たらないところ。つまり、裏表がないこと。

用例彼は陰日向なく人と接する。

うわさ話をする↓口さがない

解説 「さがない」は「性なし」から。つまり、タチが悪い、意地が悪い意。

用例 口さがない人たちだ。

大げさに言う↓大風呂敷を広げる

解説 実現不可能なような大嘘を言ったり、計画したりすること。大言壮語。

用例 優勝するとは彼も大風呂敷を広げたものだ。

オープンイベント↓柿落とし

解説 材木を削ったときに出る切り屑がこけら。工事の最後にこけらを払い落としたことから。

用例 柿落としに招待されました。

お金を貸す↓用立てる

解説 役に立てるという意味から、「お金を貸す」の意に使われるようになった。

用例 今回の会費は私が用立てておきます。

お酒が苦手↓不調法

解説 お酒を飲めない人が、お酒を勧められて断るときに、相手に配慮して使う。

用例 不調法なもので、申し訳ありません。

おしゃれする↓めかし込む

解説 「めかす」は「粧す」で、念入りにお化粧したり、身なりを飾ること。

用例 今日はめかし込んできましたね。

お互い様↓相身互い

解説 同じ境遇にある者同士が同情したり、助け合うこと。そうした関係。

用例 どっちもどっち、相身互いですよ。

思いがけなく↓はしなくも

解説 「端無くも」と書く。図らずも、不意に、偶然に、などの意。

用例 はしなくも賞をいただきました。

思い通りにならない→ままならない

解説「まま(儘)」とは、その状態に変化のないこと、それと同じ状態、思い通りの状態。

用例 とかくこの世は、ままならない。

過剰評価→買いかぶる

解説 買った結果として損害を被る(かぶ)ることから、人を実際以上に高く評価することの意になった。

用例 君は彼のことを買いかぶりすぎだと思う。

必ずしも→あながち

解説「強ち」と書く。一方的に決めつけられない様。まんざら。次にくる語は打ち消しになる。

用例 あながち無理とも言えません。

仮に→よしんば

解説「縦しんば」と書く。たとえそうであったとしても。あとに否定的な語がつく。

用例 よしんばそうでも、賛成できません。

考えすぎ→うがちすぎ

解説「穿ち過ぎ」と書く。「穿つ」は、穴を開ける、事情を詮索(せんさく)するなどの意。

用例 それは少しうがちすぎです。

偽善→おためごかし

解説 相手のためであるようで、実は自分の利益を図ること。「ごかす」は転ばす、騙すの意。

用例 おためごかしなことを言わないで。

気持ちが揺れる→ほだされる

解説「絆される」と書く。情に動かされて、自分でも思いもよらない行動を取ること。

用例 情にほだされて、協力してしまいました。

競争する→しのぎを削る

解説 刀の刃と峰の中間部分(鎬(しのぎ))が削られるほど激しくぶつかり合うことから。

用例 あの二人はいつも鎬を削っている。

義理の親子→なさぬ仲

解説 血のつながりのない親子の間柄を指す。柳川春葉の『生さぬ仲』という小説から広まった言葉。

用例 あの親子はなさぬ仲らしい。

果物→水菓子

解説 古くは果物のことを水菓子といった。みずみずしい果物のイメージから。

用例 この水菓子は本当に美味しいですね。

愚痴→世迷言

解説 取るに足らない不平不満や愚痴。訳のわからない繰り言(愚痴)。

用例 そんな世迷言を言うものではありません。

グレーゾーン→玉虫色

解説 光線の具合でさまざまな色に見える玉虫から、味方や立場でさまざまに解釈できること。

用例 政治家は玉虫色の答弁が多い。

軽率→浅はか

解説 深みがない様子。思慮が足りない様子。「浅慮」とも言い換えられる。

用例 今思えば浅はかな行動でした。

倦怠期→秋風が吹く

解説 肌寒い風が吹く意味から、男女の関係が冷める様子を表す言葉になった。

用例 付き合いが長すぎて、秋風が吹いている。

後任→後釜

解説 竈の残り火が消えないうちに次の釜をかける。つまり、前任者に取って代わる人のこと。

用例 彼の後釜はすでに決まっていた。

ご縁→よしみ

解説 「よしみ(誼)」は親しい間柄での交流、親交、縁故、ゆかりなどの意。

用例 昔のよしみ。同郷のよしみ。

誤魔化す→取り繕う

解説 破れたところをちょっと直す意味から、失敗や失言を誤魔化す意味にも使うようになった。

用例 取り繕っても、すぐにばれますよ。

最初に戻る→振り出しに戻る

解説 双六で、サイコロを振って振り出しに戻る指示があると出発点に戻ることから。

用例 データが消えて、振り出しに戻った。

最適→うってつけ

解説 「打って付け」と書く。釘で打ちつけたようにピッタリ合うことから、「最適」を意味する。

用例 彼女はこの役にうってつけです。

左遷→都落ち

解説 平家が京の都を落ちることから転じて、都会から地方へ転勤することなどを指す。

用例 今回の転勤は都落ちです。

察しがいい→一を聞いて十を知る

解説 孔子の門人の言葉で、『論語』が出典。物事の一端から全体を理解すること。

用例 彼には一を聞いて十を知る能力がある。

残念なことには→惜しむらくは

解説 「惜しむ」に接尾語「らく」がついた。惜しいことには。

用例 惜しむらくは、あと少し詰めが甘かった。

勝負服→一張羅

解説 「張」は弓や幕などの数え方、「羅」は薄絹のこと。一番上等な晴れ着を意味する。

用例 一張羅を出してきました。

ジョーク、冗談→戯言、戯れ言

解説 馬鹿げた話。ふざけた話。ふざける、いたずらを意味する「たわむれ」から。

用例 こんなときに戯言を言うな。

救い難い→度し難い

解説「度す」は、仏が人々を迷いから救うこと。つまり、「救い難い」を意味する。

用例 あいつは度し難い愚か者だ。

少しの不安→一抹の不安

解説「一抹」は、ほんの少しだけ、かすかな、を意味する。

用例 一抹の不安が残っています。

仲裁する→取りなす

解説 対立する二者の間に立って、よい方向に事態が向くように取りはからうこと。

用例 こじれた二人を取りなしてほしい。

責任をとらせる→詰め腹を切らせる

解説 やむを得ず切腹することから、強制的に責任を取らされることを意味する。

用例 部下の不始末で詰め腹を切らされた。

ぜひとも→すべからく

解説 当然。なすべきこととして。「すべて」「みんな」という意味での使用は誤り。

用例 子どもはすべからく勉強することが大事。

損をする→間尺に合わない

解説「間尺」は建物などを測るときの寸法の単位。「割に合わない」という意味に。

用例 この予算では間尺に合わない。

だらしない、情けない→不甲斐ない

解説 元々は「腑甲斐ない」で、心に効果がないという意味だった。

用例 不甲斐ない結果で、申し訳ない。

スポンサー→谷町*(タニマチ)

解説 相撲界で、力士をひいきにしてくれる客、後援者のこと。転じてスポンサーをいうことも。

用例 あの人はタニマチみたいなものです。

*明治時代の終わり頃、力士からは治療費を取らないほどの相撲ファンだった大阪市中央区谷町の医師が「谷町の先生」と呼ばれていたことが由来といわれる。

調子に乗る→勇み足

解説 相撲用語から。調子づいて言動が行きすぎになり、失敗することを意味する。

用例 彼女の提案は勇み足だった。

強がる→うそぶく

解説 「嘯く」と書く。とぼけて知らない振りをする。偉そうに大きなことを言う。豪語する。

用例 絶対にできる、とうそぶく。

手助け→助太刀(すけだち)

解説 仇討ち(あだうち)や果たし合いで助力すること。転じて、援助すること、協力することを意味する。

用例 この仕事の助太刀をしてほしい。

得意→十八番(おはこ)

解説 江戸期、市川團十郎(だんじゅうろう)が得意芸「歌舞伎十八番」を披露(ひろう)したことから。

用例 その技は彼の十八番です。

突然、急に→にわかに

解説 「にわか(俄)」は、①物事が急に起こること、②病気が急変すること、③一時的の意。

用例 母の死は、にわかには信じられなかった。

取るに足りない→瑣末(さまつ)な

解説 「些末」とも書く。「些細」は細かすぎる、「瑣末」は本筋から外れて取るに足りない。

用例 瑣末なことに頭を悩ますな。

納得できない→飲み込めない

解説 「飲み込みが早い」は理解するのが早いこと。つまり「飲み込む」は理解すること。

用例 それについては飲み込めません。

能力が鈍る→焼きが回る

解説 刃物作りの際、火が回りすぎて切れ味が悪くなることから、老いぼれる、腕前が落ちるの意に。

用例 こんなミスを犯すとは俺も焼きが回った。

のめり込む→かまける

解説 「感ける」と書く。心が動く、感心するの意から、一つのこと以外に顧みる余裕がない状態。

用例 遊びにかまけて、仕事にならない。

ひっきりなしに→のべつ幕なし

解説 「述べつ」は絶え間なく続く、「幕なし」は幕を引かず演じ続けることから転じて。

用例 のべつ幕なしにしゃべる。

秘密にする→おくびにも出さない

解説 げっぷ（おくび＝噯）が口から出ることから、秘めたことを口に出さない意に。

用例 自分の苦労はおくびにも出さない。

病気を治す→養生する

解説 「養生」は、病気やけがを治すために療養すること。病気の人を労るときに使う。

用例 焦らず、ゆっくり養生してください。

ぶっちゃけ→有り体に

解説 「体」は姿や様子を表す。「そのままの姿、様子」から、ありのままにを意味する。

用例 有り体に申しますと……。

プライドが高い→気位が高い

解説 自分の品位を守ろうとする気持ちのこと。その自尊心の強さが傲慢に見えることもある。

用例 彼女は気位が高くて、扱いにくい。

プロ顔負け→玄人はだし

解説 玄人は本職、専門家のこと。プロが裸足で逃げ出すほどの腕前のある人を意味する。

用例 彼女の絵の腕前は玄人はだしです。

身動きが取れない→抜き差しならない

解説 「抜き差し」には対処、取り計らい、進退、身動きなどの意味がある。

用例 抜き差しならない立場に陥った。

見せつけるような→これ見よがしな

解説 「これを見よ」と言わんばかりに見せつける様。「ほらほら」と誇示する。

用例 自慢の品をこれ見よがしに披露(ひろう)した。

無条件で→諸手(もろて)を挙げて

解説 無条件に、疑問をもたず、積極的に賛成、歓迎する様。

用例 彼女の意見には諸手を挙げて同意です。

無駄がない→そつがない

解説 「そつ」は無駄や無益な費用、徒労、手抜かり、手落ちの意。「そつがない」は、欠点の少ないこと。

用例 彼は万事についてそつがない。

要点を述べる→かいつまんで言う

解説 「掻い摘んで」と書く。「掻い摘む」は、話の要点や概要を捉えること。

用例 かいつまんで言ってください。

楽をする→易(やす)きにつく

解説 「易い」は簡単、容易の意。「易きに流れる」という言い回しもある。

用例 結局、易きについてしまった。

リベンジ→しっぺ返(がえ)し

解説 しっぺ(竹篦)は座禅の際に使う細長い板。これで打たれた者を打ち返すことから転じた。

用例 ヤツにしっぺ返しを食わせてやった。

賄賂(わいろ)→袖(そで)の下

解説 人目につかないように袖の下からお金や贈り物を渡すことから、賄賂の意味に。

用例 政治家が袖の下を要求する。

わずかな望み→一縷(いちる)の望み

解説 「一縷」は一本の細い糸のこと。それがわずかにつながっている様子から。

用例 まだ一縷の望みが残されています。

オノマトペを上手に使おう

「わんわん」「そよそよ」など、日常会話で使う擬音語や擬態語をオノマトペ（擬声語を意味するフランス語から）といいます。オノマトペを使用して、リズミカルで、情緒にあふれた会話をしましょう。

あくせく

気ぜわしく行動する、気ぜわしい様。「あく」と「急く」が合わさったと考えられる。

あっかんべー

指で下まぶたを下げて、舌を出すしぐさがお決まり。相手をからかうときなどに使う。

あつあつ

熱々。料理などが熱い状態。恋人同士が熱烈な状態にあるのをからかう感じでも使う。

あんぐり

驚いたり、呆れたりして、口を大きく開けている状態。「驚いてあんぐりだった」。

いちゃいちゃ

若い男女がいちゃついている様。「いちゃつく」は、人目も関係なくふざけ合うこと。

うずうず

じっとしていられない感じ。落ち着かない感じ。「参加したくてうずうずする」など。

うっふん

セクシーな女性をイメージさせるが、実際に「うっふん」と言う女性はいない。

うつらうつら

「うつ(空)」に接尾語の「ら」がついた。浅い眠りの状態。意識がはっきりしない様。

うろちょろ

「うろうろする」と「ちょろほろする」が組み合わさった言葉。目的なく歩き回る様子。

うんざり

飽きる、退屈を意味する「倦む」からきているとされる。「もううんざりだ」など。

からっきし

「からきし」ともいう。まったく。全然。「からっきし意気地がない」など。

がっかり

「がっくり」も同じく擬態語。落胆する様。「がっかりだ」「がっくりと肩を落とした」など。

くたくた

「くた」は古語の「朽つ(朽ちる)」から。「くたびれる」「くたばる」「くたくた」に派生。

ぐうたら

「愚」が長音化し、「弛む」がついて変化した。「ぐうたら寝てばかり」などと使う。

ぐずぐず

「愚図愚図」と書く。のろのろとしている感じ。「ぐずぐずしないで、テキパキして」など。

けちょんけちょん

和歌山県日高郡の「けちょに」（非常に）という方言から。徹底的にやっつける様子を表す。

けんもほろろ

「けん」は慳貪（けんどん）、剣突（けんつく）、キジの鳴き声から。「ほろろ」はキジの羽音や鳴き声を表す。

こてこて

「こってりした」から、濃厚でくどい様子を表す。「こてこての関西人」などと使う。

こんこんきち

キツネのこと。「うすのろ」「バカ」など人を冷やかす言葉を強調して使われることが多い。

ざっくばらん

「ざっくり」「ばらり」などからと考えられる。気取らない様子。「ざっくばらんな人だ」など。

しっちゃかめっちゃか

混乱している、とっちらかっている様子。めちゃくちゃな感じ。「てんやわんや」も同義。

しどろもどろ

「しどけない」（秩序がなく乱れている）と、紛れるを意味する「もどろ」から。

じたばた

手足をバタバタ動かして暴れる様子。慌てふためいている様。「今さらじたばたするな」など。

すかんぴん

「素寒貧」と書く。貧しく、無(む)一文(いちもん)で何もない状態。貧しい人を罵(ののし)ったり、自嘲気味に言う言葉。

すっとんきょう

「素っ頓狂」と書く。「頓狂」に語意を強める「すっ」がついた。非常に間の抜けた感じ。

ずばり

刃物で勢いよく切ったり刺したりするときの擬音語から。単刀直入、核心に触れる様子。

ちんぷんかんぷん

話している内容がまったくわからないこと。話が通じない状態。江戸時代から使われている。

つべこべ

徳島の方言で、「つべ」はお尻、「こべ」は頭。「理屈を並べてあれこれ言うな」の意味に。

とんちんかん

「頓珍漢」と書く。鍛冶屋(かじや)が鉄を打つ音を模した擬音語から。ちぐはぐなこと、間抜けなこと。

むしゃくしゃ

「むさい」(汚らしい)と「臭い」が合わさった言葉。転じて、胸くそ悪い、などの意味に。

デザイン・DTP　高橋秀宜（Tport DESIGN）
イラスト　瀬川尚志
写真協力　Getty Images
編集協力　ピークワン、阿部千恵子

今日から役に立つ！
使える「語彙力」2726

編　者　西東社編集部［せいとうしゃへんしゅうぶ］
発行者　若松和紀
発行所　株式会社 西東社
〒113-0034　東京都文京区湯島2-3-13
http://www.seitosha.co.jp/
営業　03-5800-3120
編集　03-5800-3121〔お問い合わせ用〕
※本書に記載のない内容のご質問や著者等の連絡先につきましては、お答えできかねます。

ISBN 978-4-7916-2741-7